Wandern im Winter
Bayerische Alpen

50 Wander- und Schneeschuhtouren

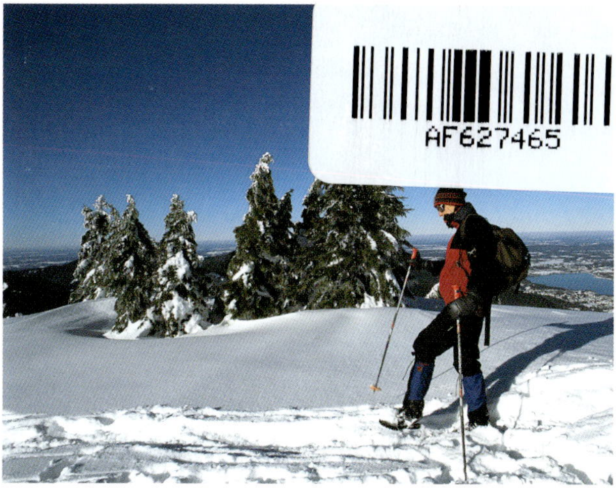

Birgit Gelder

ROTHER
BERGVERLAG

Vorwort

Dieses Buch soll Sie dazu einladen, gerade bei Schnee und Kälte die warme Stube zu verlassen und die faszinierende Winterwelt kennenzulernen. Denn der Winter ist eine so spannende Jahreszeit, dass es zu schade ist, ihn nur durch hermetisch geschlossene Fenster zu erleben.

Aber was macht den Winter so abwechslungsreich und interessant? Es herrschen nie dieselben Verhältnisse vor. Mal liegt so viel Schnee, dass keine Markierungen mehr zu sehen sind, mal weisen einzelne, mal viele Fußspuren der Vorgänger eindeutig den Weg.

Der eine mag lieber die Einsamkeit und damit die vielleicht anstrengende Spurarbeit – ein anderer geht gerne auf eingetretenen Wegen. Und der Vorteil zum Sommer: Der Schnee hinterlässt Spuren. Schnell wird jedem klar, ob er sich in geselliger Runde oder in der Einsamkeit wiederfinden wird. Manche werden zu Entdeckern: Sie warten sichere Verhältnisse ab und begeben sich in unverspurtes Gelände. Das geht, je nach Schneehöhe, mit Schneeschuhen am einfachsten. Und was ist es für ein erhabenes Gefühl, von oben auf seine Spur zu blicken, die sich – wie von einem Künstler angelegt – an den Hängen und Mulden des Berges entlangwindet. Sie werden es dann schon merken: Das Erlebnis, auf einem einsamen Gipfel zu sitzen und die Stille einer weiß verträumten Winterlandschaft zu genießen, macht süchtig. Aber halt! Die eingetretenen Wege sind auch nicht zu verachten. Denn da gibt es meist eine gemütliche Hütte, die mit ihrer warmen Stube der Kälte trotzt. Dampfende Getränke, rote Backen und ein Ofen sind dann die Belohnung. Und dem kann doch keiner widerstehen. Meist besteht die Möglichkeit, vor oder nach der Einkehr weiterzugehen, und so kann sich ein jeder ganz nach Bedarf austoben. Für den Abstieg ist der Rodel dann oft eine schnelle und sehr spaßige Variante.

Und selbst wenn der Gipfel (oder die Hütte) einmal nicht erreicht wird – draußen ist doch gerade im Winter unendlich viel geboten: glitzernde Schneekristalle, herabrieselnder Schnee, unberührte, friedlich zugedeckte Landschaften, Tierspuren im Schnee …

Die Winterpracht bietet viele tolle Eindrücke, aber um sie zu genießen, ist mehr Initiative erforderlich als im Sommer. Bevor es losgeht, sollte die Lawinenlage vor Ort erfragt werden. Grödel und Stöcke müssen mit ins Gepäck, oder je nach Tourenwahl Schneeschuhe. Der Rodel ist, wenn angegeben, zur Fortbewegung nicht zwingend notwendig – aber sehr empfehlenswert.

Aber ganz egal, was Sie bevorzugen und wie Sie unterwegs sind, ob zu Fuß, mit dem Rodel oder mit Schneeschuhen – ich wünsche Ihnen viel Spaß beim Erleben der vorgestellten Touren!

Birgit Gelder

Inhalt

Allgemeine Hinweise

Anforderungen

Gerade im Winter ist es sehr schwer, die Touren in Schwierigkeitsgrade einzuteilen. Denn die unterschiedlichen Bedingungen lassen manchmal selbst leichte Touren schwer werden. Genauso kann es natürlich vorkommen, dass als schwer eingestufte Touren bei sehr günstigen Bedingungen leichter erscheinen. Die Einteilung nach Schwierigkeitsgraden kann daher nur als grober Anhaltspunkt dienen!

▸ **Leicht**

Kurze Touren, die auch mal am Nachmittag oder bei schlechtem Wetter begangen werden können. Doch etwas mehr Zeit kann nie schaden, daher nicht zu knapp planen. Eine Einkehrmöglichkeit ist auf diesen Touren vorhanden, und meist kann man auch mit dem Schlitten wieder ins Tal rauschen. Dann sind auch die Wege geräumt.

▸ **Mittel**

Touren, die etwas mehr Ausdauer und Kondition erfordern. Teilweise führen die ersten Abschnitte zwar auch über geräumte Wege, doch sind die Strecken länger und steiler. Manche Touren verlaufen auch ganz oder teilweise auf nicht geräumten Wegen, doch sind diese meist begangen und daher gespurt.

▸ **Schwierig**

Lange Touren, die Ausdauer und Kondition erfordern. Wegabschnitte oder der ganze Wegverlauf sind oft nicht geräumt bzw. gespurt. Die Lawinengefahr oberhalb der Waldregion muss eingeschätzt werden können!

Trotzdem: Lassen Sie sich von »schwierig« nicht abschrecken! Lesen Sie erst einmal die Tourenbeschreibung, denn auch die schwarzen Touren sind manchmal leicht, wenn man nur Teilstücke, z. B. bis zu einer Hütte oder Alm, geht, den Gipfel aber auslässt.

Gehzeiten

Die angegebenen Gehzeiten können nur als grobe Richtlinie gelten. Bei viel Schnee ist das Vorankommen schwerer als bei wenig Schnee. Sind die Wege geräumt, geht es wieder schneller und leichter voran – allerdings nicht, wenn diese bereits vereist sind. Durch die unterschiedlichen Voraussetzungen ist es nicht möglich, exakte Gehzeiten anzugeben! Als Regel bei guten Verhältnissen gelten 300 Höhenmeter pro Stunde im Aufstieg und 500 Höhenmeter pro Stunde im Abstieg.

Einkehr und Übernachtung

Im Infoteil der jeweiligen Tour ist angegeben, ob es eine Einkehr- und/oder Übernachtungsmöglichkeit gibt. Da die Öffnungszeiten von Jahr zu Jahr variieren, lohnt es sich, vor der Tour bei den Wirtsleuten anzurufen. Diese wissen meistens auch am besten über die aktuellen Schnee- und Lawinenverhältnisse Bescheid. Die Telefonnummern finden Sie bei den jeweiligen Touren.

Bergbahnen

Mit Kindern, Rodel, Knieproblemen etc. freut sich doch manch einer über vorhandene Aufstiegshilfen. Da auch hier die Betriebszeiten variieren, lohnt sich ein kurzer Anruf. Die jeweiligen Telefonnummern sind im Infoteil angegeben. Bei den Bahnen gilt dasselbe wie bei den Hütten: Die Mitarbeiter wissen meist über die aktuellen Schnee- und Lawinenverhältnisse Bescheid.

Anfahrt

Manche Touren sind sehr leicht und manche fast gar nicht mit öffentlichen Verkehrsmitteln zu erreichen. Da sich die Fahrpläne häufig ändern, ist im Infoteil nur angegeben, wie der Ausgangsort erreichbar ist. Die genauen Zeiten müssen selbst in Erfahrung gebracht werden, am einfachsten im Internet. Busauskünfte erhält man bei den Fremdenverkehrsämtern und beim Regionalverkehr Oberbayern. Telefonnummern und Internetadressen finden Sie im Kasten unten auf dieser Seite bzw. bei den jeweiligen Touren.

In den Gemeinden, Märkten und Städten Bayrischzell, Fischbachau, Gmund a. T., Hausham, Miesbach und Schliersee gab es bis Ende 2023 das sogenannte AST Sammeltaxi. Ein landkreisweites On-Demand-System ist in Planung. Bis zur Realisierung soll eine Übergangslösung zur Verfügung gestellt werden.

In den Gemeinden Aschau im Chiemgau, Bad Endorf, Bernau, Breitbrunn, Eggstätt, Frasdorf, Gstadt am Chiemsee, Höslwang, Prien am Chiemsee, Rimsting und Samerberg ermöglicht »Rosi« Busfahrten auf Abruf.

Kinder

Kinder wissen bereits sehr früh, was sie wollen. Wer es schafft, ein Kind, egal welchen Alters, zu motivieren, wird einige Diskussionen vermeiden. Gehen Sie bereits bei der Tourenwahl auf die Bedürfnisse der Kinder ein. Eine Tour, die Abwechslung bietet, z. B. durch eine Hütteneinkehr, eine lustige Rodelpartie, zugefrorene Flüsse etc., ist viel wichtiger, als ein festgelegtes Gipfelziel. Wer seine eigenen Bedürfnisse in den Hintergrund stellt und auch auf die Wünsche der Kinder eingeht, wird am Ende mehr davon haben.

Im Winter muss natürlich auf ausreichend warme Kleidung geachtet werden. Durch das Herumtoben im Schnee sind Kinder noch schneller nass (und hinterher ausgekühlt) als Erwachsene. Gerade bei den Kindern sollte auch ein entsprechender Sonnenschutz nicht vergessen werden.

Wanderungen, die für Kinder empfohlen werden, sind im Infoteil mit einem Symbol gekennzeichnet. Dieses besagt, dass es unterwegs spannende Dinge für Kinder zu erleben gibt.

Telefonnummern und Internetadressen

Notruf:
Europäischer Notruf: Tel. 112 (Festnetz und Mobilfunk)
Bergrettung Österreich: Tel. 140 (Festnetz und Mobilfunk)

Lawinenlageberichte
Bayern: lawinenwarndienst-bayern.de
Tirol: lawinen.report

Alpine Wetterberichte:
DAV: alpenverein.de/DAV-Services/Bergwetter
Deutscher Wetterdienst: Tel. +49 180 2913913, dwd.de

Öffentliche Verkehrsmittel
Deutsche Bahn (DB): Tel. +49 30 2970, bahn.de
Regio Bus Bayern: dbregiobus-bayern.de
Bahnland Bayern: bayern-fahrplan.de
Rosi: rosi-mobil.de

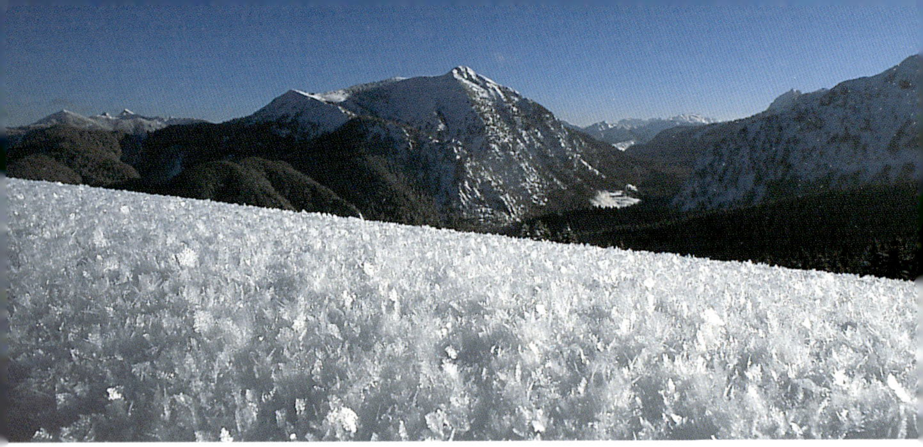

Oberflächenreif auf dem Weg zum Fockenstein (Tour 28).

Unterschiedliche Interessen?

Kein Problem: Einige Touren sind in bzw. in der Nähe von Skigebieten. So kommen Skifahrer und Wanderer gleichzeitig auf ihre Kosten. Oft besteht dabei die Möglichkeit, sich zum Kaffee oder Mittagessen in einer Hütte vor Ort zu treffen. Folgende Touren bieten sich dafür an: Hörnle, Eckbauer, Kranzberg, Herzogstand, Blomberg, Reiseralm (Skigebiet Brauneck), Fockenstein, Wallberg, Obere Firstalm und Wendelstein.

Tipps für Bergwanderer

▶ Wenn die Piste hart ist, erleichtert ein seitliches Aufsetzen des Fußes den Anstieg.

▶ Auf Forststraßen bietet der Schneematsch in der Mitte einen besseren Halt als die Spurrillen rechts und links, die meist einer Schlittschuhbahn gleichen.

▶ Grödel und Stöcke sind die Grundausrüstung für Winterwanderer und gehören immer ins Gepäck.

▶ Egal ob mit oder ohne Schneeschuhe – bitte nicht die Spuren der Skitourengeher verwenden.

▶ Nehmen Sie Ihren Müll wieder mit ins Tal, selbst die Hüttenwirte müssen ihn wieder bergab befördern und freuen sich, wenn sich alle selbst darum kümmert.

▶ Machen Sie sich bewusst, wie unterschiedlich die Bedingungen beim Winterwandern sein können (Schneehöhe usw.). Verfolgen Sie daher nicht stur ein Gipfelziel.

▶ Bei viel Neuschnee sind Rodeltouren zu empfehlen, da diese Routen meist bereits geräumt sind, alternativ natürlich Touren mit Schneeschuhen. Kenntnisse über die vorherrschende Lawinengefahr sollten dann vorhanden sein! Gerade bei Neuschnee sollte immer eine Tour gewählt werden, bei der die Lawinengefahr als gering eingeschätzt werden kann.

Karten

Bei jeder Tour sind Kartenausschnitte im Maßstab 1:50.000 abgebildet. Wer sich allerdings in unverspurtes Gelände begibt, hat mit einer Karte im Maßstab 1:25.000 eine noch genauere Übersicht. Empfehlenswert sind die Karten von Freytag & Berndt, vom Bayerischen Landesamt für Digitalisierung, Breitband und Vermessung sowie vom Alpenverein (mit ausgewiesenen Schongebieten).

Ausrüstung

Wie heißt es so schön: Es gibt kein schlechtes Wetter, nur falsche Bekleidung. An diesem Satz ist sehr viel Wahres dran, gerade im Winter. Viele der hier vorgestellten Touren können auch bei zweifelhaften Bedingungen in Angriff genommen werden. Der Genuss-Faktor ist bei solchen Verhältnissen besonders von der Ausrüstung abhängig.

Bekleidung

Richtige Bekleidung ist gerade im Winter wichtig. Selbst wenn die Quecksilber-Säule unter der magischen Null bleibt, kommt man bei Aufstiegen doch schnell ins Schwitzen. Und wer dann auf dem Gipfel verweilt oder den Abstieg beginnt und ein nasses Hemd auf der Haut trägt, wird schnell frieren.

Angefangen bei den Socken. Gut sitzende Funktionssocken sind warm und tragen zur Blasenreduzierung bei. Auch oben sollte die erste Schicht auf der Haut aus Funktionsbekleidung bestehen, also aus einem (langärmeligen) Hemd aus Kunstfaser oder Merinowolle. Beide Materialtypen haben ihre spezifischen Eigenschaften. Die Vorteile der Kunstfaser sind, dass diese die Feuchtigkeit von der Haut wegleitet und dass sie schnell trocknet. Merinowolle trägt sich sehr gut und riecht selbst nach mehreren Tagen nicht unangenehm. Die zweite Lage sollte aus einem mehr oder weniger dicken Fleece bestehen. Gut sind auch zwei unterschiedliche Fleece, damit lässt sich gut variieren. Als äußere Schicht dient eine funktionelle Jacke, die wasserabweisend ist, aber Wasserdampf von innen nach außen lässt.

Kommen wir zur Hose: Eine Jeans ist für Winterwanderungen nicht zweckmäßig. Einmal nass, dauert es ewig, bis sie wieder trocken ist. Es gibt eine große Anzahl an funktionellen Berghosen, die manchmal schon so schick sind, dass man fast in Versuchung kommt, sie abends auch in die Oper anzuziehen. Je nach Temperatur eine lange Unterhose darunter (nicht aus Baumwolle, sondern wieder aus Kunstfaser oder Merinowolle), und Sie sind allen Launen der Natur gewachsen. Eine Mütze und ein Paar Handschuhe sollten immer dabei sein.

GPS-Daten und Koordinaten der Ausgangspunkte

Auf **gps.rother.de** stehen zu diesem Wanderbuch GPS-Tracks und die Koordinaten der Ausgangspunkte zum kostenlosen Download bereit. Dieser QR-Code führt direkt zum Download.
8. Auflage, Passwort: 302008ury
Die GPS-Tracks können in die **Rother App** importiert werden. In der App kann man unterwegs stets sehen, wo man gerade ist und wo es langgeht. **Anleitungen dazu: rother.de/gps**. Trotz sorgfältiger Prüfung können wir Fehler und zwischenzeitliche Veränderungen nicht ausschließen. Verlassen Sie sich für die Orientierung niemals einzig und allein auf die GPS-Daten, sondern beurteilen Sie die Verhältnisse vor Ort.

Schuhe

Den Schuhen kommt bei Schnee eine besondere Bedeutung zu. Dass Winterschuhe warm sein sollten, versteht sich. Aber wenn Sie feste Wanderschuhe besitzen, mit denen Sie im Sommer unterwegs sind, können Sie diese auch im Winter benutzen. Die Socken wählen Sie eine Nummer dicker.

Im Winter sind Schuhe ganz aus Leder besser. Auch eine Gore-Tex-Membran macht im Winter absolut Sinn. Es sollten keine ganz leichten und weichen Wanderschuhe sein, sondern welche mit einer gewissen Stabilität. Zudem sollten sie mindestens knöchelhoch sein. Eine gute Profilsohle lässt Sie auch bei widrigen Bedingungen den Halt nicht verlieren.

Wichtig ist auch die Pflege von Lederschuhen. Wachsen Sie die Schuhe ein, wenn Sie ein Modell mit Gore-Tex haben. Wenn Sie Fett benutzen, geht die Atmungsaktivität verloren.

Grödel

Generell ist es empfehlenswert, auf allen beschriebenen Wanderungen Grödel mitzunehmen. Da sie nicht viel wiegen, sollten sie in den Tiefen des Rucksacks immer dabei sein. Die Verhältnisse können sehr unterschiedlich sein. Aber lieber tragen Sie die Grödel einmal umsonst mit, als dass sie Ihnen fehlen, wo Sie diese bitter nötig hätten. Die Hilfen gegen das Ausrutschen kosten zwischen 20 und ca. 50 Euro. Die Modelle aus Gummi, die über die Schuhe gestreift werden, eignen sich für kurze Passagen. Sie sind preiswert und leicht. Wer aber öfter Winterwanderungen macht, sollte lieber auf solide Modelle aus geschmiedetem Stahl zurückgreifen. Grödel sind schnell an fast jedem Schuh zu befestigen und behindern beim Gehen kaum.

Gamaschen

Was gibt es Schöneres, als eine Winterwanderung durch einen tief verschneiten Wald. Nicht immer sind die Wege gespurt, und schon 20 Zentimeter frischer Schnee können Ihnen die eigentlich so traumhafte Tour vermiesen, weil Sie nasse Füße bekommen. Abhilfe schaffen Gamaschen, die die Lücke zwischen Hose und Schuhrand schließen. Die Auswahl in Fachgeschäften ist groß. Aber Sie brauchen keine Expeditionsgamaschen, sondern niedrige Modelle, die preiswert (ca. 25 Euro) und leicht sind. So ausgestattet können Sie sich unbeschwert durch tiefen Schnee bewegen, ohne dass Ihnen von oben der Schnee in die Schuhe fällt.

Schneeschuhe

Ausgelöst durch den Schneeschuhboom gibt es von einigen Herstellern sehr ausgereifte Modelle. Diese sind stabil und universell einsetzbar. Man unterscheidet zwischen Modellen, die komplett aus Kunststoff sind, und solchen, die Rahmen haben und in der Mitte eine Bespannung. Jede Art hat ihre spezifischen Vor- und Nachteile.

Die Rahmenmodelle sind oft technisch ausgereifter und fast immer teurer. Sehr gut für den alpinen Einsatz sind Modelle mit einem senkrecht ausgerichteten Profil (siehe Bild rechts oben). Dieses verleiht auch auf Querungen und bei hartem Untergrund sehr guten Halt. Kunststoffmodelle sind preisgünstiger und meist kleiner und handlicher. Sie eignen sich nicht so gut für tiefen Schnee.

Mindestens so wichtig wie die Schneeschuhe sind die Bindungssysteme. Es gibt einfache Bindungen, die nur mit Gummibändern halten, oder aufwendige High-Tech-Bindungen. Die einfachsten Varianten sind nicht empfehlenswert. Die Schuhe verrutschen in der Bindung oder man kann ganz aus der Bindung fallen.
Die starren Kipphebelbindungen – ähnlich wie bei einem Snowboard oder wie bei Steigeisen – sind gut, wenn Sie genau wissen, dass Sie immer mit schweren, steigeisenfesten Schuhen unterwegs sind. Ansonsten sind die Bindungen, die Ihnen auch die Verwendung von normalen Wanderschuhen ermöglichen, anzuraten. Sie fixieren den Schuh gut auf dem Schneeschuh, sind einfach zu bedienen und funktionieren ohne Probleme.
Die meisten Modelle haben mittlerweile Harscheisen unter der Bindung, die sich durch das Abwinkeln in den Schnee beißen. Bei harten Verhältnissen ist dadurch ein sicheres Vorankommen möglich. Wer sich öfter in alpinem Gelände bewegt, ist mit weiteren Dornen, Krallen oder Leisten, die fix auf der Schneeschuhunterseite angebracht sind, gut beraten. Denn bei schwierigen Bedingungen tragen diese zur Stabilisierung bei.

Stöcke

Fast alle kennen Wanderstöcke aus dem Sommer. Aber im Winter sind sie fast noch wichtiger. Wenn es rutschig wird oder der Schnee sehr tief ist, können einem Stöcke das Leben doch erheblich erleichtern. Wer seine Sommermodelle benutzt, sollte vorher größere Teller anbringen. Denn die meist sehr kleinen Sommerteller sinken im Schnee tief ein und geben weniger Halt.

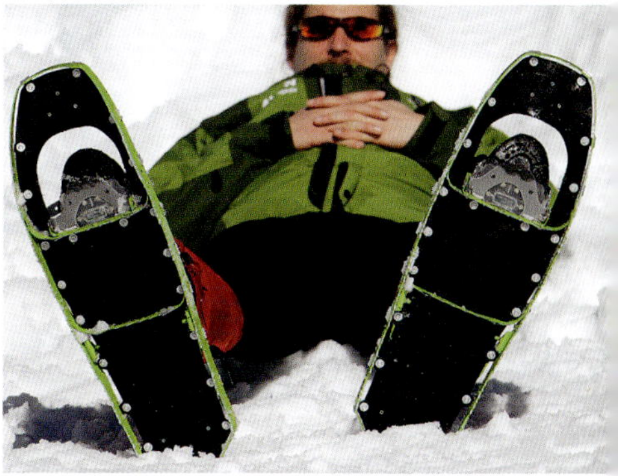

Rahmenmodell eines Schneeschuhs mit senkrechtem Profil.

Wer noch keine Wanderstöcke hat, sollte darauf achten, ein Modell zu wählen, das leicht ist und sich schön klein zusammenschieben lässt. So können die Stöcke, ohne zu stören, auch mal am Rucksack befestigt werden.

Lawinenausrüstung

Abseits geräumter Fahrwege sollten Sie auf jeden Fall ein sogenanntes Lawinen-Verschütteten-Suchgerät (kurz LVS oder VS-Gerät) am Körper tragen. Diese kleinen Geräte haben zwei Modi, den Sende- und den Empfangsmodus. Man trägt die Geräte grundsätzlich eingeschaltet im Sendemodus. Im Falle einer Verschüttung können nicht verschüttete Personen oder die organisierte Rettung den Verschütteten mithilfe des Gerätes orten und ausgraben.
Und damit sind wir schon beim zweiten Punkt. Kein LVS-Gerät ohne Lawinenschaufel. Denn was nützt es, wenn ich einen Verschütteten orten, aber nicht ausgraben kann. Zu einer kompletten Lawinenausrüstung zählt dann noch die Sonde, die bei der genauen Ortung wertvolle Dienste leisten kann.

Zum Orten eines Verschütteten braucht man etwas Übung. Wenn Sie öfter in hochalpinen Regionen unterwegs sind, die mitunter lawinengefährdet sind, machen Sie über den Alpenverein oder eine Bergschule einen Kurs im Umgang mit dem LVS.

Sonstiges

Frischer Schnee reflektiert das Sonnenlicht zu 98 Prozent. Entsprechend hoch ist die UV-Belastung im Winter. Vergessen Sie nicht, sich vor der Tour einzucremen, und nehmen Sie auch Sonnencreme mit, mindestens Schutzfaktor (LSF) 15. Für die Lippen sollten Sie einen Lippenstift mit LSF 20 oder mehr benutzen. Ein normaler Fettstift reicht nicht aus.

Genauso wichtig wie die Sonnencreme ist die Sonnenbrille. Ein dunkles Modell ist ratsam. Es sollte zu 100 Prozent UV-A- und UV-B-Licht absorbieren.

Nicht zu vergessen ist die Thermoskanne mit einem warmen Getränk, das manchmal wahre Wunder bewirken kann. Für die meist schneebedeckten Bänke ist ein kleines Sitzkissen angenehm und braucht (am Rucksackrücken verstaut) nicht viel Platz. Eine kleine Taschenlampe oder, noch besser, eine kleine Stirnlampe belastet Ihr Gepäck kaum, lässt Sie aber wieder sicher ins Tal gelangen, wenn der Hüttenzauber länger gedauert hat als geplant.

Bei Schneeauflage sind Wegmarkierungen, teilweise auch die Wege, unter dem Schnee versteckt und schwer auszumachen. Ein Smartphone mit Outdoor-App (z. B.der Rother App) ist eine gute Orientierungshilfe auf der Tour. Alternativ eine Karte und Höhenmesser, Kompass oder GPS-Gerät. So ausgerüstet können Sie den ersten Winterwanderungen mit Freude entgegensehen. Sie werden sicherlich mehr Spaß haben, wenn Sie die richtige Ausrüstung benutzen.

Beim Sprint stiebt der Pulverschnee.

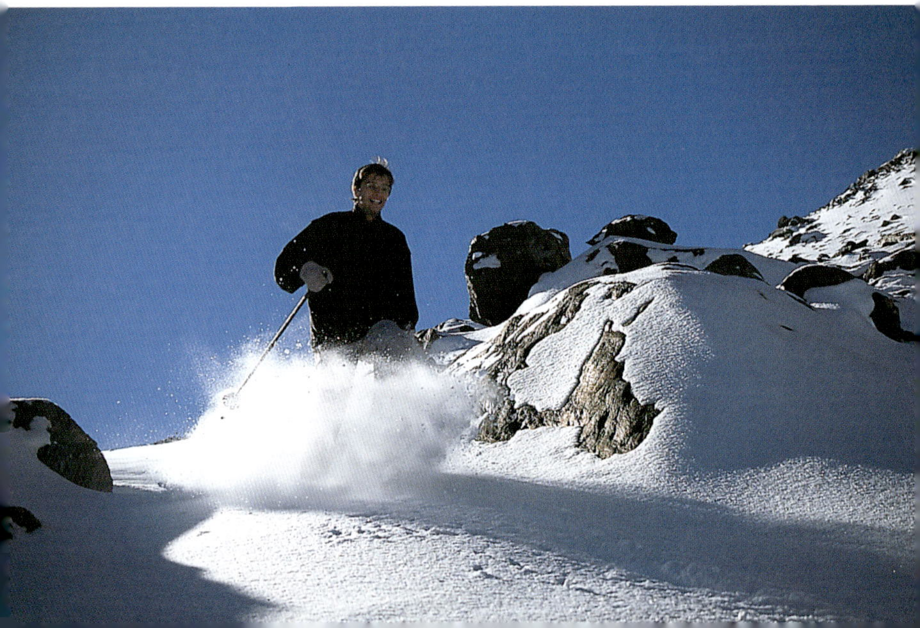

Gefahren

Allgemeines

Eine Winterwanderung kann nicht mit Wanderungen im Sommer verglichen werden. Gerade im Winter muss sich jeder über die ständig lauernden Gefahren wie Lawinen, Ausrutschern, Wetterverschlechterung, Kälte etc. bewusst sein. Durch die stark variierenden Bedingungen (Schneehöhe, Wegbeschaffenheit usw.) ist das Maß an Eigenverantwortung höher als im Sommer. Denken Sie bei der Tourenplanung auch daran, dass es im Winter mitunter schon um vier Uhr fast dunkel ist.

Der Spaß an der Natur und am Draußensein sollte im Vordergrund stehen und nicht der Gipfelsieg. Oftmals ist es klüger umzukehren, auch wenn es manchmal schwer fällt. Schon Reinhold Messner hat einmal gesagt: »Der siebte Schwierigkeitsgrad ist Umkehren.« Gerade im Winter kann ein stures Festhalten am Gipfelziel zum Verhängnis werden. Denken Sie um! Planen Sie Ihre Tour bereits nach den jeweiligen Verhältnissen und nicht nach Gipfelzielen, und bleiben Sie auch während der Tour offen, jederzeit wieder umzudrehen.

Fangen Sie mit einer einfachen Tour an, um Ihre Kräfte einzuschätzen. Müssen Sie sich den Weg selber bahnen und die Spur anlegen, kostet das sehr viel Kraft und Zeit und ist nicht mit einer Wanderung im Sommer vergleichbar. Und ein unvorhergesehenes Biwak kann im Winter zum Erfrieren führen!

Lawinen

Wer sich im Winter in den Bergen bewegt, muss mit Lawinen rechnen. Aber keine Angst: Lawinen können nicht überall abgehen. Sie müssen jetzt auch nicht Fachmann der Nivologie (Schneekunde) werden, um Winterwanderungen zu unternehmen. Viele der hier vorgestellten Touren sind auch bei großer Lawinenwarnstufe begehbar. Trotzdem sollten Sie sich die Informationen beschaffen können, die Ihnen weiterhelfen.

Bei den Touren steht jeweils eine kurze Einschätzung der Lawinengefahr. Die Touren, die praktisch keine Lawinengefahr aufweisen, können Sie getrost angehen, auch wenn es viel Neuschnee hat. Meistens verlaufen diese über eine Rodelbahn.

Ansonsten gilt es vor allem, sich den jeden Morgen erscheinenden Lawinenlagebericht zu besorgen, entweder im Internet oder per Telefon (Telefonnummern auf der hinteren Umschlagklappe). Darüber hinaus sollten Sie, wenn Sie sich nicht sicher sind, die Fremdenverkehrsvereine kontaktieren oder den Hüttenwirt anrufen. Die sind immer vor Ort, kennen die Entwicklung und sagen Ihnen ganz genau, was Sache ist.

Die Lawinengefahrenskala hat fünf Stufen: Die geringste Gefahrenstufe ist eins, die höchste fünf. Lawinengefahrenstufe fünf hat es in vielen Wintern gar nicht, und wenn, dann vielleicht drei bis fünf Tage im Jahr. In diesem Fall werden großräumige Warnungen ausgesprochen. Neben der Zahl wird im Lawinenlagebericht immer eine Zusatzinformation gegeben. Die bezieht sich oft auf die Höhe und die Hangexposition. Viele unserer Touren bewegen sich in den unteren alpinen Gefilden, die oftmals von den Gefahren gar nicht betroffen sind. Touren, die bis zum Ziel durch dichten Wald führen, sind auch nicht gefährlich. Bei einigen der hier beschriebenen Touren führt der Weg bis zu einer Hütte oder Alm und von da weiter auf einen Gipfel. Auch hier gilt: Wenn Sie weiter gehen wollen, immer vorher den Wirt wegen der Lawinen- und sonstigen Gefahren fragen.

Neben der Höhe ist die Hangexposition ein genauso wichtiges Kriterium. Daher finden Sie die Angabe im Infoteil der jeweiligen Tour. Hänge im Sektor Nord (Nordwest, Nord, Nordost) sind stärker gefährdet als Hänge in südlicher Exposition. Generell gilt: Bei bestehender Lawinengefahr sollten Sie immer ein eingeschaltetes LVS-Gerät am Körper tragen (s. S. 11 und 12).

Ein wichtiger Aspekt bei der Beurteilung der Lawinengefahr ist die Hangsteilheit. Lawinen gehen in aller Regel nur in Hängen über 30 Grad Neigung ab. Das heißt nicht, dass Sie in flachem Gelände sicher sind, denn mitunter fließen Lawinen auch sehr weit in die sogenannten Auslaufzonen. Aber wenn der gesamte Hangbereich an der steilsten Stelle nicht steiler als 30 Grad ist, droht auch keine Gefahr. Doch wie steil sind 30 Grad? Mit etwas Übung kann man Hangsteilheiten sehr gut schätzen, ca. auf zwei Grad genau. Wir behelfen uns aber mit Hilfsmitteln. Viele Kompasse haben Hangneigungsmesser. Auch mit der sogenannten SnowCard können Sie die Hangneigung bestimmen. Dieses Hilfsmittel ermöglicht es auch wenig versierten Berggehern, die Gefahr abzuschätzen. Zu der Karte gibt es ein Begleitheft, das die Anwendung genau erläutert. Die Karte gibt es beim DAV, in Sportgeschäften und im Buchhandel.

Neben den genannten Faktoren spielen Wind, Temperatur, Untergrund, Neuschneemenge, der Schneedeckenaufbau etc. eine wichtige Rolle. Wer tiefer in dieses komplexe Thema einsteigen möchte, dem sei ein Lawinenkurs bei einer Bergschule empfohlen oder das Buch »Lawinen: Verstehen – Vermeiden – Praxistipps« von Eike Roth.

Europäische Lawinengefahrenskala

- Stufe 1, gering: Tourenbedingungen allgemein sicher.
- Stufe 2, mäßig: Lokale Gefahrenstellen, ansonsten günstige Tourenbedingungen.
- Stufe 3, erheblich: Schneedecke örtlich störanfällig, Tourenmöglichkeiten eingeschränkt.
- Stufe 4, groß: Schneedecke sehr störanfällig, viele Gefahrenstellen, Tourenmöglichkeiten sehr stark eingeschränkt.
- Stufe 5, sehr groß: Touren nicht möglich.

Wechten

Wechten sind überhängende Triebschneeansammlungen, die sich an Kämmen auf der Windschattenseite bilden. Der Eindruck eines breiten Kammes kann daher täuschen, denn der angesammelte Schnee bricht ins Nichts ab. Für uns heißt das so viel wie: Nicht zu sehr am Rand gehen und den Untergrund prüfen!

Wegbeschaffenheit

Es liegt auf der Hand, sei hier aber trotz allem angesprochen: Die größte Gefahr beim Winterwandern ist das Ausrutschen. Dazu braucht es bekanntlich kein richtiges Glatteis. Fester Schnee oder auch nur eine nasse Wurzel können bereits einen Sturz provozieren. In tiefem Schnee geht es sich immer sicherer als auf harten, festgefahrenen Wegen. Oft-

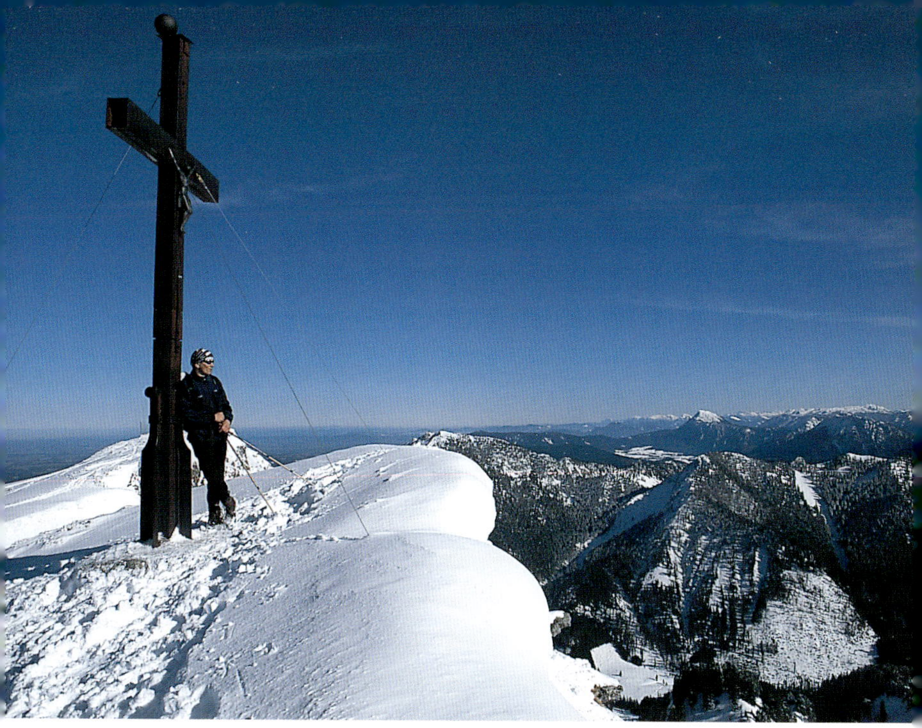

Gipfelkreuz des Hochgern mit Wechte (Tour 49).

mals hilft es, nur einen halben Meter neben dem Weg im Tiefschnee zu gehen, wenn der Weg zu glatt ist. Oder man geht in der Mitte, wo nicht die Rodelfahrer mit ihren Schlitten oder die Hüttenwirte mit ihren Autos den Schnee plattfahren. Im Winter werden nicht alle Wege hergerichtet, z. B. können umgestürzte Bäume den Weiterweg erschweren. Selbst wenn schon Spuren da sind, kann es bei weichem Schnee vorkommen, dass man teilweise noch tiefer in unergründliche Löcher versinkt. Wer aber vorsichtig geht und sich dessen bewusst ist, wird sich schnell zurechtfinden.

Orientierungsprobleme

Wer nicht nur auf breiten Forststraßen unterwegs ist, sondern auch schmale Pfade nimmt, sollte sich über den Wegverlauf im Klaren sein und mit Karte und Kompass umgehen können. Wenn es frisch geschneit hat, ist der Weg nicht immer eindeutig. Markierungen und Wegweiser sind oft unter dem Schnee verborgen. Wenn Sie nicht mehr weiter wissen, drehen Sie lieber um und folgen Ihren Spuren zurück zum Ausgangspunkt. Versuchen Sie nicht, Abkürzungen zu gehen. Meist dauern diese länger als die normale Route.

Notruf

Nehmen Sie Ihr Handy mit auf Tour. Auch wenn man sich nur den Fuß verknackst, im Winter kann man nicht ewig daliegen und auf Hilfe warten. Inzwischen ist die Netzabdeckung so gut, dass man fast überall telefonieren kann. Die europäische Notrufnummer lautet 112.

Natur und Umwelt

Manfred Scheuermann
(DAV, Ressort Naturschutz und Kartografie)

Sensible Tier- und Pflanzenwelt

Die Wildtiere haben sich den schwierigen Bedingungen des Winters im Hochgebirge angepasst: Um Energie zu sparen, beschränken sie ihre Aktivitäten auf ein Minimum und halten sich nur dort auf, wo sie genügend Nahrung finden, vor ihren natürlichen Feinden sicher sind und die große Kälte überstehen. Hinzu kommt, dass die Tiere nur bestimmte Phasen des Tages als Aktivitätszeiten nutzen können.

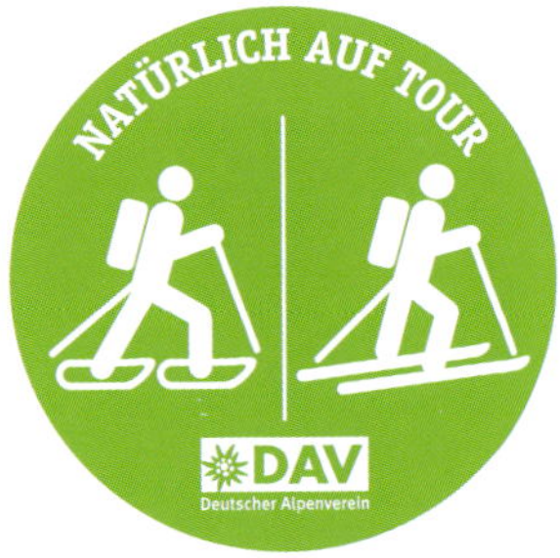

Dieses Schild markiert Routenabschnitte durch empfindliche Gebiete.

Raufußhühner

Besonders empfindlich sind die in Mitteleuropa stark gefährdeten Raufußhühner, zu denen Auer-, Hasel-, Birk- und Alpenschneehühner zählen. Schutz vor Kälte und Feinden finden zum Beispiel Birk- und Schneehühner in selbst angelegten Schneehöhlen sowie in Baum- und Strauchgruppen. Kommen Skitourengeher oder Winterwanderer den Verstecken zu nahe, suchen die Tiere panikartig das Weite und kehren manchmal erst Stunden später in ihre optimalen Lebensräume zurück. Bei der Flucht verbrauchen sie sehr viel Energie, die im Winter nur begrenzt zu ersetzen ist. Damit sie flugtauglich bleiben, können sich Raufußhühner keine großen Reserven anfressen. Häufige Störungen führen zur Schwächung der Tiere bis hin zum Tod durch Verhungern. Besonders wichtig für Raufußhühner ist es, dass sie in ihren Aktivitätszeiten zur Nahrungsaufnahme ungestört sind. Daher sollten vor allem im Hochwinter Rücken, Grate und Gipfel in Höhenlagen zwischen ca. 1600 m und 2200 m bis etwa 10 Uhr und ab etwa 16 Uhr störungsfrei bleiben.

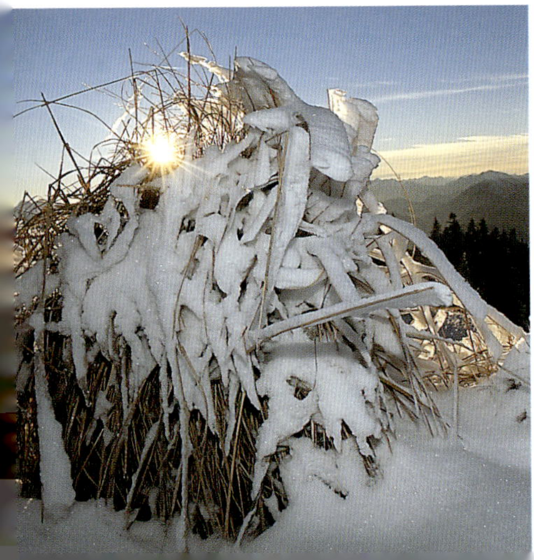

Wildverbiss

Auch Gämsen, Rehe und Hirsche brauchen im Winter ihre Ruhe. Beim Fliehen durch tiefen Schnee verbrauchen sie vier- bis sechsmal soviel Energie wie bei ungestörtem Stehen oder Äsen. Diesen Energieverlust gleichen die Tiere aus, indem sie vermehrt Knospen, Zweige oder Rinde meist junger Bäume abfressen. So können Verbissschäden im Bergwald, die durch überhöhte Wildbestände entstehen, noch vergrößert werden. Daher gilt es, Störungen so gut es geht zu vermeiden.

DAV-Kampagne »Natürlich auf Tour«

Skitourengehen aber auch Schneeschuh- und Winterwandern haben in den Bayerischen Alpen erheblich an Beliebtheit gewonnen. Damit es nicht zu Konflikten kommt, führen der Deutsche Alpenverein, das Bayerische Umweltministerium und das Bayerische Landesamt für Umwelt seit 1995 die gemeinsamen Projekte »Skibergsteigen umweltfreundlich« und »Wildtiere und Skilauf im Gebirge« durch. Dabei werden mit Vertretern aller betroffenen Organisationen Routenempfehlungen erarbeitet, die zumeist auch für Schneeschuh- und Winterwanderer gelten.

Umwelttipps für Winterwanderer

Bei einer Winter- oder Schneeschuhwanderung genießen Menschen die verschneite Gebirgslandschaft, sie bewegen sich aber zugleich im Lebensraum schützenswerter Pflanzen und Tiere. Um die Natur nicht zu gefährden, sollten sie sich an folgende Regeln halten:

DAV-Gütesiegel »Natürlich auf Tour«

Die neue Auflage von 2024 des Rother Wanderbuchs »Wandern im Winter Bayerische Alpen« von Birgit Gelder erhält das Gütesiegel »Natürlich auf Tour« des Deutschen Alpenvereins (DAV). Folgende, für die Auszeichnung erforderliche Kriterien sind erfüllt:

- Die Touren sind so ausgewählt und beschrieben, dass sie den Routenempfehlungen des DAV-Projektes »Skibergsteigen umweltfreundlich« entsprechen. Dieses Projekt führen der DAV und das Bayerische Umweltministerium im Gesamtgebiet der Deutschen Alpen durch.
- Bei der Beschreibung der einzelnen Touren werden Hinweise zu örtlichen Besonderheiten (Schon- und Schutzgebiete, gekennzeichnete Routenabschnitte etc.) gegeben.
- Anreisemöglichkeiten mit Bahn und Bus sind, sofern vorhanden, aufgeführt.
- Der Einführungsteil enthält allgemeine Informationen und Tipps für naturverträgliche Wintertouren.

Damit kann das Buch naturverbundenen Wanderern als Grundlage für Planung und Ausführung der Touren empfohlen werden.
Der DAV gratuliert der Autorin sowie dem Rother Bergverlag und dankt für die gute Zusammenarbeit!

Deutscher Alpenverein, Ressort Naturschutz und Kartografie

- Markierungen, Hinweise und Routenempfehlungen des DAV-Projektes »Skibergsteigen umweltfreundlich« beachten
- Schutz- und Schongebiete für Pflanzen und Tiere respektieren, Lärm vermeiden
- Lebensräume erkennen: Wildtieren möglichst ausweichen, sie nur aus Distanz beobachten, Futterstellen umgehen, Hunde anleinen
- im Hochwinter Gipfel, Rücken und Grate vor 10 Uhr und nach 16 Uhr meiden
- in Waldgebieten und an der Waldgrenze auf üblichen Routen, Forst- und Wanderwegen bleiben, Abstand zu Baum- und Strauchgruppen halten
- Aufforstungen und Jungwald schonen
- umweltschonend anreisen: mit öffentlichen Verkehrsmitteln fahren oder Fahrgemeinschaften bilden, ausgewiesene Parkplätze benutzen, keine Zufahrten blockieren
- eher mehrtägige Aufenthalte als viele Tagestouren planen, das gastronomische Angebot vor Ort nutzen
- sich über Natur und Kultur des Zielgebietes informieren

Weitere Informationen

Weitere Informationen zum Thema »Wintersport und Naturschutz« erhalten Sie im Internet unter alpenverein.de oder unter folgender Adresse:

Deutscher Alpenverein e. V.
Ressort Naturschutz und Kartografie
Anni-Albers-Straße 7
80807 München
Tel. +49 89 14003-0
Fax +49 89 14003-64
E-Mail: natur@alpenverein.de

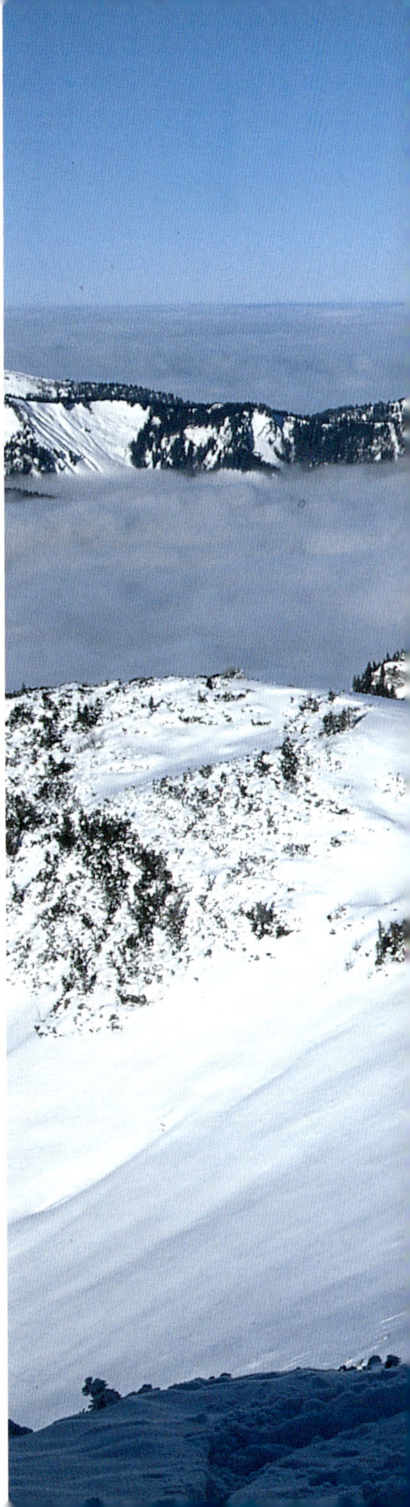

Die letzten Meter zum Gipfelkreuz des Geigelsteins (Tour 47).

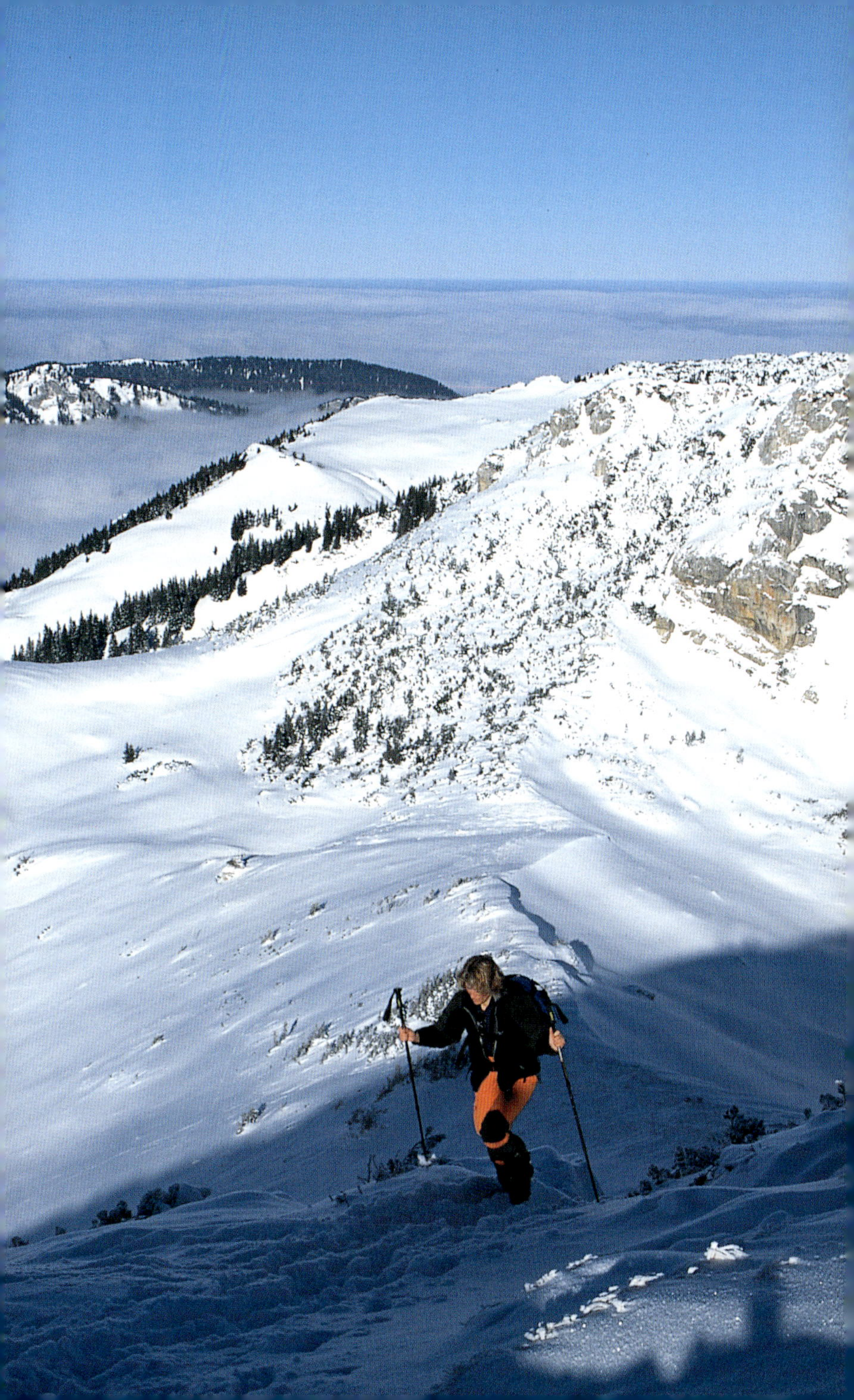

1 Aidlinger Höhe, 791 m

Von Habach

★

Lohnenswerter Höhenzug oberhalb des Riegsees

Diese Tour ist für manche ein Spaziergang, und diese Bezeichnung ist nicht abfällig gemeint. An kalten Wintertagen reichen auch mal wenige Höhenmeter aus, um ordentlich ins Schwitzen zu kommen, denn das Spuren im Schnee kann ganz schön anstrengend sein. Die Füße werden dabei meist nass und kalt und die Freude auf eine gemütliche Einkehr wird umso größer. Gerade nach großen Neuschneemengen ist diese Tour empfehlenswert. Auf den sanften Hügeln bleibt der Schnee liegen und rauscht nicht als Lawine hinab ins Tal. Im tief verschneiten Wald rieselt der Schnee von den Tannenzweigen, und in den Schneekristallen bricht sich das Licht. Pfadfinder können Tierspuren identifizieren, und in der Stille kreuzt vielleicht sogar ein Reh den Weg. Und trotz der geringen Höhe unseres Ausgangspunktes ist die Aussicht von diesem so unspektakulären Hügel eine Überraschung. Der besondere Reiz dieser Runde liegt darin, dass es sich anscheinend um einen ganz normalen Waldspaziergang handelt, und dann kommt doch alles ganz anders, als man denkt.

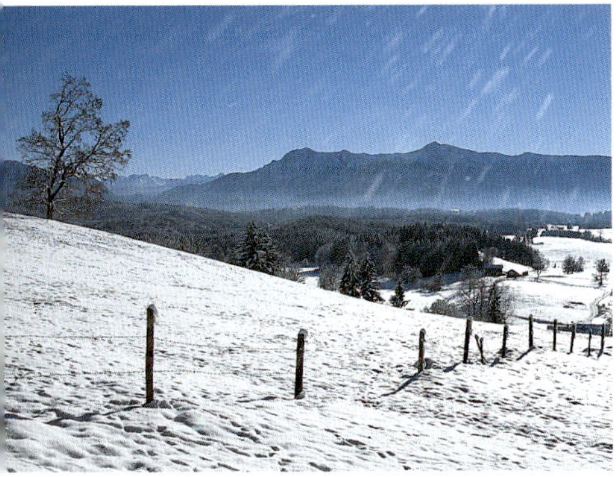

Ausblick von der Aidlinger Höhe.

KURZINFO

Talort: Habach, 649 m. Gemeindeverwaltung Habach, habach.de; riegsee.de (für Aidling).

Ausgangspunkt: Kirche St. Ulrich in Habach, 649 m. Von der A 95 kommend im Ort rechts halten Richtung Seeshaupt. Begrenzte Parkmöglichkeiten gibt es gegenüber der Kirche und am Ortsende auf der rechten Seite. Mo bis Fr mit der Buslinie 9617 vom Bahnhof Penzberg erreichbar, Sa mit dem Bus Nr. 9654 vom Bahnhof Weilheim.

Gehzeit: Habach – Aidlinger Höhe 1 Std., Aidlinger Höhe – Habach ca. 2 Std.; Gesamtzeit 3 Std.

Höhenunterschied: 140 Hm.

Anforderungen: Einsamer Spaziergang auf nicht geräumten Wald- und Forstwegen. Am Ende ein Stück entlang einer wenig befahrenen Straße. Bei sehr viel Schnee sind Schneeschuhe empfehlenswert.

Lawinengefahr: Keine.

Einkehrmöglichkeit: In Aidling Gasthof Post (Dorfstraße 26, Tel. +49 8847 6225, gasthof-post-aidling.de, am Wochenende wetterabhängig geöffnet); in Habach Eichbichl-Stüberl (Höhlmühler Straße 14, Tel. 49 8847 750, Di und Mi Ruhetag).

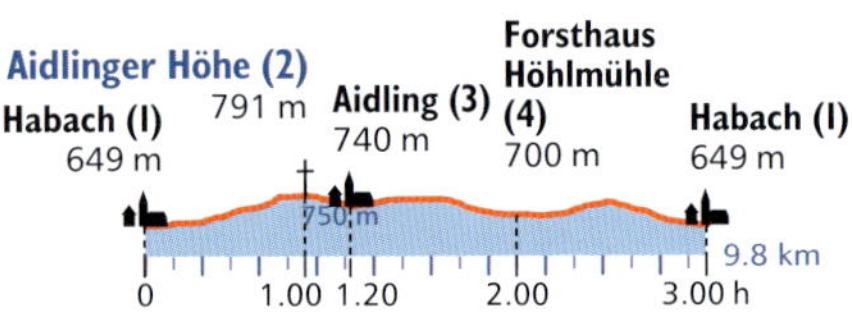

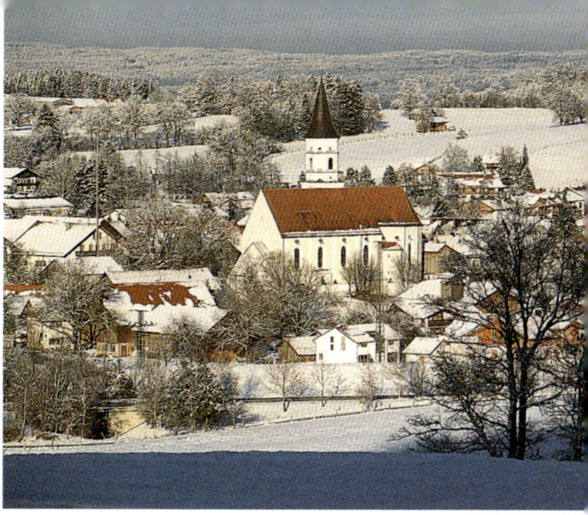

Habach mit der Kirche St. Ulrich.

Wir starten an der ehemaligen Stiftskirche St. Ulrich in **Habach (1)** und folgen der Hofheimer Straße Richtung B 472. Nach dem Ortsschild von Habach biegen wir links in die kleine Straße ein, die zu der Unterführung der B 472 führt. Hinter dieser gehen wir rechter Hand weiter, kurz links und gleich wieder rechts entlang der kleinen Straße parallel zur Bundesstraße. Nach 500 m an der T-Kreuzung links und auf der Straße bergauf in den Wald. Später nach rechts auf der Forststraße weiter und darauf nochmals rechts. Ein Holzschild weist zu einer Grotte. Der Abstecher führt nach 100 m zu einem kleinen Schrein, in dem sich eine Marienstatue befindet. Wir folgen dem Hauptweg weiter. Nach einer Linkskurve führt er steiler bergan durch den Wald auf die bereits erkennbare Anhöhe. Wir kommen zu einer Lichtung mit einer T-Kreuzung, halten uns rechts und gehen durch ein Gatter. Rechter Hand liegt ein Stadel. Als Belohnung für die Anstiegsmühen eröffnet sich vom erreichten Höhenzug der **Aidlinger Höhe (2)** ein herrlicher Blick ins Alpenvorland.

Hinter dem Stadel zum Waldrand und auf dem Pfad Richtung Westen. Achtung, die Wurzeln unter dem Schnee sind rutschig! Wir erreichen ein Gedenkkreuz mit einer einladenden Aussichtsbank und genießen den schönen Blick über den Riegsee, das Zweigestirn von Heimgarten und Herzogstand sowie das Wetterstein mit der Zugspitze und der Alpspitze. Hinter dem Kreuz kommt ein Haus, das wir rechter Hand umge-

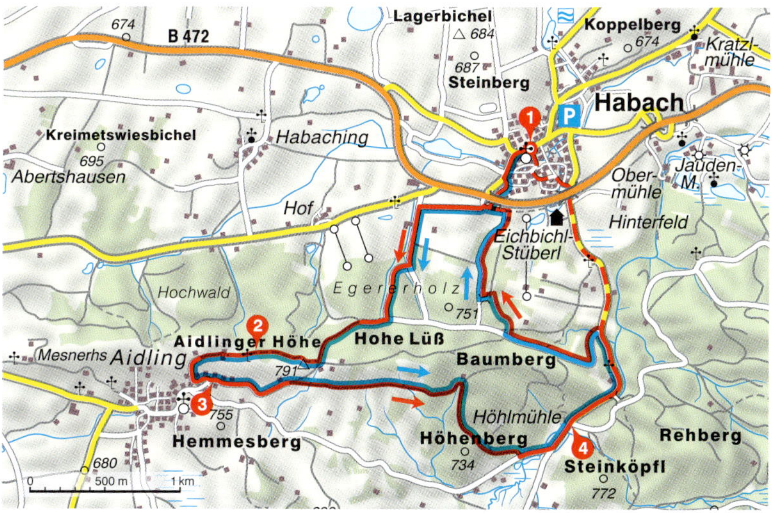

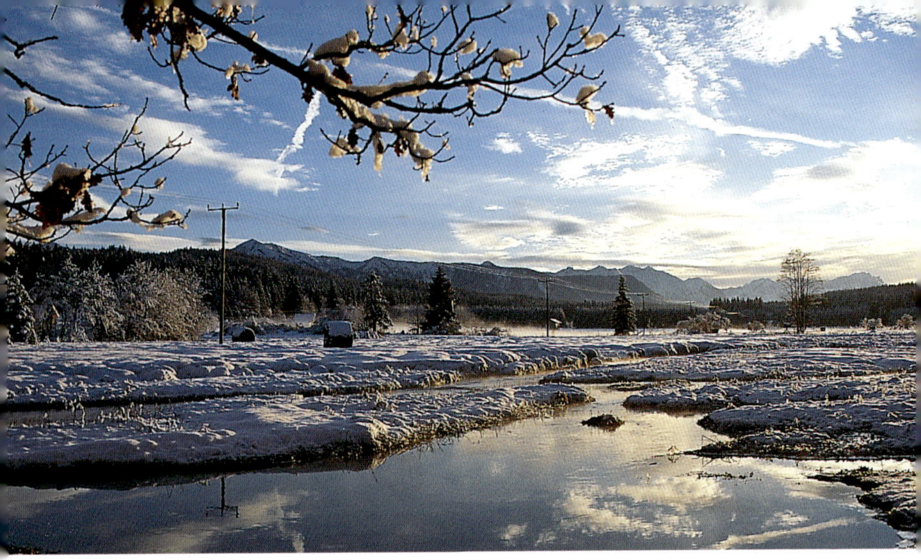

Abendstimmung bei der Höhlmühle.

hen. Darauf treffen wir auf die Lichteneggstraße. Diese führt uns nach **Aidling (3)** hinab. Nach rechts ginge es in das schöne Bauerndorf.
Wir folgen aber linker Hand der Beschilderung auf der Dorfstraße bergan Richtung Höhlmühle. Mit herrlichen Ausblicken auf Herzogstand und Heimgarten wandern wir nun unterhalb des Höhenzuges entlang. An der ersten Weggabelung halten wir uns rechts. Wir schlendern dahin und genießen die fantastischen Ausblicke. Dann wandern wir wieder Richtung Wald und an einer Gabelung links. Wir treffen auf einen Bach, und in einer Rechtskurve geht es auf der anderen Bachseite weiter. Der Forstweg führt bergab und trifft auf die aus Aidling herführende Straße. Diese verfolgen wir linker Hand bis an die Kreuzung und erreichen von dieser, wieder nach links abzweigend, das **Forsthaus Höhlmühle (4)**.
Vom Forsthaus Höhlmühle geht es zuerst 1 km entlang der Straße, bis wir einen kleinen Parkplatz linker Hand erreichen. Hier zweigen wir links ab und folgen einem Forstweg in einer Links-rechts-Kurve bergan. Am Ende einer Weide geht es nochmals in den Wald, dann zweigen wir rechts ab. Die Forststraße führt uns bergab, der Kies unter dem Schnee wird zu Asphalt und an einer Gabelung halten wir uns rechts. Die kleine Straße führt uns nun zurück Richtung Bundesstraße. Zu unserer Linken treffen wir wieder auf die Unterführung, die wir bereits von unserem Hinweg kennen, und gehen auf bekanntem Weg zurück zu unserem Ausgangspunkt in **Habach (1)**.
Wer den Rückweg abkürzen möchte, folgt vom Forsthaus der Straße weiter und kommt nach knapp 2 km zurück nach Habach. Kurz vor Erreichen der B 472 lädt das Eichbichl-Stüberl nochmals zur Einkehr ein. Nach der Unterführung links in die Eichbichlstraße. Wir folgen dieser und biegen in einer Rechtskurve in die St.-Ulrich-Straße ein. So treffen wir wieder auf die ehemalige Stiftskirche.

Niedere Bleick, 1589 m

2

Von Unternogg

★

Eine einsame und stille Waldwanderung

Die Erhebung des Hohen Trauchbergs bildet das größte zusammenhängende Waldgebiet der Gemeinde Halblech. Der höchste Punkt des Höhenzuges ist die Bleick mit ihren zwei Gipfeln, der Hohen und der Niederen Bleick. Am Hohen Trauchberg staute sich einst der sogenannte Füssener See. Heutzutage zeugen noch ein paar schöne Moorflächen von dieser Vergangenheit. Hinter der Bleick, im Süden, ändert sich plötzlich das Gebirge. Da ragen markante Felsgipfel in die Höhe, wie z.B. der unter Kletterern bekannte Geiselstein. Im Gegensatz dazu haben sich am Trauchberg durch die leicht erodierbaren Gesteine der Flyschzone nur sanfte Hügel ausgebildet. Darum kennt das Massiv auch keiner. Um die Bleick gibt es zu viele bekannte Gipfel. Das ist auch im Winter so, denn nebenan sind – mit Bergbahnen erschlossen – Hörnle und Tegelberg. Wer dem Treiben einmal entfliehen möchte, findet hier das ideale Gelände. Es gibt keine Einkehr, und außer einem schönen Wald wird nichts Spektakuläres geboten. Und genau diese Einsamkeit verleiht dem Berg einen besonderen Reiz. Unbeachtet bleibt dabei auch der höchste Punkt, die Hohe Bleick. Diese ist nur etwas für Gipfelsammler. Doch von der unbewachsenen Niederen Bleick haben wir die schönste Aussicht. Von hier reicht der Blick hinab auf den Pfaffenwinkel mit seinen Dörfern und der berühmten Wieskirche.

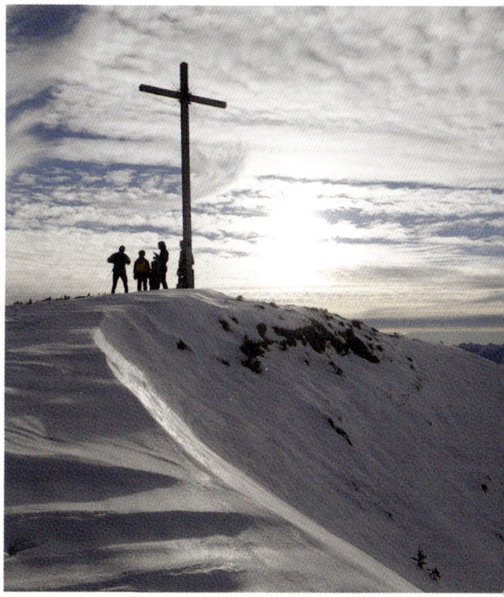

Nachmittagsstimmung am aussichtsreichen Gipfel der Niederen Bleick.

KURZINFO

Talort: Altenau, 837 m. Verkehrsamt Altenau, ammergauer-alpen.de.
Ausgangspunkt: Unternogg, Parkplatz bei der Halbammer, 840 m. Vom Bahnhof Altenau (an der Bahnlinie Murnau – Oberammergau) zu Fuß 4 km.
Gehzeit: Unternogg – Niedere Bleick 3.15 Std., Rückweg 2.05 Std.; Gesamtzeit 5.20 Std.
Höhenunterschied: 750 Hm.
Anforderungen: Lange, einsame Waldwanderung. Auf den letzten Metern am Gipfel auf Wechten achten. Bei Neuschnee und/oder hoher Schneelage sind Schneeschuhe sinnvoll.
Hangexposition: Nord, Ost.
Lawinengefahr: Gering.

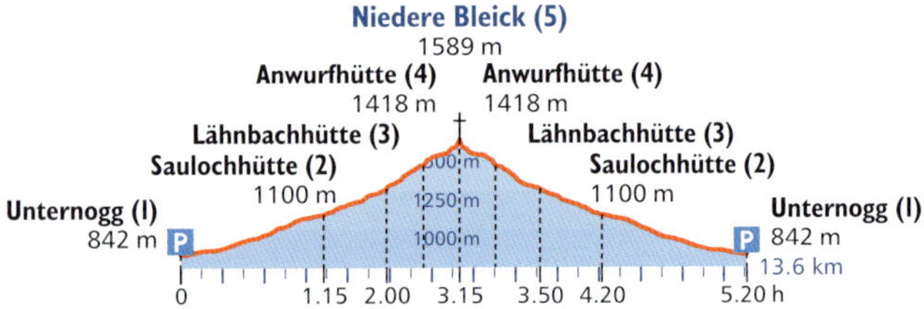

In **Unternogg (1)** über die Halbammerbrücke nach Norden. Am zweiten Abzweig links der Beschilderung zur »Hohen Bleick« folgen. Wir queren eine Lichtung und halten uns der Beschilderung entsprechend rechts. An der nächsten Gabelung verlassen wir die sogenannte »Königsstraße« linker Hand. Geradeaus würden wir zu der berühmten Wieskirche kommen. Wir folgen im Wald der verschneiten Fahrstraße nach Westen und überqueren auf einer kleinen Brücke den Leimbach. Gleich hinter der Brücke linker Hand weiter. Einen Abzweig zu einer 25% ansteigenden Forststraße ignorieren wir und erreichen auf dem mit »R2« markierten Weg die **Saulochhütte (2)** auf 1110 m. Nach dieser folgen wir einer Linkskurve und gehen darauf ansteigend nach Südwesten weiter. Wir treffen auf den Weg, der von der Königsstraße heraufzieht und von rechts auf den unsrigen stößt. Linker Hand erreichen wir die **Lähnbachhütte (3)**, 1270 m. Von hier leitet uns ein schmaler Weg nach Osten und beschreibt in der Folge einen weiten Rechtsbogen. Nach Südwesten queren wir dann den Hang bis in das Joch bei der **Anwurfhütte (4)**.

Nun folgen wir dem herabziehenden Rücken nach Westen steil bergauf bis auf den höchsten Punkt. Dann geht es nach Südwesten zu einer freien Fläche. Hier halten wir uns rechts und ersteigen den herabziehenden Ostrücken bis zum Gipfel der **Niederen Bleick (5)**, 1589 m. Auf den letzten Metern auf die Wechten achten! Für uns heißt das soviel wie: Nicht zu sehr am Rand gehen und den Untergrund prüfen! Dann genießen wir erst einmal den schönen Blick ins weiße Alpenvorland. Im Norden sehen wir den reizvollsten Bau des Rokoko, die Wieskirche, diesmal aus der ungewöhnlichen Perspektive von oben.

Der Abstieg erfolgt auf dem Aufstiegsweg.

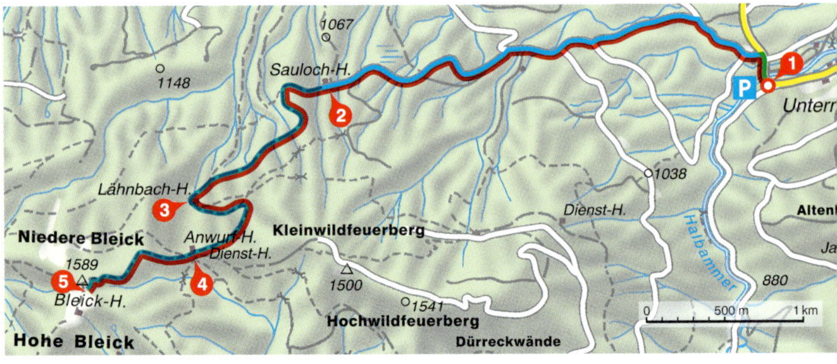

Hörnle, 1548 m

3

Von Bad Kohlgrub

★★★

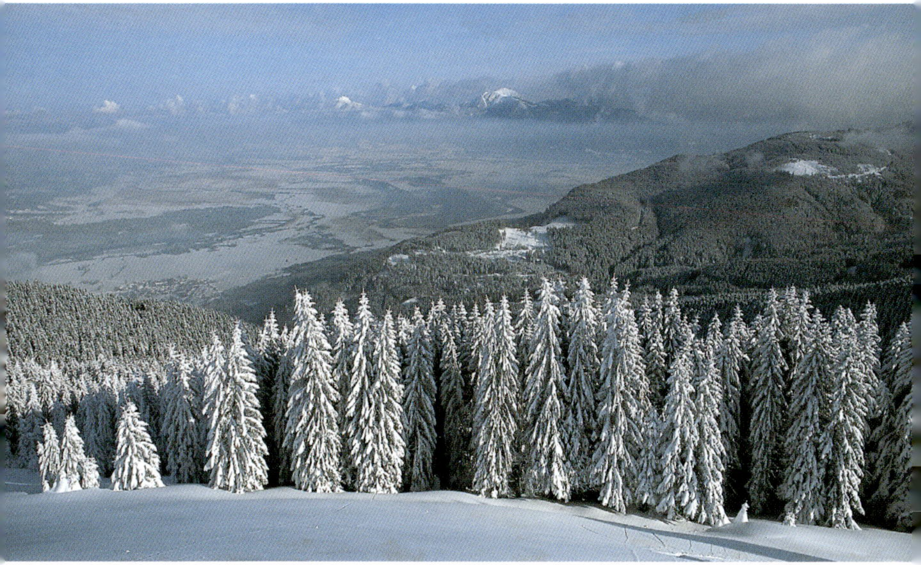

Die Aussicht vom Hinteren Hörnle reicht über das Murnauer Moos bis zum Heimgarten.

Gipfeltrilogie

Am Hörnle haben Sie die Qual der Wahl: in die Hörnlehütte, unter den Hörnlegipfeln entlang oder auf sie hinauf? Doch egal, wie Sie sich entscheiden, Sie liegen immer richtig. Schließlich ist für jeden etwas geboten. Winterwanderer, Schneeschuhgeher, Rodler, Skifahrer und Skitourengeher können sich hier austoben. 1908 hat am Hörnle die erste deutsche Skimeisterschaft auf bayerischem Boden stattgefunden. Damals wurde den Berg hinaufgegangen. Wer heute gar keine Lust hat aufzusteigen, der setzt sich in die später erbaute Hörnlebahn und schwebt bis zu der bewirtschafteten Hörnlehütte hinauf.
Eigentlich sind die Hörnlegipfel nur drei Graskuppen, die zu den nördlichen Ausläufern der Ammergauer Berge gehören. Der höchste davon ist das Hintere Hörnle mit seinen 1548 m. Aber selbst diese unspektakuläre Höhe genügt für einen herrlichen Rundblick. Und der reicht vom Staffelsee und Murnau im Nordosten bis zum Wettersteingebirge mit der Zugspitze im Süden. Doch auch das Vordere und Mittlere Hörnle sollten nicht vergessen werden. Und ganz egal, wie man heraufkommt, einen der Gipfel zu besteigen, lohnt sich auf alle Fälle. Oder vielleicht alle drei? Das Hintere Hörnle ist ja fast das Schönste und hinterher etwas Warmes in der Hütte ... oder vielleicht doch erst die Einkehr? Aber wie gesagt, auf dieser Tour haben Sie die Qual der Wahl.

KURZINFO

Talort: Bad Kohlgrub, 828 m. Kurverwaltung Bad Kohlgrub, ammergauer-alpen.de.
Ausgangspunkt: Gebührenpflichtiger Parkplatz an der Sonnenstraße, Richtung Ortsteil Sonnen, ca. 910 m. Vom Bahnhof Kohlgrub (Bahnstation an der Bahnlinie Murnau – Oberammergau) 20 Min. zu Fuß, Mo bis Fr mit der Ortslinie nach Sonnen (Tel. +49 172 9759367).
Gehzeiten: Parkplatz Sonnen – Hörnlehütte 1.55 Std., Hörnlehütte – Hinteres Hörnle 1.25 Std. (ohne Vorderes und Mittleres Hörnle 0.45 Std.), Hinteres Hörnle – Parkplatz Sonnen 2 Std.; Gesamtzeit 5.20 Std. (ohne Vorderes und Mittleres Hörnle 4.40 Std.).
Höhenunterschied: 740 Hm (ohne Vorderes und Mittleres Hörnle 100 Hm weniger).
Anforderungen: Nicht präparierter, aber meist gut ausgetretener Weg über eine Forststraße, teils entlang der Skipiste.
Hangexposition: West, Nord, Süd.
Lawinengefahr: Gering.
Einkehrmöglichkeit: Hörnlehütte, (DAV, Tel. +49 8845 229, hoernle-huette.de, Übernachtungsmöglichkeit, April und Nov. geschlossen).
Seilbahn: Hörnlebahn (Sessellift), Tel. +49 8845 592, hoernlebahn.de.
Rodel: Am besten gleich zum Parkplatz des Tannenbankerl-Lifts fahren und über die ausgewiesene Rodelbahn zur Hörnlehütte hinaufgehen. Wenn wir dem beschriebenen Aufstieg ab Sonnen folgen und zum Tannenbankerl-Lift hinabrodeln, erreichen wir den Ausgangspunkt, indem wir an der Talstation des Tannenbankerl-Lifts vorbei Richtung Westen gehen. Wir kreuzen die Skipiste, gehen am Waldrand weiter zu den ersten Häusern von Sonnen und folgen der Straße zum Sonnbichlhof und weiter zum Parkplatz. Rodelverleih an der Talstation der Hörnlebahn.
Schneeschuhe: Von Kappel, 859 m (vom Bahnhof Unterammergau 1 km, zu Fuß 15 Min., gebührenpflichtiger Parkplatz) weiter auf der Straße bis zu deren Ende. Die Richtung beibehaltend über einen erst lichten, dann bewaldeten Rücken in Kehren bergan zur Hörnlealm, 1431 m (575 Hm, 2 Std.). Links kann das Mittlere Hörnle (65 Hm, 0.15 Std.) bestiegen werden, rechts das Hintere Hörnle (120 Hm, 0.30 Std.) und der Normalweg links führt zur Hörnlehütte (0.15 Std.). Der Abstieg folgt dem Aufstiegsweg zurück nach Kappel (ab der Hörnlehütte 1.30 Std.). Hangexposition West, Südwest, Süd, Südost; geringe Lawinengefahr.

Vom **Parkplatz (1)** folgen wir dem Straßenverlauf weiter bergan zum Ortsteil Sonnen. Zwischen Haus Waldruh und Sonnbichlhof gehen wir entlang der Beschilderung nach Süden und lassen die Häuser hinter uns. Der Wanderweg (Nr. 18a) leitet uns nach Südosten hinauf und es eröffnen sich schöne Ausblicke nach Norden, u. a. auf die Fatimakapelle oberhalb von Saulgrub. Wir treffen auf die Skipiste und steigen am Rand von dieser bergan. Um dem Skibetrieb auszuweichen, folgen wir dem nächsten Abzweig nach rechts und gelangen wenig später wieder auf die Piste. Wir erreichen einen kleinen Schlepplift und folgen diesem weiter bergan. Dabei achten wir auf einen Abzweig, der hinter dem Schlepplift in den Wald führt. Dieser Weg leitet uns direkt zur Ter-

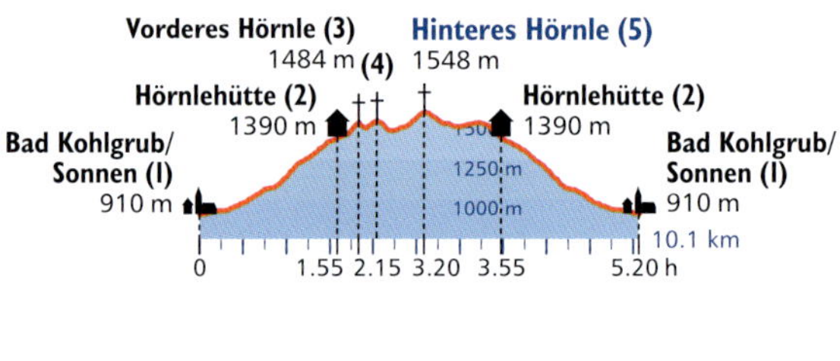

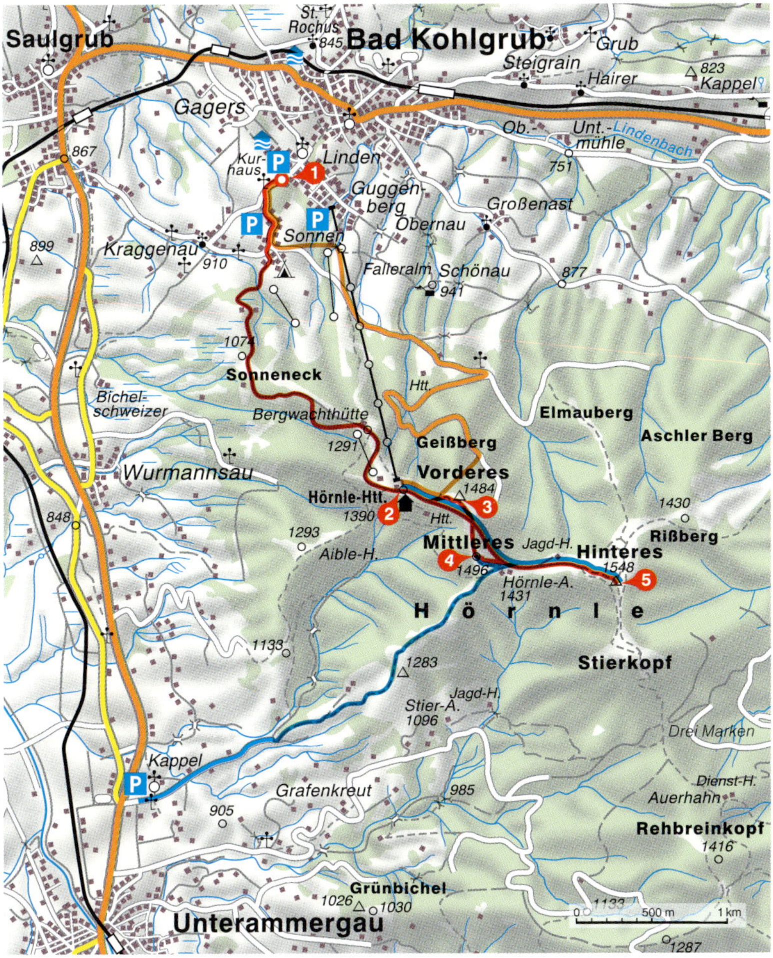

rasse der **Hörnlehütte (2)**, 1390 m. Wenige Meter hinter der Hütte befindet sich die Bergstation der Hörnlebahn.

Von der Hütte aus in südöstlicher Richtung weiter. Der Hauptweg führt unterhalb des Vorderen und Mittleren Hörnle direkt zum Hinteren Hörnle. Über den herabziehenden Westhang gehen wir aber zuerst hinauf zum **Vorderen Hörnle (3)**, 1484 m, das links vom Hauptweg liegt. Nach dem Abstieg Richtung Südosten auf der anderen Seite vom Hauptweg geradewegs wieder bergan auf das **Mittlere Hörnle (4)**, 1496 m. Ostwärts führt ein steiler Pfad vom Gipfel wieder hinab zum Hauptweg. Auf diesem weiter und in einer weiten Linksschleife hinauf auf das **Hintere Hörnle (5)**, 1548 m.

Der Abstieg erfolgt auf dem Hauptweg zur **Hörnlehütte (2)** und auf dem Anstiegsweg hinunter zum **Parkplatz (1)**.

4 Pürschlinghaus, 1564 m

Und Teufelstättkopf, 1758 m, von Unterammergau ★★

Zu den ehemaligen Jagdhäusern von König Max II. und König Ludwig II.

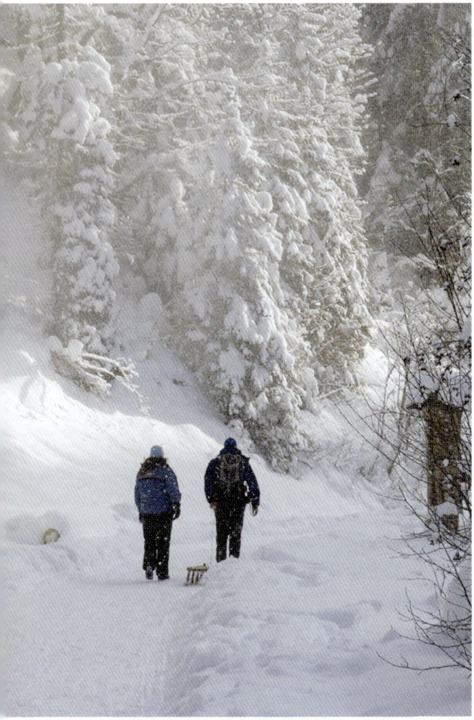

Beim Aufstieg auf der geräumten Forststraße.

Egal welche Ausrüstung, ob mit oder ohne Schneeschuhe, Schlitten etc., den Pürschling erreicht jeder. Es soll sogar Fleißige geben, die hier ihre winterlichen Bergläufe in Turnschuhen bewältigen! Gleich zu Beginn wollen wir klären, wie unser Ziel denn nun richtig heißt. Ist es das Pürschlinghaus oder das August-Schuster-Haus? Gemeint ist ein und dieselbe Hütte. Streng genommen trägt das Haus den Namen des Münchner Alpenvereinspioniers. Aber kaum jemand kennt die Hütte unter dem Namen August Schuster. Am Pürschling befanden sich einst die Jagdhäuser von König Max II. und König Ludwig II. Wandern wir also auf königlichen Spuren hinauf. Doch vergessen wir dabei die Schleifmühlenindustrie nicht! Wenige Meter vom Parkplatz entfernt befinden sich die Schleifmühlenklamm und die Schleifmühlenlaine. An diesem Bach waren früher eine ganze Reihe von Wetzstein-Schleifmühlen in Betrieb. Der spezielle Stein aus den nahen Wetzstein-Steinbrüchen wurde in den Schleifmühlen in die richtige Form gebracht. Vor über hundert Jahren produzierten hier an die 30 Schleifmühlen jährlich gut eine Viertelmillion Wetzsteine. Und die Antwort auf die bisher nicht gestellte Frage: Ja, es lohnt sich! Wer die Schneeschuhe dabei hat und alpine Erfahrung besitzt, der kann als i-Tüpferl auch noch dem Teufelstättkopf aufs Haupt steigen.

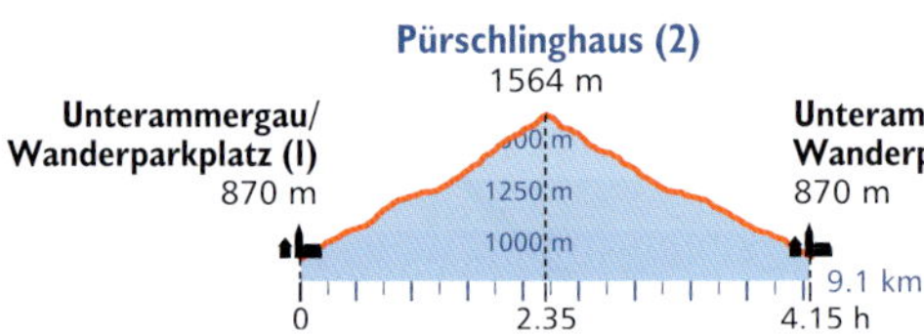

KURZINFO

Talort: Unterammergau, 836 m. Tourist-Information Unterammergau, ammergauer-alpen.de.
Ausgangspunkt: Kostenpflichtiger Parkplatz hinter dem Steckenberglift an der Schleifmühlenlaine, 870 m. Von der Bahnstation Unterammergau (an der Bahnlinie Murnau – Oberammergau) über die B23 und die Ammer, dann rechts und danach links in die Pürschlingstraße (ca. 20 Min.) und zum Parkplatz.
Gehzeit: Parkplatz – Pürschlinghaus 2.35 Std., Pürschlinghaus – Parkplatz 1.40 Std.; Gesamtzeit 4.15 Std. (mit Teufelstättkopf 5.40 Std.).
Höhenunterschied: Pürschlinghaus 695 Hm (mit Teufelstättkopf 895 Hm).
Anforderungen: Leichte Wanderung, überwiegend auf geräumtem Forstweg. Für Schneeschuhgeher ist in unverspurtem Gelände der Umgang mit der Karte Voraussetzung. Teufelstättkopf nur bei wenig Schnee oder eingetretener Spur für Wanderer, ansonsten mit Schneeschuhen. Die letzten Meter auf den Gipfel nur für sehr Geübte (Drahtseilsicherung, aber Seile oft unter dem Schnee).
Hangexposition: Fußweg Nordost, Schneeschuhroute Südost.
Lawinengefahr: Mäßig; der Weg ist bei großer Lawinengefahr gesperrt.
Einkehrmöglichkeit: Gasthof Schleifmühle (am Parkplatz, Liftweg 2, Tel. +49 8822 1323, Übernachtungsmöglichkeit im Heu, Mo und Di Ruhetag, gasthof-schleifmuehle.de); das Pürschlinghaus ist im Winter 2023/24 geschlossen; Winteröffnung für die Folgejahre geplant.
Rodel: Rodler benutzen unter Rücksichtnahme auf die Wanderer den Fußweg zum Pürschlinghaus. Für die Abfahrt sollte dann allerdings der steile »Kurzweg« vermieden werden. Dazu bleiben wir auf dem Hauptweg und biegen nicht rechter Hand ab, sondern folgen nach einem kurzen Gegenanstieg der Forststraße in einem großen Bogen bergab.

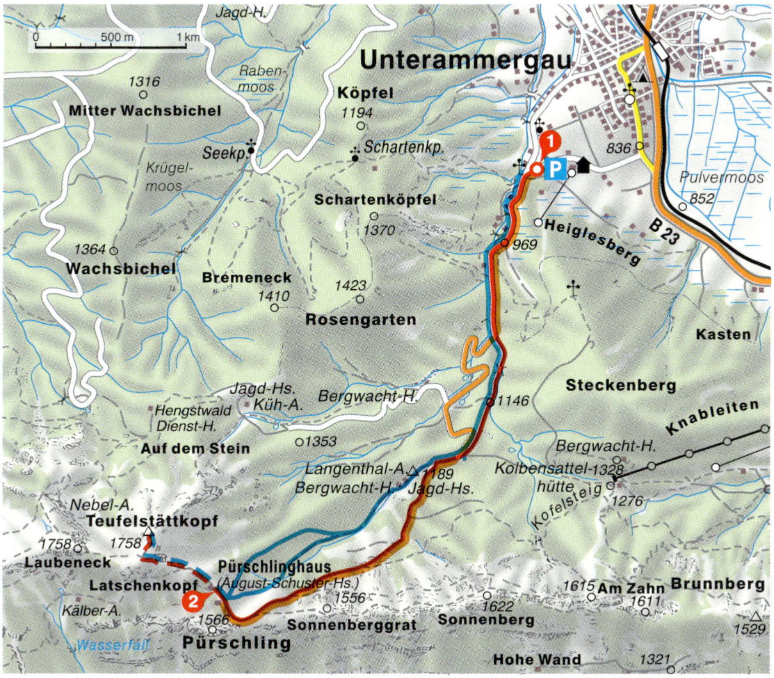

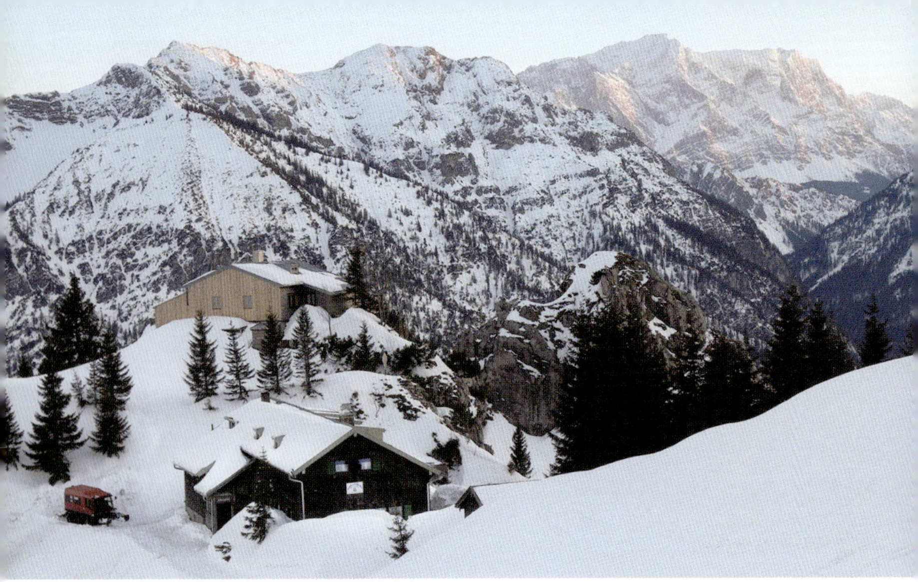

Das Pürschlinghaus.

Vom **Parkplatz (1)** hinter dem Steckenberglift folgen wir der Forststraße nach Süden. Bevor sie eine Brücke überquert, zweigen wir nach links ab auf den Kurzweg in Richtung Pürschling. Entlang des kleinen Bachs gehen wir steil hinauf, bis wir wieder auf die Forststraße treffen. Oberhalb ist nun bereits das Pürschlinghaus zu erkennen. Wir gehen ca. 150 m auf der Forststraße. Winterwanderer folgen nun linker Hand den vorgegebenen Wegspuren (im Sommer Fahrweg) bis zum **Pürschlinghaus (2)**.
Schneeschuhgeher gehen hier geradeaus in tiefem Schnee weiter. Meist dient die Spur der Skitourengeher als gute Wegmarkierung. Über eine flache Wiese kommen wir an zwei Hütten vorbei. Immer weiter geradeaus geht es leicht bergan in den Wald. Dann halten wir uns rechter Hand aufwärts über freies Gelände bis zu einem Rücken. Seinem Verlauf folgend geht es zwischen Bäumen in südwestlicher Richtung bergan. Wir queren einen freien Hang über der Hütte und gelangen zum Pürschlinghaus.
Der Abstieg erfolgt auf dem Aufstiegsweg. Schneeschuhgeher folgen ab dem Pürschlinghaus dem freien Hang Richtung Nordosten hinab in den Plattenberggraben. Immer die Richtung beibehaltend treffen sie dabei wieder auf ihren Aufstiegsweg.
Wen es noch höher hinaufzieht, der kann den steilen Hang vor dem Pürschlinghaus hinaufgehen. Dem Kammverlauf folgend werden die ersten markanten Felsen unterhalb des Teufelstättkopfs erreicht. An diesen halten wir uns nach Norden. Links von uns ragt nun der Felsklapf des **Teufelstättkopfs** empor. Die letzten Meter durch die kurze, steile Felsflanke sind mit einem Drahtseil gesichert. Da diese Passagen verschneit sind, ist der Aufstieg nur etwas für sehr Geübte. Oben bietet sich ein fantastischer Blick bis zum Forggensee und dem Füssener Land. Eine Alternative ist der leicht erreichbare Vorgipfel gegenüber.

Friederspitz, 2049 m

5

Von Griesen

★★

Aussichtsreiche Tour mit Zugspitzblick

Eine kurze Lagebeschreibung: Wir befinden uns in den südlichen Ausläufern der Ammergauer Alpen. Der Friederberg ist der östliche Eckpfeiler der Kreuzspitzgruppe. Die höchste Erhebung des Berges ist der Gipfel des Frieder mit seinen 2050 Metern. Die zweithöchste ist nur einen Meter niedriger – der Friederspitz. Und folgen wir der Karte noch weiter Richtung Süden, dann treffen wir auf die berühmte Zugspitze. Das Loisachtal trennt unser Ziel von dem höchsten Gipfel des Wettersteins. Und das ist auch der Grund, warum der Friederspitz ein so lohnendes Ziel ist. Da blicken wir dann in aller Ruhe hinüber auf die geschäftige Zugspitze, auf den darunter liegenden Eibsee und das Loisachtal mit der Ortschaft Grainau. In dem Ort gibt es heutzutage mehr Gästebetten als Einheimische. Da ist es kaum zu glauben, dass die Grainauer einmal von der Viehhaltung gelebt haben. Aber das waren eben andere Zeiten. Damals wurde der Eibsee auch noch vom Freisinger Fürstbischof als »Leibgeding« verliehen. Heute wird er strategisch vermarktet. Beim Studieren der Karte stellen wir fest, dass die Tour nur etwas für Konditionsstarke ist. Der lange Routeneintrag spricht für sich, ebenso wie das fehlende Einkehrsymbol. Wer sich den Anforderungen stellt, der wird allerdings gebührend dafür belohnt.

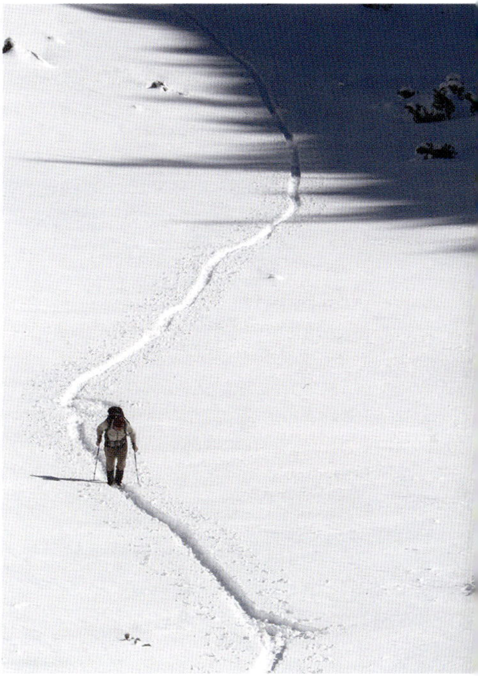

Der Aufstieg auf den Friederspitz ist lang und wenig frequentiert.

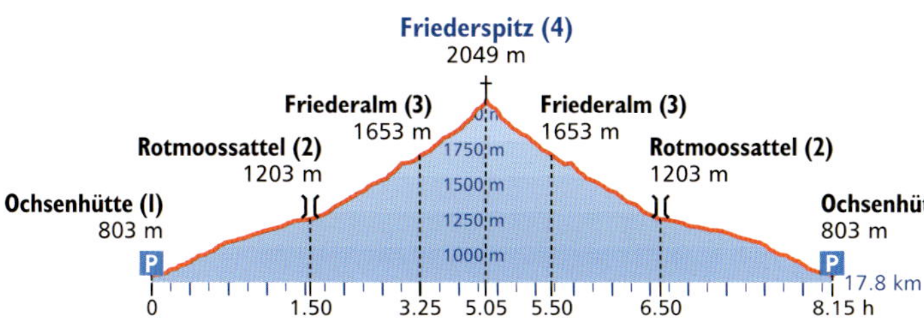

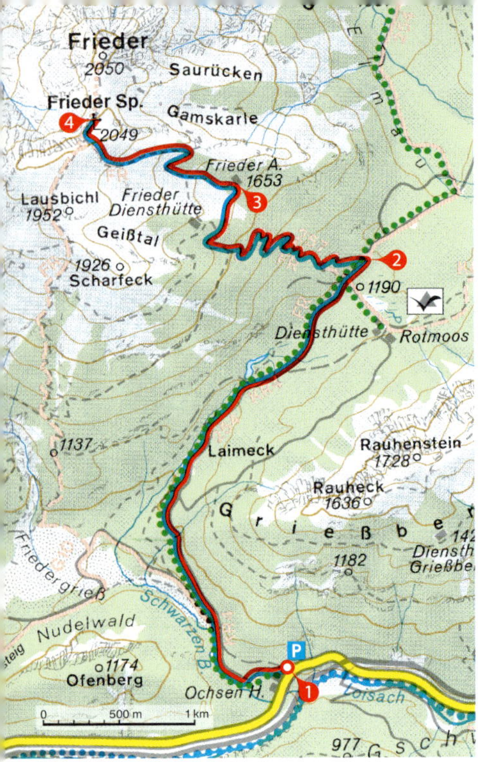

KURZINFO

Talort: Griesen, 816 m, Grenzort und Bahnstation zwischen Bayern und Tirol an der Bahnlinie München/Garmisch-Partenkirchen – Reutte. Kurverwaltung Grainau, grainau.de.

Ausgangspunkt: Parkplatz bei der Ochsenhütte, 803 m. Von der Bahnstation Griesen aus ungefähr 2,5 km bis zum Startpunkt.

Gehzeit: Ochsenhütte – Friederspitz 5.05 Std., Abstieg 3.10 Std.; Gesamtzeit 8.15 Std.

Höhenunterschied: 1250 Hm.

Anforderungen: Diese lange Tour ist nur etwas für konditionsstarke Geher. Sie verläuft entlang nicht geräumter Wege. Je nach Schneelage sind Schneeschuhe sinnvoll.

Hangexposition: Südwest.

Lawinengefahr: Oberhalb der Waldgrenze groß.

Günstige Jahreszeit: Frühjahr; wenn wenig Schnee liegt, bereits im Winter möglich.

Vom Parkplatz an der **Ochsenhütte (1)** folgen wir der Forststraße in den Talboden der Rotmooswiesen. Wir erreichen den **Rotmoossattel (2)**, 1203 m, zwischen Kreuzspitz- und Kramergruppe. Hier verlassen wir die Straße nach links. Auf der licht bewaldeten Südostflanke geht es steil hinauf bis in ein kleines Hochtal, ca. 1600 m. Links von uns ist die felsige Spitze des Scharfeck. Hier wenden wir uns nach rechts (Nordosten) und erreichen in einer wenig ansteigenden Querung die **Frieder-alm (3)**, 1653 m. Am Waldrand steigen wir wieder nach links an. Durch eine Mulde geht es weiter bergauf. Dann sehen wir den felsigen Gipfelaufbau des Friederspitz. Von der Mulde aus können wir entweder direkt zum Gipfel aufsteigen oder dem Sommerweg folgen. Dazu gehen wir nach rechts zum Oströcken und queren dann links in den Südwesthang. Über diesen hinauf bis zum Gipfel des **Friederspitz (4)**.

Dort genießen wir im Süden die Aussicht auf die Zugspitze und im Westen auf die Schellschlicht, die Kreuzspitze und dahinter die Geierköpfe. Im Südosten liegt unter uns der Ziegspitzkamm mit dem dahinter aufragenden Wettersteingebirge und im Norden der rundliche Frieder. Wer noch nicht genug hat, geht über den Grat auch noch bis zu dem einen Meter höheren Nachbarn. Für den Auf- und Abstieg werden allerdings nochmals um die 80 Hm zurückgelegt.

Der Abstieg erfolgt auf dem Aufstiegsweg.

Gemütlicher Ausklang einer langen Tour.

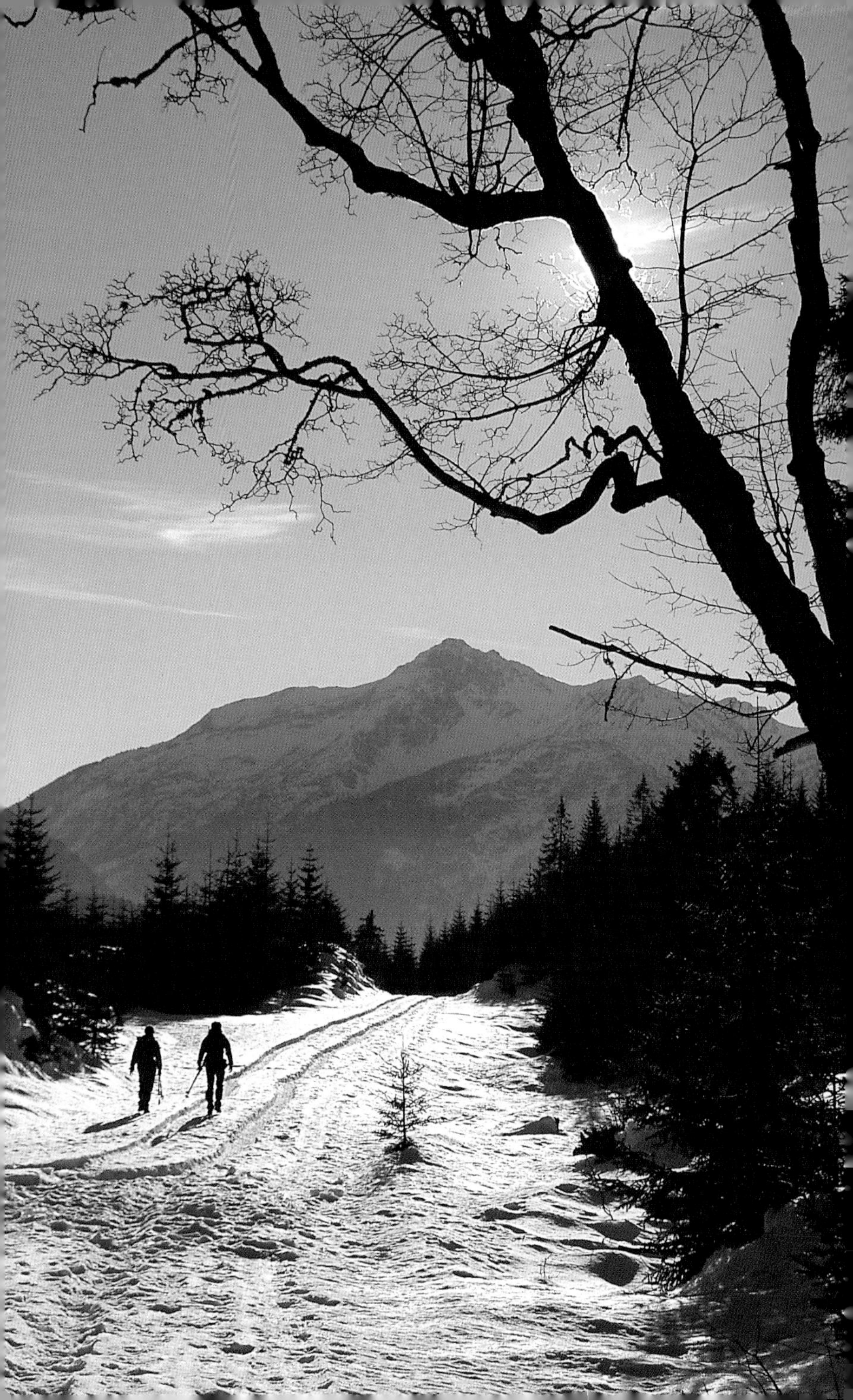

6 St. Martin (Grasberg), 1028 m

Und Eiserne Kanzel, von Garmisch-Partenkirchen ★★

Einkehr mit Aussicht über den Dächern von Garmisch

Diese Tour ist vor allem im Winter beliebt. Schließlich endet sie an einem herrlichen Aussichtspunkt. Und der ist kein Gipfel, sondern die Wirtschaft St. Martin. Am Grasberg trägt keine Bergbahn zu einer schnellen Besteigung bei. Hinauf gehts immer, und wer einen Rodel dabeihat, der ist, wenn die Verhältnisse passen, ganz schnell wieder unten. Der Grasberg ist eine kleine Erhebung in den Hängen, die vom Kramer herabziehen. Aber wer kennt denn schon den Kramer? Nicht viele, und dabei hat er eine ideale Lage: direkt gegenüber der Zugspitze. Natürlich verspürt jeder Bergsteiger einmal den Wunsch, auf den höchsten Berg Deutschlands zu steigen. Aber dass die Zugspitze neben der Höhe auch noch ein schönes Äußeres besitzt, vergessen die meisten. Und den Anblick gibt es eben nur von Weitem. Doch nicht nur die Zugspitze, das ganze Wetterstein lädt zu einer imposanten Schau. Bei geringer Schneelage können Trittsichere am Wirtshaus St. Martin vorbei Richtung Kramer weiterwandern. Auf diesem Weg liegt die Eiserne Kanzel als weiteres Ziel. Die bietet auch einen sehr schönen Blick. Von der kleinen Kanzel, die über einem Felsen emporragt, liegt einem Garmisch-Partenkirchen zu Füßen. Und natürlich das Panorama von der Alp- bis zur Zugspitze. Und wer dann immer noch nicht genug hat, der kann wieder absteigen und auf dem Kramerplateauweg weiterspazieren. Fast eben verläuft der Weg nach Norden zur Ruine Werdenfels und nach Südwesten zum Herrgottschrofen. Und selbst in »tieferen Lagen« ist die Aussicht nicht zu verachten. Gegenüber der Zugspitze ist es auch schön, wenn nicht sogar noch schöner …

Blick von der Eisernen Kanzel auf die Dächer von Garmisch-Partenkirchen.

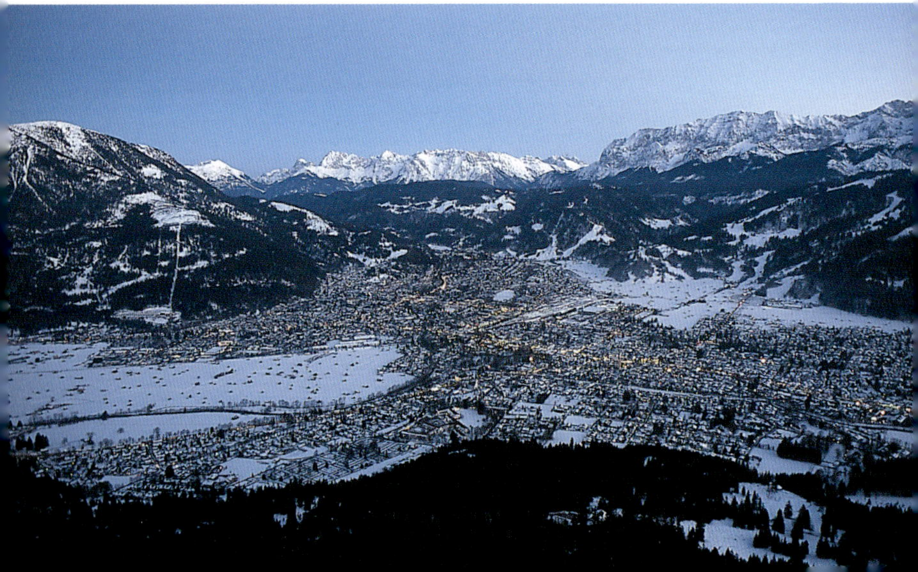

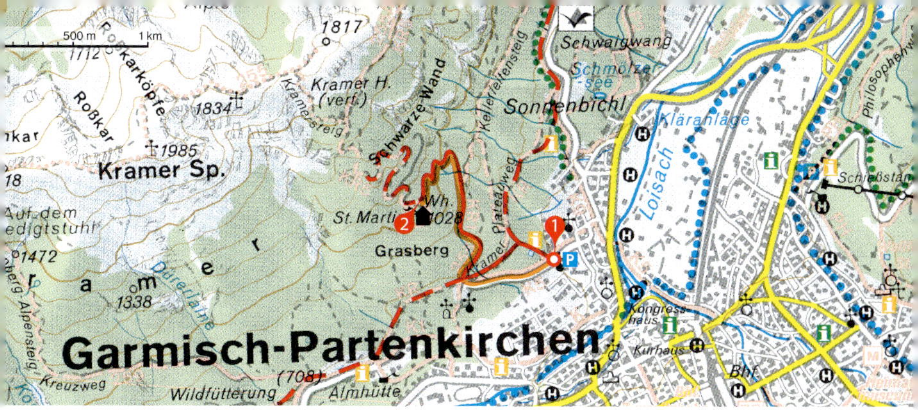

KURZINFO

Talort: Garmisch-Partenkirchen, 708 m. Garmisch-Partenkirchen Tourismus, gapa.de.

Ausgangspunkt: Bayernhalle, 710 m. Am Autobahnende auf der B 2 Richtung Garmisch-Partenkirchen, Fernpass. Direkt nach der Moschee nach rechts in die Thomas-Knorr-Straße abbiegen. Die nächste Möglichkeit links und der Friedhofstraße folgen. An der T-Kreuzung nochmals links. Dann gleich rechts in die Brauhausstraße. Mehrere Parkmöglichkeiten am Straßenrand bei der Bayernhalle. Vom Bahnhof Garmisch-Partenkirchen Buslinie 4 zur Haltestelle Alte Kirche; zurück mit Buslinie 5. Zu Fuß von der Haltestelle die Burgstraße nach Norden, gleich links und dann rechter Hand über die Lazarettstraße, bis links die Brauhausstraße zur Bayernhalle abzweigt.

Gehzeit: Bayernhalle – St. Martin 1.10 Std., Abstieg 0.50 Std.; Gesamtzeit 2 Std. (mit Eiserner Kanzel 3.20 Std.).

Höhenunterschied: Nach St. Martin 320 Hm (mit Eiserner Kanzel zusätzlich 210 Hm).

Anforderungen: Gemütliche Wanderung auf geräumter Rodelbahn bis St. Martin. Der Weiterweg zur Eisernen Kanzel ist nur für Trittsichere bei wenig Schnee geeignet.

Hangexposition: Südost.

Lawinengefahr: Bis St. Martin keine; zur Eisernen Kanzel mäßig.

Einkehrmöglichkeit: St. Martin (Tel. +49 8821 4970, martinshuette-grasberg.de, Di Ruhetag).

Variante: Die Wanderung kann auf dem geräumten Kramerplateauweg verlängert werden, nach Südwesten Richtung Herrgottschrofen oder in entgegengesetzter Richtung zur Ruine Werdenfels.

Rodel: Von St. Martin bis zur Bayernhalle, steile Abfahrt.

Tipp: In der Nähe vom Ausgangspunkt kann man sich von außen die Villa von Richard Strauss anschauen. 1949 starb er in dem Haus in der Zöppritzstraße 42. Nicht weit davon entfernt, in der Fürstenstraße, befindet sich das älteste Garmischer Gasthaus (1611) mit Lüftlmalerei aus der Biedermeierzeit.

Wir folgen der Forststraße, die direkt an der **Bayernhalle (1)** bergauf führt. Die Beschilderung weist bereits Richtung St. Martin, Kramerplateau KR1. Bei der nächsten Möglichkeit zweigen wir rechts in Richtung Grasberg ab. (Rodler bleiben immer auf der Forststraße bzw. Rodelpiste, die, den Kramerplateauweg querend, direkt zum Gasthaus führt.) Ein kleiner gestreuter Weg führt in Kehren bergauf. Wir treffen auf den Kramerplateauweg, folgen ihm nach links und bewundern die Zug- und Alpspitze. An der nächsten Kreuzung trifft der Weg dann auch wieder auf die Rodelbahn, auf der wir nach rechts gehen. Bergauf

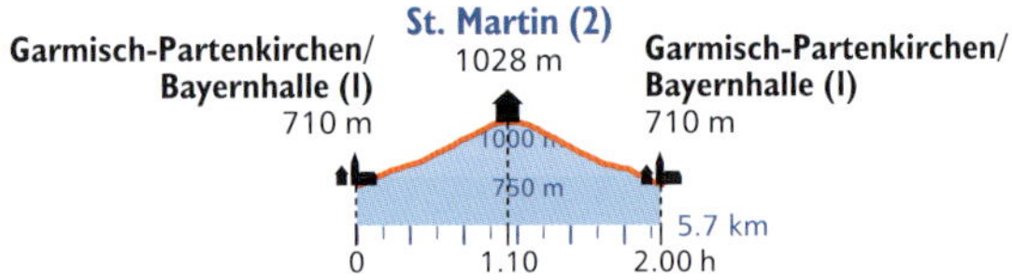

führt sie in Kurven durch den Wald bis zum Gasthof **St. Martin (2)**.
Der Abstieg verläuft auf dem Aufstiegsweg.
Der Weiterweg von St. Martin zur Aussichtskanzel ist nur für trittsichere Wanderer bei geringer Schneelage geeignet! Eine kurze Stelle ist mit einem Drahtseil gesichert und kann im Winter, je nach Schneelage, schwer begehbar sein. Stimmen die Voraussetzungen, kann jeder, der noch nicht genug hat, den nächsten Aussichtspunkt erklimmen. Hierzu den Abzweig einschlagen, der kurz vor der Wirtschaft rechter Hand zur Kramerspitze führt (Weg Nr. KR5). Er verläuft zuerst in einem weiten Rechtsbogen und darauf weiter in Kurven bergauf durch den Wald. Auf ca. 1160 m halten wir uns nach Westen. Über einen kleinen Steig und eine drahtseilgesicherte hölzerne Brücke erreichen wir die **Eiserne Kanzel** auf 1238 m. Die kleine Kanzel wurde bereits um 1900 errichtet. Sie schaut über einen Felsen hinweg direkt in die Tiefe auf Garmisch-Partenkirchen hinab und bietet einen fantastischen Ausblick über den Ort und auf die Berge drumherum vom Wank bis zur Zugspitze.

Die Terrasse von St. Martin bietet einen Paradeblick auf Alp- und Zugspitze.

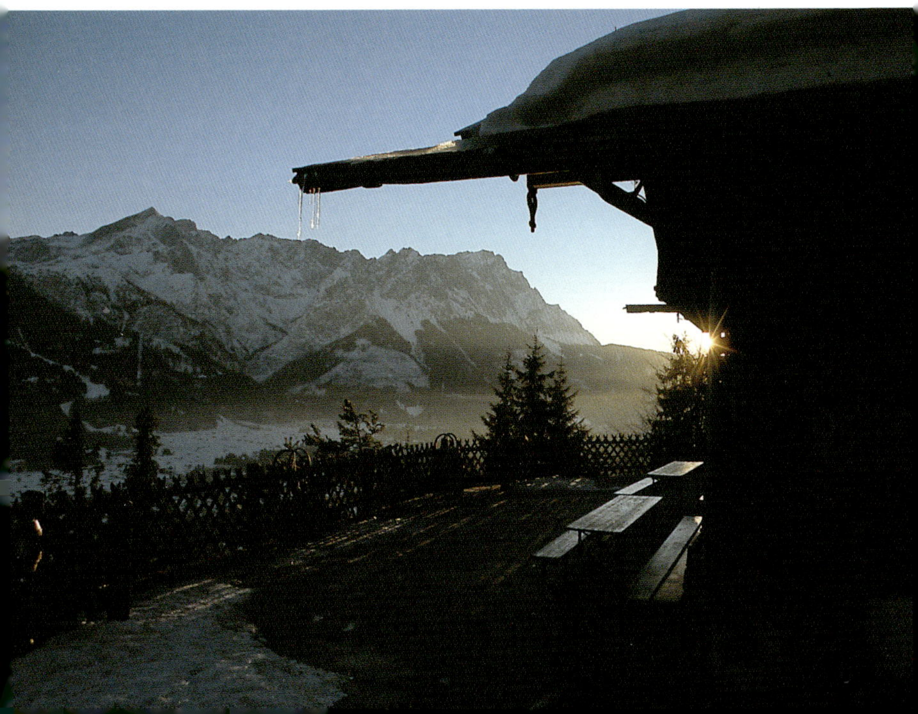

Wank, 1780 m

7

Entlang der Wankbahn

★

Aussichtskanzel über Garmisch-Partenkirchen

Der Skirummel am Wank ist vorbei. Wer mit der Bahn hinauf will, der muss es um Weihnachten oder Ostern versuchen. Ansonsten geht es nur noch aus eigener Kraft. Skitourengeher kommen herauf, außerdem Winterwanderer und Schneeschuhgeher. Das Wankhaus, eine Alpenvereinshütte, hat im Winter nämlich geöffnet und ist ein schönes Ziel. Hier kann man sich wieder aufwärmen und die Aussicht genießen. Im Internet kann man auf den Bildern, die von der Livekamera ins Netz gestellt werden, erst einmal die Wettersituation begutachten. Steht dann ein schöner Tag bevor, geht's los, zu Fuß von der Talstation zur Bergstation. Die Gondelbahn stört uns dabei gar nicht. Mit schönen Ausblicken führen die Spuren über den verschneiten Steig bergan bis ganz oben, in die warme Hütte. Gerade im Winter weiß man diese besonders zu schätzen. Und eine super Aussicht gibt es obendrein: auf Estergebirge, Karwendel, Ammergebirge und Wetterstein mit Alpspitze, Zugspitze und Waxensteinen sowie hinab nach Garmisch-Partenkirchen und hinaus ins Loisachtal. Und die ist live doch schöner als über das Internet.

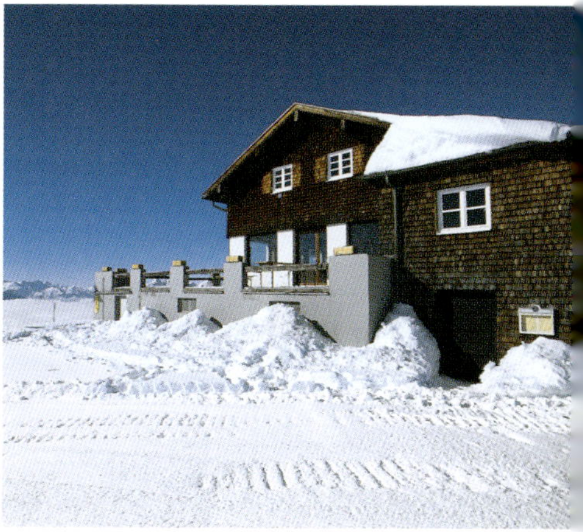

Am Wankhaus.

KURZINFO

Talort: Garmisch-Partenkirchen, 708 m. Garmisch-Partenkirchen Tourismus, gapa.de.
Ausgangspunkt: Talstation der Wankbahn, ca. 740 m. Von der Autobahn kommend am Ortseingang von Garmisch-Partenkirchen links abzweigen in die Münchner Straße, nochmals links in die Wankbahnstraße und der Beschilderung folgen. Vom Bahnhof Garmisch-Partenkirchen mit der Buslinie 5 zur Haltestelle Wankbahn. Zurück mit der Buslinie 4.
Gehzeit: Talstation – Wank 4 Std., Abstieg 2.45 Std.; Gesamtzeit 6.45 Std.
Höhenunterschied: 1040 Hm.
Anforderungen: Zur Eckenhütte auf einem meist gespurten Forstweg. Der Weiterweg ist ohne Spuren schwer zu finden und sollte nach Neuschneefällen und bei hoher Schneelage nicht begangen werden.
Hangexposition: Südwest.
Lawinengefahr: Mäßig. Der Weg führt durch bewaldete Hänge mit einigen herabziehenden Rinnen. Nicht nach Neuschneefällen.
Einkehrmöglichkeit: Wankhaus (DAV, Tel. +49 8821 56201, in den Weihnachtsferien geöffnet, ansonsten vorher anrufen).
Seilbahn: Im Winter nur in den Weihnachtsferien in Betrieb.

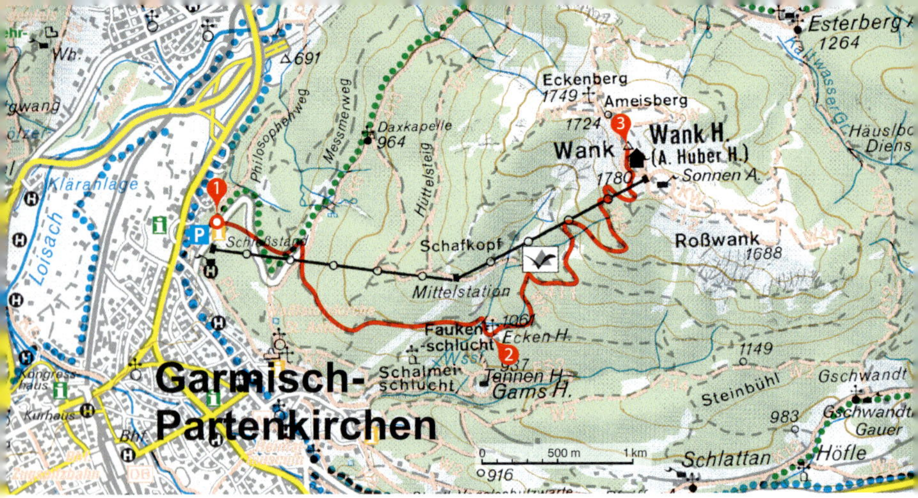

Linker Hand der **Wankbahn (1)** steht eine Wandertafel, und links von dieser gehen wir bergan in den Wald. Wir erreichen die Forststraße zur Esterbergalm, queren diese und gehen geradewegs ein kurzes Stück am Rand der ehemaligen Skipiste bergauf weiter. An der T-Kreuzung links und wenig später, der Beschilderung »Wank, Eckenhütte« folgend, rechts. Der Weg steigt mäßig an und zieht erst nach Norden, dann nach Osten weiter durch den Wald. Nach der Überquerung zweier Bäche erreichen wir eine freie Almfläche und kommen zur **Eckenhütte (2)**, 1061 m.

Vor dieser biegen wir links ab und gehen über die freie Wiesenfläche weiter bergauf. Auf ca. 1120 m halten wir uns nach Norden. Wir passieren einige Aussichtsbänke und einen Brunnen und biegen danach rechts ab. (Der Weg geradeaus führt zur Wankbahn-Mittelstation.) Kurvig geht es nun wieder durch bewaldetes Gebiet bergauf. Einige Meter entfernt von der Wankbahn ziehen wir unseren Weg nach oben. Ein Graben liegt zwischen unserem Weg und der Bahn. Wir gehen rechts davon bergan bis ans Ende dieses Einschnittes. Dann halten wir uns nach links und kreuzen die Bahn. Ein ausgedehnter Rechtsbogen leitet in die Südhänge des Wank. Dann kommen wir zurück zur Wankbahn. Die letzten Meter in Kurven bergauf, bis uns schließlich eine letzte Rechtskurve Richtung Gipfel bringt. Auf der Erhebung befinden sich das Gipfelkreuz des **Wank (3)**, das Wankhaus und die Anlagen der dort ansässigen Wetterstation, unterhalb die Bergstation der Wankbahn.

Der Abstieg erfolgt auf dem Aufstiegsweg.

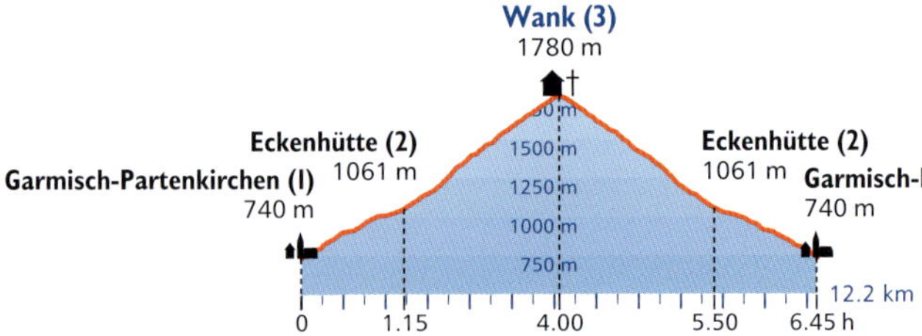

Esterbergalm, 1264 m

Und Krottenkopf, 2086 m, von Garmisch-Partenkirchen ★★

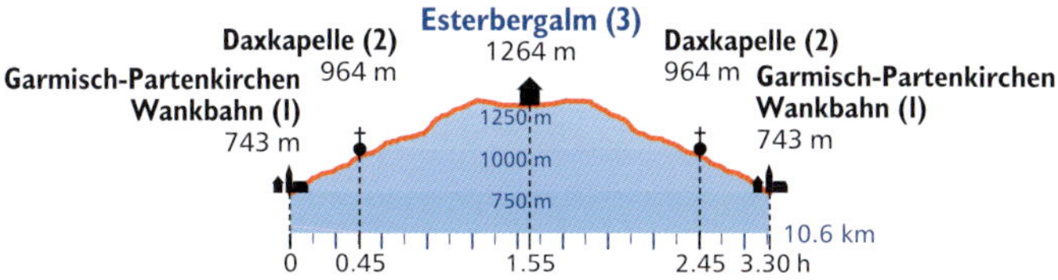

Langer Marsch zu einer netten Einkehr und auf einen einsamen Gipfel

Steigen wir doch einmal im Winter einem großen Berg aufs Haupt. Zwar nicht dem höchsten Berg Deutschlands, dafür aber dem höchsten Berg des Estergebirges. Und dieses erstreckt sich immerhin von Garmisch-Partenkirchen im Süden bis an den Kochelsee im Norden. Eigentlich hat der Krottenkopf mit seinen 2086 Metern ja Glück gehabt. Die ruhmsüchtigen Bergsteiger versammeln sich alle auf der anderen Seite von Garmisch-Partenkirchen. Auf den Krottenkopf gehen nur jene, die um die Schönheit des Berges wissen und die die Besteigung aus eigener Kraft schaffen wollen. Bis zur Esterbergalm lässt es sich noch gut zu Fuß aufsteigen. Hier kann man einkehren und weitere Pläne schmieden. Für die Besteigung des Krottenkopfes nimmt man am besten Schneeschuhe mit. Und wer am Ende der Tour noch Bewegungsdrang verspürt, der kann vom Parkplatz Richtung Berggasthof Panorama gehen. An diesem vorbei erreicht man die Votiv- und Wallfahrtskirche St. Anton des bekannten Joseph Schmuzer. Im Inneren prangt ein Kuppelfresko vom Südtiroler Malermeister Johannes Holzer.

Die Esterbergalm mit Blick auf Bischof und Krottenkopf.

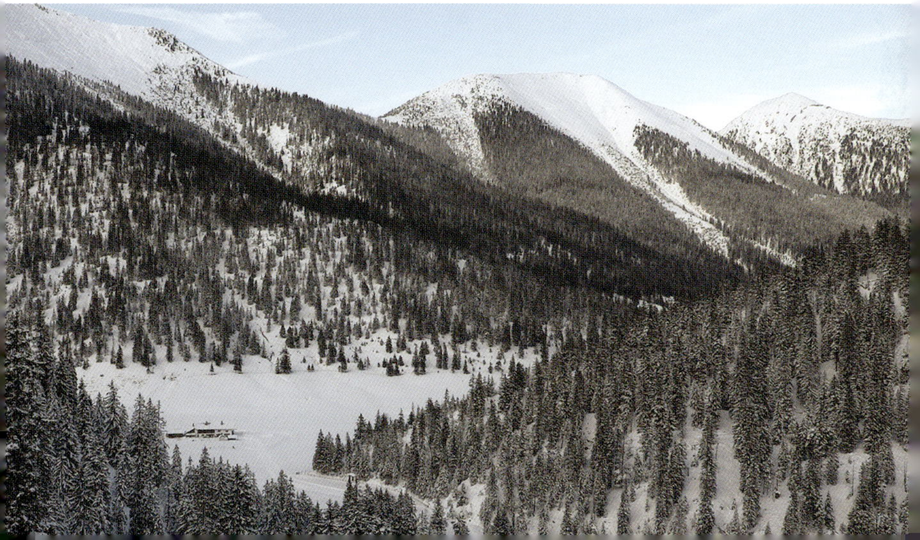

KURZINFO

Talort: Garmisch-Partenkirchen, 708 m, Garmisch-Partenkirchen Tourismus, gapa.de.
Ausgangspunkt: Talstation der Wankbahn, 743 m. Von der Autobahn kommend am Ortseingang von Garmisch-Partenkirchen links in die Münchner Straße abzweigen, nochmals links in die Wankbahnstraße und der Beschilderung folgen. Vom Bahnhof Garmisch-Partenkirchen mit der Buslinie 5 zur Haltestelle Wankbahn. Zurück mit der Buslinie 4.
Gehzeit: Parkplatz – Esterbergalm 1.55 Std., Esterbergalm – Parkplatz 1.35 Std.; Gesamtzeit 3.30 Std. (mit Krottenkopf 8.50 Std.).
Höhenunterschied: Esterbergalm 465 Hm (für den Krottenkopf zusätzlich 825 Hm).

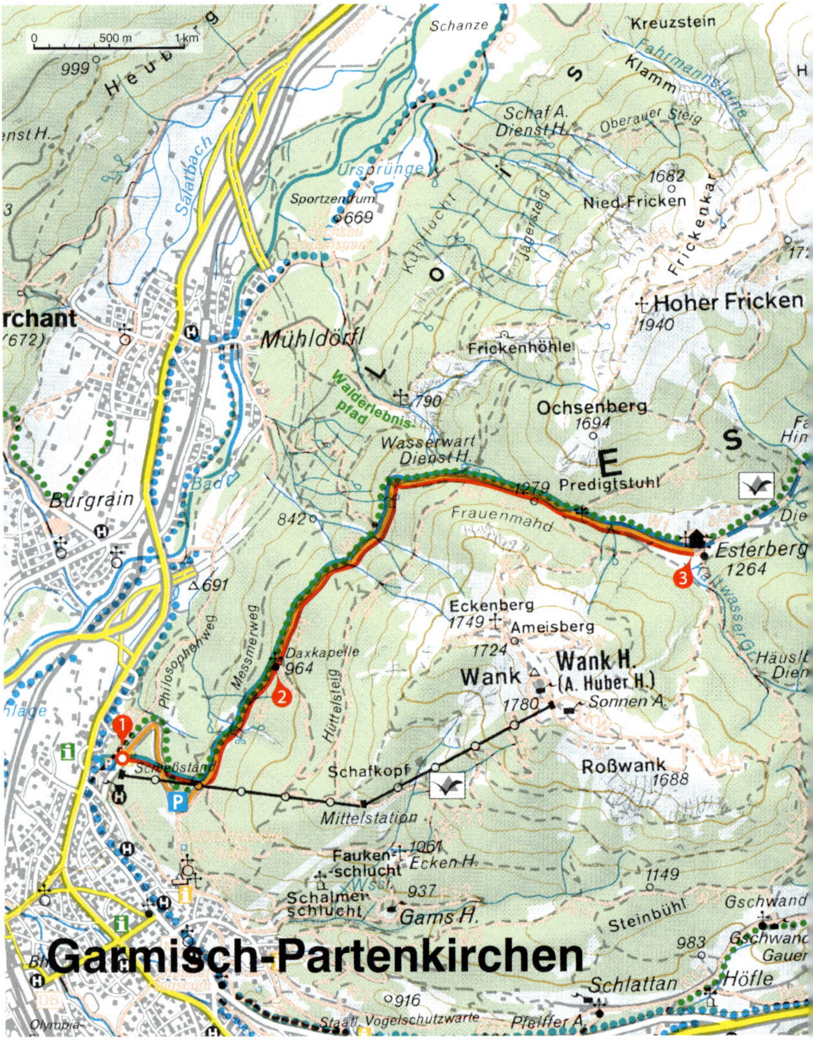

Anforderungen: Forststraße bis zur Esterbergalm. Der Weiterweg ist nicht geräumt und daher am einfachsten mit Schneeschuhen zu begehen. Empfehlenswert bei geringer Schneelage. Gute Kondition erforderlich. Eventuell Übernachtung einplanen.
Hangexposition: Südwest, Süd.
Lawinengefahr: Die Route auf die Esterbergalm verläuft auf der Fahrstraße. Der Weiterweg auf den Krottenkopf erfordert sichere Verhältnisse!
Einkehrmöglichkeit: Esterbergalm (Tel. +49 8821 3277, Mittwoch Ruhetag, ggf. vorher anrufen), Übernachtung im Winterraum der Weilheimer Hütte (im Winter nicht bewirtschaftet, DAV, AV-Schlüssel nötig).
Rodel: Mutige Rodler folgen der Forststraße ins Tal. Keine offizielle Rodelbahn – mit steileren Abschnitten, teils ohne seitliche Begrenzung.

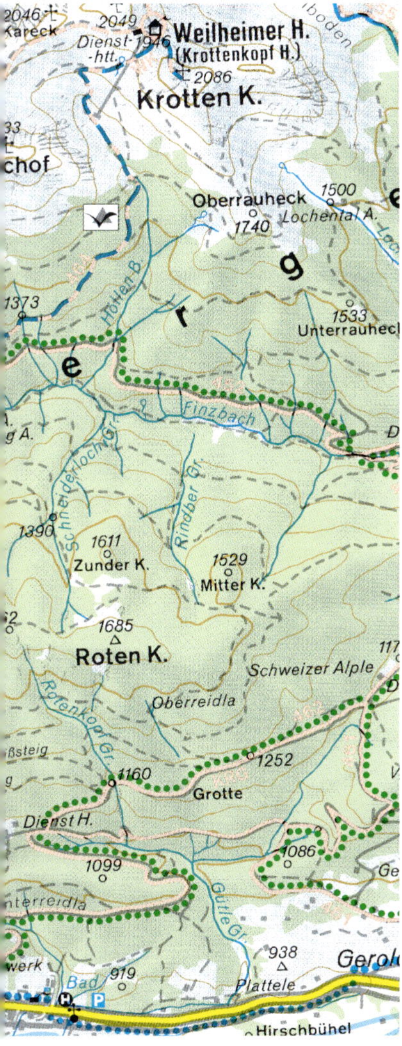

Auf dem Parkplatz linker Hand der Talstation der **Wankbahn (1)** bis ans Ende gehen. Bei der Wandertafel in den Wald und dem Wegverlauf bergan folgen. Wir treffen auf die Forststraße Richtung Esterbergalm, überqueren diese und gehen geradewegs am Rand der Waldschneise weiter bergan. Wir treffen wieder auf die Forststraße und folgen dieser nun linker Hand nach Nordosten. Da die Straße auch von Rodlern und Skitourengehern zur Abfahrt genutzt wird, gilt es, gegenseitig Rücksicht zu nehmen. Wir folgen dem Straßenverlauf und kommen später an der **Daxkapelle (2)**, 964 m, vorbei.

Nach dieser führt rechts ein Weg (W5) zur Mittelstation der Wankbahn. Wir gehen aber geradewegs weiter bergauf. Wenn wir zurückblicken, haben wir eine wunderschöne Aussicht auf das Wettersteinmassiv von der Alp- bis zur Zugspitze. Links führt ein Abzweig nach Farchant hinunter. Dieser Weg ist oft ausgetreten. Wir bleiben auf der Straße, die dann nach Osten weiterführt. Die letzten Meter zu der freien Almfläche mit der **Esterbergalm (3)** geht es bergab.

Der Abstieg erfolgt auf dem Aufstiegsweg.

Schneeschuhgeher können von der Esterbergalm aus dem Talverlauf geradewegs weiter nach Nordosten fol-

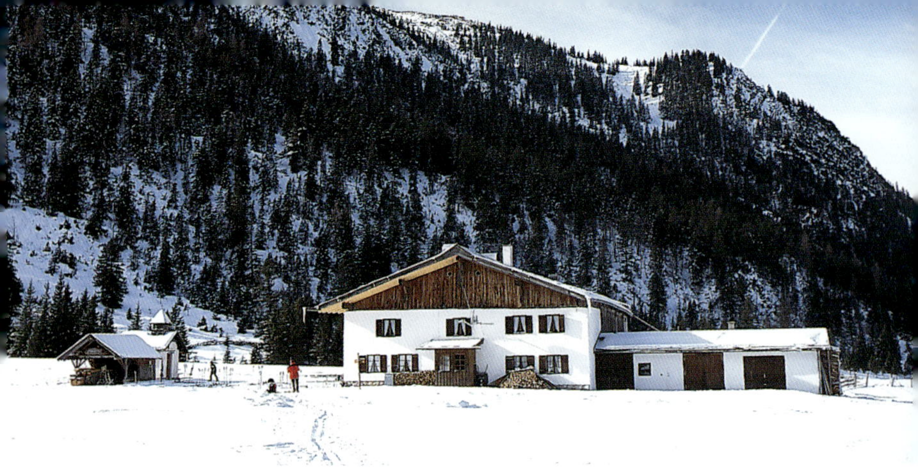

Die Esterbergalm zählt zusammen mit der Josefs-Kapelle nebenan zu den Baudenkmälern von Garmisch-Partenkirchen.

gen. Wir halten uns an der Abzweigung links (geradeaus führt der Weg weiter ins Finzbachtal) und kommen an der **Hinteren Esterbergalm**, 1272 m, vorbei. Vor uns liegen – von links nach rechts – der Hohe Fricken, der Bischof und ganz rechts der meist verblasene Gipfel des Krottenkopfs. Nach Nordosten folgen wir dem Wegverlauf durch lichten Wald mäßig steil bergan. In leichten Kurven zieht unsere Wegschneise am Hang entlang in Richtung des langsam näher kommenden Zieles. Wir erreichen dann bald eine freie Almfläche und kommen wenig später zur Materialseilbahn, die im Sommer die Weilheimer Hütte versorgt. Zwischen Krottenkopf und Bischof stehend halten wir uns nun nach der Seilbahn rechts und erreichen durch Latschen hindurch die **Weilheimer Hütte**, 1946 m.

Von hier aus folgen wir dem vom **Krottenkopf** herabziehenden Rücken nach Südosten bis zum Gipfel. Der Abstieg erfolgt auf dem Aufstiegsweg.

Blick nach Südosten, Richtung Karwendel, beim Aufstieg zum Krottenkopf.

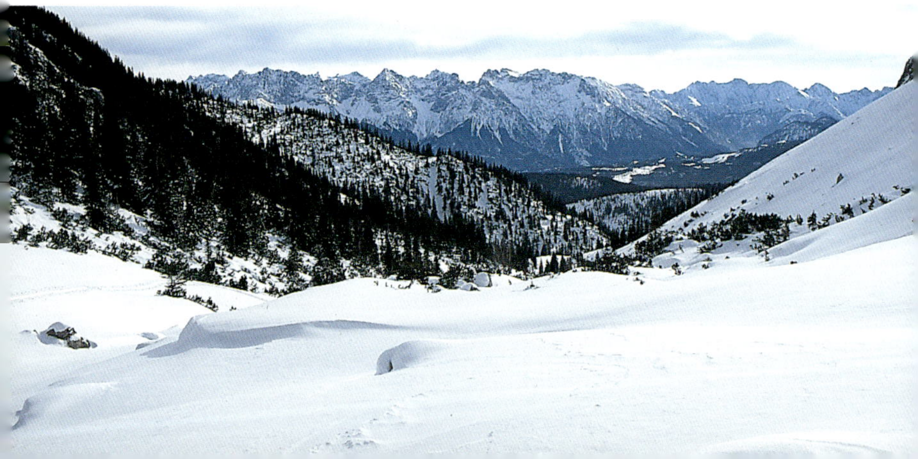

Partnachklamm und Partnachalm, 983 m

Von Garmisch-Partenkirchen

★★★

Zu eisigen Zapfen

Garmisch-Partenkirchen bietet viele Attraktionen. Eine davon ist die Partnachklamm im Winter. Da gefriert das Wasser in der Schlucht zu bizarren und mächtigen Eiszapfen. Die Felsen sind mit einer Eisglasur überzogen und wir tauchen in eine sich ständig verändernde Eislandschaft ein. Das Licht bricht sich in den Eiszapfen, noch nicht gefrorenes Wasser tropft herunter und unter uns tost die Partnach. 80 m tief und 700 m lang ist die Schlucht. Dahinter wird es wieder hell und ruhig. Über die Partnachalm wandern wir zurück zum Olympia-Skistadion. Am 6. Januar findet hier das traditionelle Hornschlittenrennen statt. Und das ist wirklich nur was für Könner, denn die Straße ist durchweg steil und schmal, und gebremst wird erst unten. Aber Garmisch-Partenkirchen ist eben ein beliebter Wintersportort. Einen internationalen Höhepunkt erlebte er 1936 durch die IV. Olympischen Winterspiele.

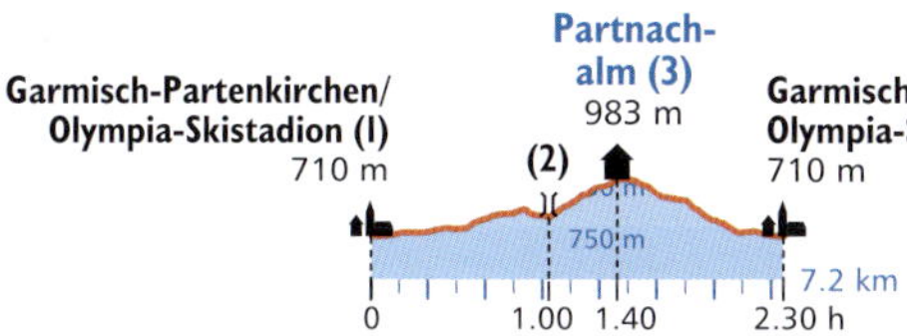

KURZINFO

Talort: Garmisch-Partenkirchen, 708 m, Garmisch-Partenkirchen Tourismus, gapa.de.

Ausgangspunkt: Olympia-Skistadion, 710 m. In Garmisch auf der B 2 Richtung Mittenwald, am Ortsende der Beschilderung zur Partnachklamm und dem Skistadion folgen. Nach dem Abzweig befindet sich linker Hand ein großer, kostenpflichtiger Parkplatz. Vom Bahnhof Garmisch-Partenkirchen mit der Buslinie 2 zur Haltestelle Skistadion.

Gehzeit: Olympia-Skistadion – Partnachklamm – Partnachalm 1.40 Std., Partnachalm – Olympia-Skistadion 0.50 Std.; Gesamtzeit 2.30 Std.

Höhenunterschied: 290 Hm.

Anforderungen: Durch die Klamm gestreuter, gesicherter Weg. Der Weiterweg zur Partnachalm kann stellenweise rutschig sein (Grödel mitnehmen). Abstieg auf geräumter Rodelbahn.

Lawinengefahr: Keine, die Klamm ist bei Gefahr (Lawinen, herabfallende Eiszapfen) gesperrt. Der Aufstieg zur Partnachalm über die Rodelbahn ist immer möglich.

Einkehrmöglichkeit: Partnachalm (Tel. +49 8821 2615, partnachalm.de, Do Ruhetag).

Rodel: Rodler folgen, nachdem sie die Partnach überquert haben, rechts dem »Hohen Weg« hinauf zur Partnachalm. Wer die Klamm sehen will, lässt den Rodel stehen und macht einen Abstecher geradeaus.

Hinweise: Rodel, Fahrräder und Kinderwägen dürfen nicht mitgeführt werden! Der Weg durch die Klamm ist gestreut, vor herabfallenden Eiszapfen geschützt und kostet Eintritt. Bei Schneeschmelze ist die Klamm geschlossen (partnachklamm.de). Vom Olympia-Skistadion bis kurz vor den Partnachklamm-Eingang Kutschfahrten.

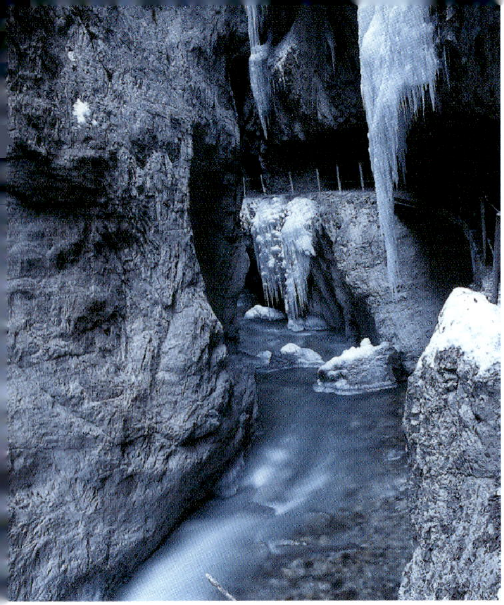

Durch die bizarren Eisgebilde der Partnachklamm.

Vom **Olympia-Skistadion (1)** gehen wir entlang der für den öffentlichen Verkehr gesperrten Anliegerstraße. Wer möchte, kann hier in die bereitstehenden Kutschen einsteigen und damit fast bis zum Eingang der Partnachklamm fahren. Wer zu Fuß geht, folgt dem Kutschenverkehr. Wir überqueren die Partnach und kommen am Gasthof Partnachklamm und einigen Kiosken vorbei. Dann halten wir uns rechts, der Beschilderung folgend. Ein gut präparierter Winterweg führt uns weiter an der Partnach entlang Richtung Klamm. Die ersten Felswände und Eiszapfen ragen über uns empor. Hinter dem Kassenhaus geht es dann richtig los. Zwischen Eiszapfen, Felswänden und tosendem Wasser tauchen wir endgültig ein in die Welt der skurrilen Eisgebilde der **Partnachklamm**.

An deren Ende genießen wir erst einmal wieder die Helligkeit und Ruhe und gehen dann weiter bergab entlang der Partnach. Wir halten uns an die Beschilderung zur Partnachalm und kommen über zwei **Brücken (2)**. Dann geht es wieder bergauf. Schließlich müssen wir ja über den Einschnitt der Schlucht gelangen. Wir erreichen eine Almfläche, rechts von uns erhebt sich der Gipfel des Wank. Dann führt eine Rechtskurve wieder in den Wald. Wir gelangen zur **Partnachalm (3)** mit einmaligem Blick aufs Wettersteingebirge.

Trittsichere wagen noch einen kurzen Abstecher zur Eisernen Brücke (beim Wirt fragen, ob der Weg begehbar ist) und riskieren einen Blick nach unten in den tiefen Einschnitt der Klamm. Hierzu auf demselben Weg ein Stück zurück und dann (nach dem letzten Haus) links.

Für den Abstieg folgen wir von der Partnachalm aus der Forststraße bergab nach Nordwesten Richtung Garmisch-Partenkirchen. Bei einem kleinen Kraftwerk erreichen wir wieder unseren Aufstiegsweg und gehen auf diesem zurück zum **Olympia-Skistadion (1)** und der großen und kleinen Skisprungschanze.

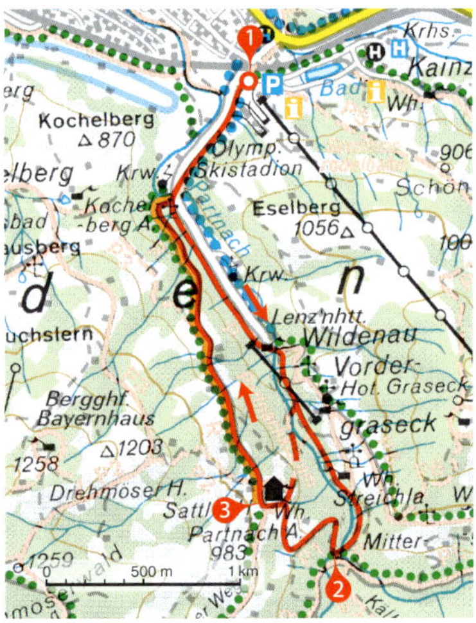

Eckbauer, 1237 m

Und nach Wamberg, 996 m

★★

Zum höchstgelegenen Kirchdorf Deutschlands

Diese kleine, geruhsame Wanderung geht fast immer. Und das mit viel Abwechslung. Wir starten am Olympia-Skistadion in Garmisch-Partenkirchen mit seinen zwei beeindruckenden Skisprungschanzen. Unser Ziel ist der Eckbauer. Dort genießen wir erst einmal den freien Blick auf das Wetterstein. Beim Abstieg liegt uns dann Garmisch-Partenkirchen zu Füßen. Heute kann man kaum noch glauben, dass die Dörfer einst zwei Kilometer voneinander entfernt lagen. Seit 1935 bilden die beiden alten Orte eine Gemeinde und heutzutage verrät nur noch der Doppelname etwas über die frühere Selbstständigkeit. Die alten Häuser der einstigen Flößer- und Handelsorte sind in den dominierenden neuen Bauten kaum mehr zu finden. Alte Bauerntradition treffen wir allerdings auf unserer Tour noch an: im schönen Bergdorf Wamberg. Auf 996 Meter gelegen ist es das höchstgelegene Kirchdorf Deutschlands. Und nach einer Einkehr sind wir von hier auch wieder zügig beim Olympia-Skistadion.

Wamberg, das höchstgelegene Kirchdorf Deutschlands.

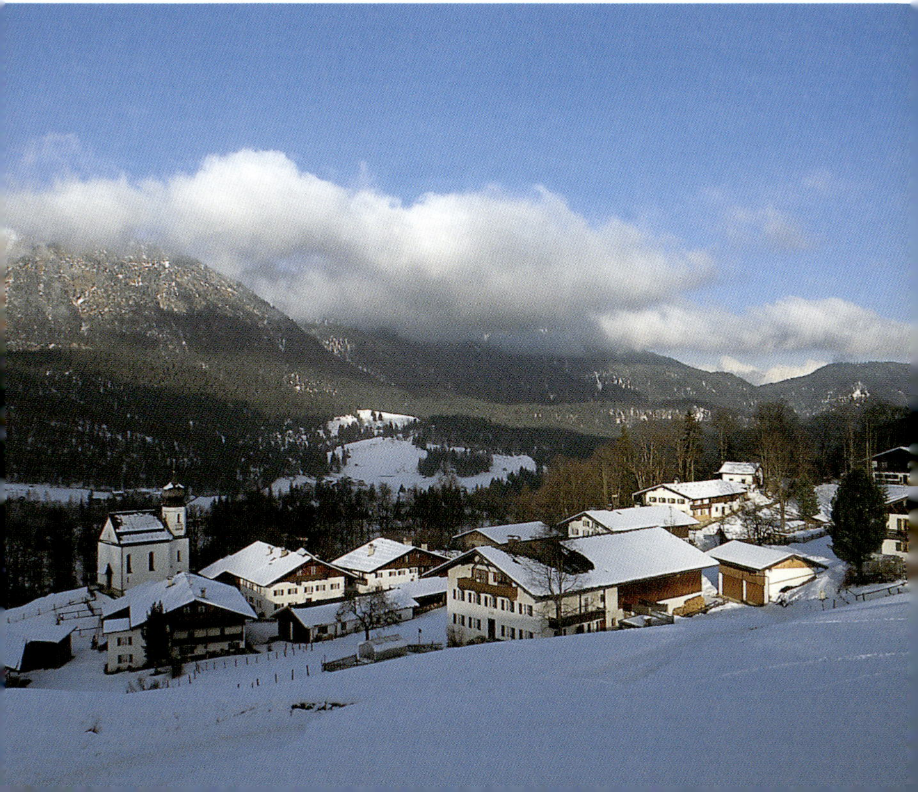

KURZINFO

Talort: Garmisch-Partenkirchen, 708 m, Garmisch-Partenkirchen Tourismus, gapa.de.
Ausgangspunkt: Olympia-Skistadion, 710 m. In Garmisch auf der B 2 Richtung Mittenwald, am Ortsende der Beschilderung zur Partnachklamm und dem Skistadion folgen. Nach dem Abzweig befindet sich linker Hand ein großer, kostenpflichtiger Parkplatz. Vom Bahnhof Garmisch-Partenkirchen aus mit der Buslinie 2 zur Haltestelle Skistadion.
Gehzeit: Olympia-Skistadion – Eckbauer 2 Std., Rückweg über Wamberg 1.30 Std.; Gesamtzeit 3.30 Std.
Höhenunterschied: 530 Hm.
Anforderungen: Gemütliche Wanderung auf Forststraßen. Teils geräumt, teils nur Wegspuren. Bei Neuschnee tut man sich mit Schneeschuhen leichter.
Lawinengefahr: Keine.
Einkehrmöglichkeit: Berggasthof Eckbauer (Tel. +49 8821 2214, eckbauer.de, Mi Ruhetag), Berggasthof Wamberg (Tel. +49 8821 2293, berggasthof-wamberg.de, Mo und Di Ruhetag), Forsthaus Graseck (das-graseck.de).
Seilbahnen: Eckbauerbahn (Gondeln), Tel. +49 8821 3469, eckbauerbahn.de; Graseckbahn (Gondeln), graseckbahn.de.
Rodel: Rodler steigen erst auf dem beschriebenen Aufstiegsweg hinauf. Wenn kein Skibetrieb ist (an der Bahn fragen) geht's über die Piste hinab zum Olympiastadion. Alternativ gibt es linker Hand des Aufstiegs die Rennrodelbahn des SC Riessersee (scr-rennrodel-gap.de).
Variante: Bei wenig Schnee Abstieg über die Partnachklamm: Vorbei am Gasthof Eckbauer und in vielen Serpentinen nach Südwesten hinab. Dann rechts nach Vordergraseck. Vor dem Hotel Graseck links und weiter bergab, schließlich rechts dem Weg in die Partnachklamm folgen. Durch die Schlucht geht es dann zurück zum Olympia-Skistadion (1.30 Std.).

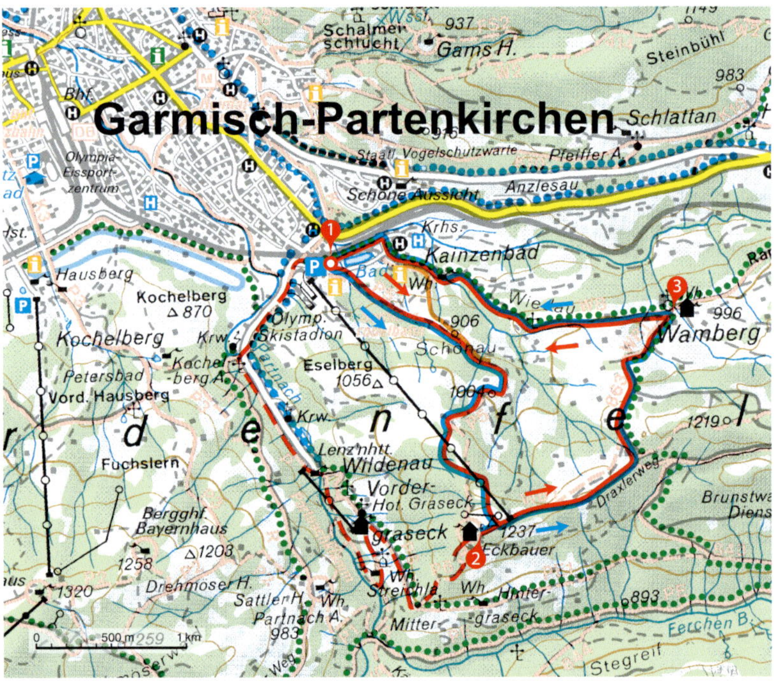

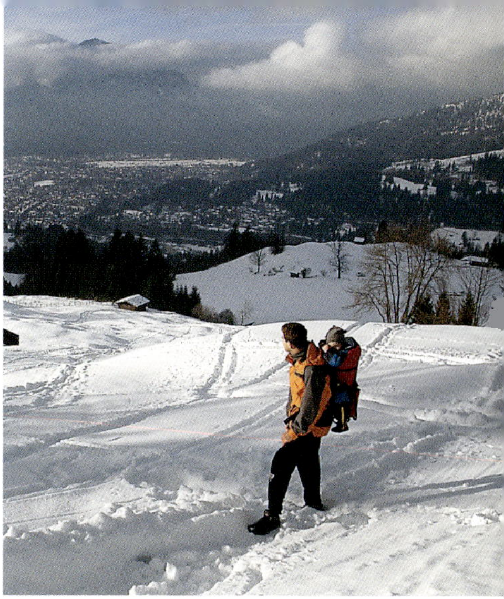

Abstieg vom Eckbauer.

Vom Parkplatz am **Olympia-Skistadion (1)** nach Osten bis zur Station der Sommerrodelbahn. Hinter der Station biegen wir rechts ab und folgen der verschneiten Forststraße. Links von uns ein angelegter Trial-Park. Es geht steil bergauf. Links von uns die Rodelbahn des SC Riessersee. An einer Gabelung halten wir uns links und folgen geradewegs dem verschneiten Forstweg. Dieser leitet uns weiter nach Südosten. Wir erreichen den Wald, danach wieder freies Gelände. Wir folgen dem Hauptweg bergauf, gelangen erneut in den Wald und treffen dann auf die neu erbaute Eckbauerbahn. Unter dieser gehen wir durch den Wald bergauf. Dann treffen wir auf die Skipiste, der wir am Rand bis zur Bergstation der Gondelbahn auf 1236 m folgen. Rechter Hand geht es auf den höchsten Punkt und zum Berggasthof **Eckbauer (2)**.

Für den Abstieg gehen wir geradewegs an der Bergstation vorbei und folgen der Beschilderung nach Wamberg und Partenkirchen. Auf einem nicht geräumten Forstweg gehen wir rechter Hand eines Höhenzuges entlang. Der Weg führt ein Stück steil bergab, dann halten wir uns rechts. Unter uns im Nordwesten ruht Garmisch-Partenkirchen, zur Linken befindet sich das Zugspitzmassiv. Über verschneite Almwiesen gelangen wir nach **Wamberg (3)**. Rechter Hand befindet sich der Gasthof. Wer nicht einkehren möchte, folgt der Straße bis ans Dorfende und hält sich dann links Richtung »Partenkirchen, Skistadion«, »WB«. Am Friedhof vorbei gehen wir auf der anfangs noch geteerten Straße bergab nach Westen. Nach einem steileren Abschnitt folgen wir dem Wegverlauf nach links. Vor uns tauchen später dann die ersten Häuser Partenkirchens auf. Linker Hand zieht der Wamberger Graben herab. Diesen überqueren wir und folgen dem Straßenverlauf. Entlang der Kainzenbadstraße treffen wir auf das Ende der Rodelbahn. Rechts von uns liegt das große Klinikum von Garmisch-Partenkirchen. Die Straße führt dann durch den Parkplatz des Kainzenbades und trifft auf die Auenstraße. Wir halten uns links und erreichen wieder unseren Ausgangspunkt, den Parkplatz am **Olympia-Skistadion (1)**.

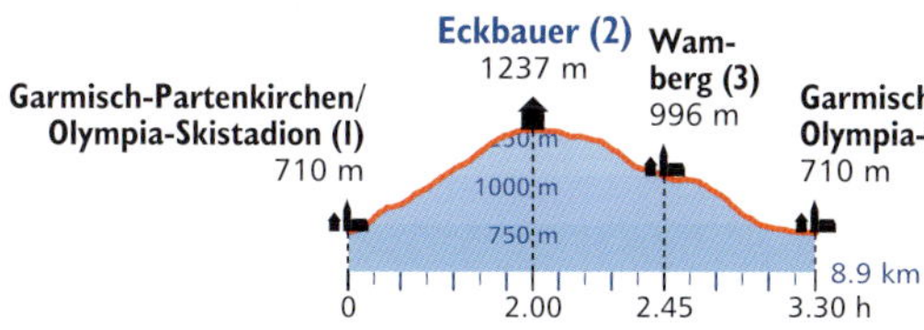

Der Winter ist gar keine tote Jahreszeit, wie so viele glauben. Ganz im Gegenteil: Er lebt! Und das zum Teil viel offensichtlicher, als in den restlichen Jahreszeiten. Denn im Schnee sieht man alle Spuren, egal ob Sie als Wanderer, Schneeschuhgänger oder Rodler unterwegs sind – zumindest bis zum nächsten Schneefall, Tauwetter oder Regen.

Besonders spannend ist es, die unterschiedlichen Tierspuren, die den eigenen Weg kreuzen, zu deuten – nicht nur für Kinder oder verkappte Trapper. Wer sich ein wenig Zeit nimmt, kann aus dem Schnee lesen, wer oder was hier schon vor einem selbst unterwegs war. Das ist nicht immer ganz so einfach, denn viele Spuren schauen ähnlich aus.

Huftiere, wie Gämse, Reh oder Hirsch, hinterlassen Fußabdrücke mit zwei Zehen. Sie besitzen zwar vier Zehen, von denen drücken sich aber nur die beiden vorderen ab. Doch keine Regel ohne Ausnahme: Beim Wildschwein drücken sich auch die hinteren Zehen im Boden ab.

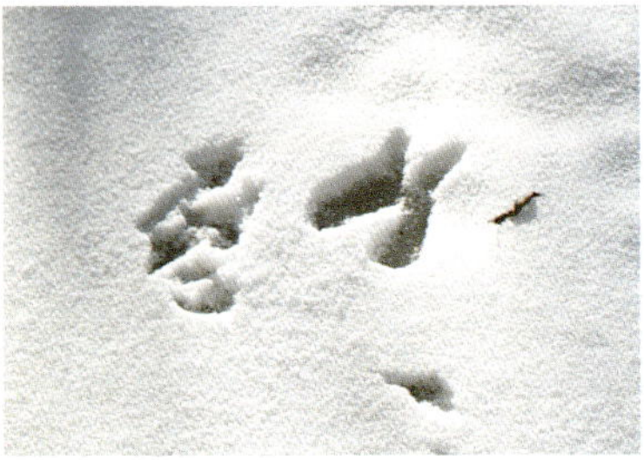

Eichhörnchen.

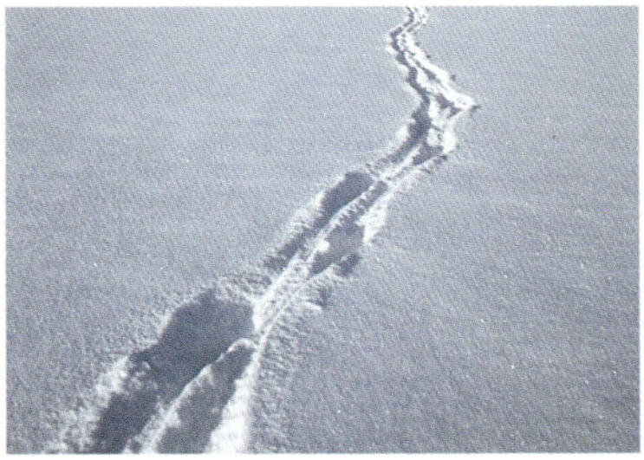

Wildschwein.

Hühnervögel, wie Schneehuhn und Auerhahn, hinterlassen Abdrücke mit vier Zehen: drei lange Zehen vorne und ein sehr kurzer hinten.

Der Abdruck der Säugetiere, wie z. B. Fuchs, Eichhörnchen und Feldhase, besteht dagegen aus fünf Zehen, davon ein Ballen, und oft auch Krallen.

Fuchs auf Mäusefang.

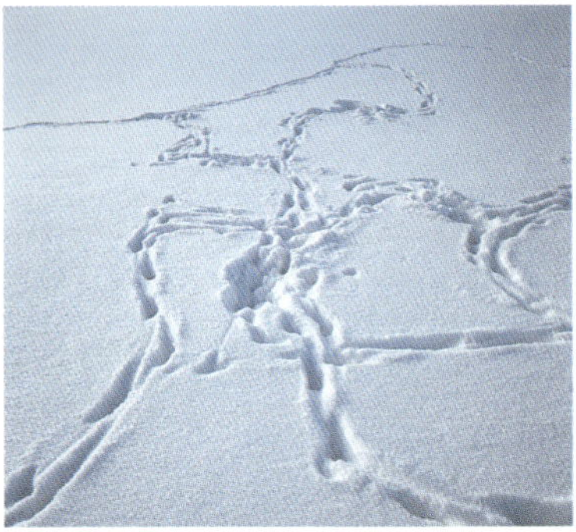

Reh (links) und Feldhase.

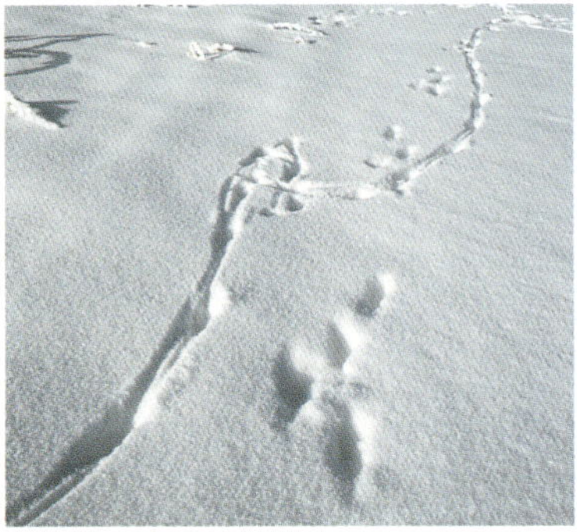

Hoher Kranzberg, 1391 m

Von der Talstation der Kranzbergbahn

★★

Auf einen kleinen, aber feinen Aussichtsberg

Inmitten der markanten Abstürze des Karwendels und des Wettersteins ist der Kranzberg eine kleine, unbedeutende Erhebung. Aber im Verhältnis Höhenmeter zu Aussicht ist der Berg alles andere als unbedeutend. Der unbewaldete Gipfel bietet eine Paradeaussicht auf den Kranz der Berge um Mittenwald. Im Südwesten das Wettersteingebirge, im Südosten das Karwendel. Darum ist es ja auch der Kranzberg. In Mittenwald gibt es ein gut angelegtes Winterwanderwegenetz. Ein Weg davon führt hinauf zum Kranzberg. Das ganze Jahr über ist der Berg gut erreichbar. Gerade bei Schnee sind in der Gemeinde einige Arbeiter eigens dafür zuständig, die Winterwanderwege freizuhalten bzw. freizufräsen. Der Abstieg vom Kranzberg zum Ferchensee gehört auch dazu. Da das Räumen dieses Weges »maschinell« nicht möglich ist, wird er als letztes »gespurt«. Und da es immer wieder darauf schneit, legen die Arbeiter den Weg sozusagen jedesmal aufs Neue »von Hand« an. Ich hatte Glück, denn vor mir waren einige Arbeiter gerade dabei, mit Tourenskiern und Schneeschuhen eine neue Spur anzulegen. Ich bin natürlich extra langsam gegangen, damit ich auch ja nicht überholen muss. In solch einen Genuss kommt man selten. Wer also nach Schneefall ca. drei Tage abwartet, der hat, mit etwas Glück, auch das Privileg, eine »Erstbegehung« zu machen.

KURZINFO

Talort: Mittenwald, 912 m. Alpenwelt Karwendel – Mittenwald Krün Wallgau Tourismus, mittenwald.de.

Ausgangspunkt: Talstation der Kranzbergbahn, 980 m. Auf der B 2 von Garmisch-Partenkirchen kommend vor Mittenwald rechts ab nach Klais, an der nächsten Möglichkeit links, dann der Beschilderung zur Kranzbergbahn folgen. Vom Bahnhof Mittenwald (an der Bahnlinie München – Innsbruck) in ca. 20 Min. zu Fuß zur Talstation der Kranzbergbahn.

Gehzeit: Talstation – Hoher Kranzberg 1.35 Std., Hoher Kranzberg – Ferchensee 0.55 Std., Ferchensee – Mittenwald 1 Std.; Gesamtzeit 3.30 Std.

Höhenunterschied: 415 Hm.

Anforderungen: Auf den Kranzberg über eine geräumte Forststraße und einen meist gut ausgetretenen Weg. Abstieg zum Ferchensee in einer vorgetretenen Spur, bei Neuschnee (ohne Spur) schwer zu finden. Vom Ferchensee nach Mittenwald auf geräumter Straße bzw. gespurten Wegen. Bei Neuschnee zum Ferchensee mit Schneeschuhen. Aber auch mit Spur geht es bei viel Schnee mit Schneeschuhen einfacher.

Hangexposition: Süd, Ost.

Lawinengefahr: Gering. Der Weg führt durch das Pistengebiet und durch Wald.

Einkehrmöglichkeit: St. Anton (Tel. +49 8823 8001, ab Ende Dez. geöffnet), Gasthaus Ferchensee (Tel. +49 8823 1409, ferchensee.eu, Fr Ruhetag), mehrere Einkehr- und Übernachtungsmöglichkeiten am Lautersee.

Seilbahn: Kranzbergbahn (Sessellift), Tel. +49 8823 5995, skiparadies-kranzberg.de.

Rodel: Von der Bergstation der Kranzbergbahn verläuft eine präparierte Rodelbahn bis hinab zur Talstation. An der Talstation können Rodel ausgeliehen werden.

Von der **Talstation der Kranzbergbahn (1)** geht es auf dem Fußweg rechter Hand Richtung »Kranzberg-Gipfelhaus« mit schönem Blick auf das unterhalb liegende Mittenwald. Der Weg führt steil bergauf und trifft auf die Rodelbahn. Die Rodelbahn verläuft dann links vom Fußweg. Wir folgen dem Verlauf des Sessellifts durch eine alpine Parklandschaft mit schönen Buchen bergauf. An einem Abzweig, der rechter Hand zur Korbinianhütte führt, halten wir uns jedoch weiter links Richtung »Kranzberg-Gipfelhaus«. Bald gelangen wir zur **Bergstation der Kranzbergbahn** und dem Beginn der Rodelbahn.

Von hier aus sind es noch 5 Min. bis **St. Anton (2)**, 1223 m, der ersten Einkehrmöglichkeit (Sonnenterrasse). Dazu einfach weiter auf dem Weg bleiben. Rechts von uns ist die Talstation der schon vor Jahren stillgelegten Gondelbahn auf den Kranzberg. Wer weiter zum Kranzberggipfel möchte, lässt die Einkehr St. Anton links liegen und folgt dem verschneiten Weg bergan Richtung Westen. Auf ca. 1350 m halten wir uns rechts und erreichen dann das Kranzberg-Gipfelhaus. Gleich oberhalb liegt der Gipfel des **Hohen Kranzbergs (3)** mit seinem kleinen Unterstand.

Am Kranzberg-Gipfelhaus vorbei ziehen wir einen Linksbogen (Beschilderung »Ferchensee«). Geradewegs geht es über die kupierte Schneelandschaft. Wir erreichen den Wald und folgen den Spuren bergab. Teilweise sind weiße Punkte an den Bäumen, die aber zur Orientierung nicht ausreichend sind. Nach einer Rechtskurve überqueren wir den Fallgraben mittels einer Brücke und halten uns in südsüdwestlicher Richtung. Wir treffen auf eine Forststraße und verlassen diese gleich wieder linker Hand Richtung »Ferchensee«. Darauf zieht der Weg nach Süden und später

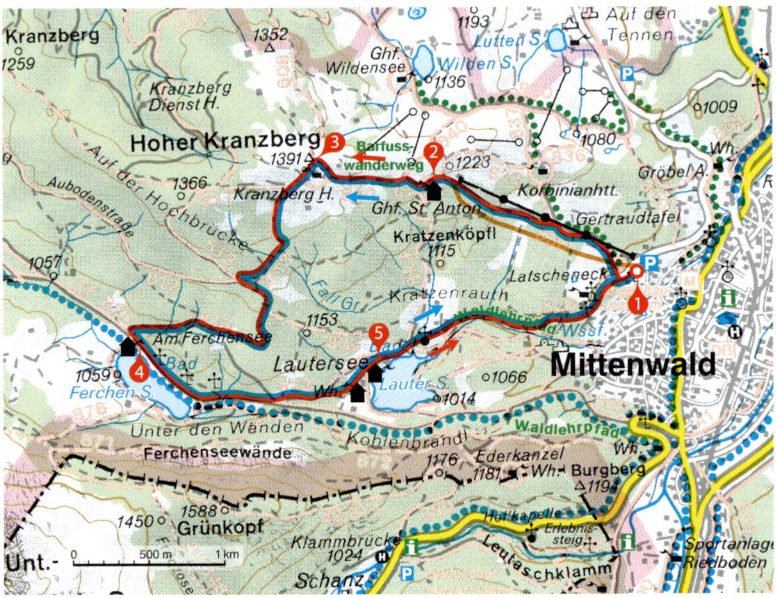

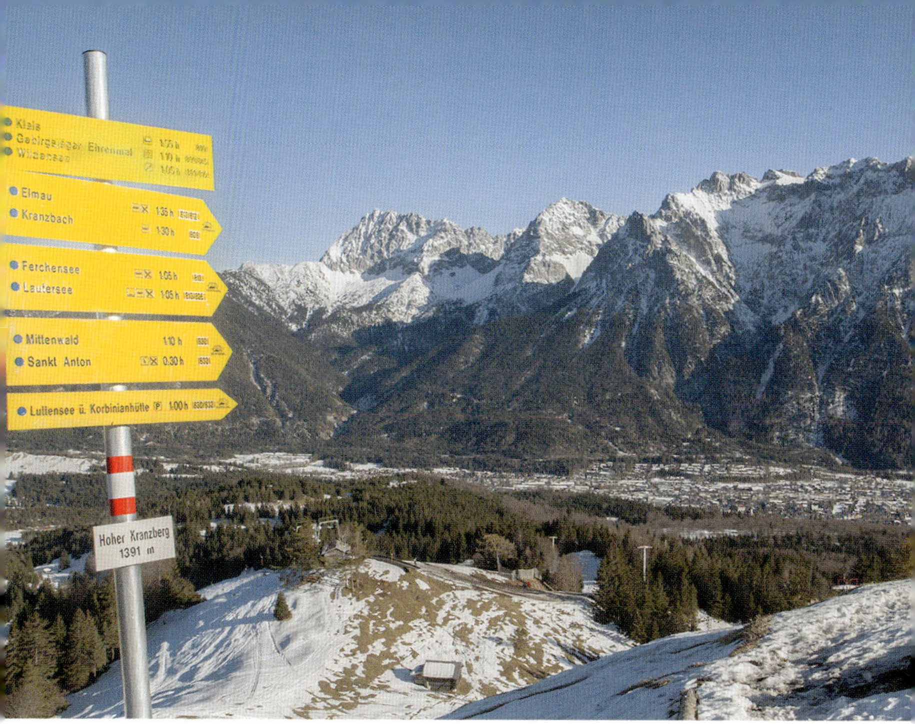

Ausblick vom Hohen Kranzberg auf den Wörner und die Tiefkarspitze.

nach Westen ins Tal hinab. Im Tal angelangt treffen wir auf eine Forststraße, der wir nach links folgen. Sie führt uns entlang des **Ferchensees (4)**, vorbei am gleichnamigen Gasthaus. Der See ist mit Schnee bedeckt oft gar nicht als solcher zu erkennen. Nach einiger Zeit folgen wir dem Abzweig links Richtung »Lautersee, Mittenwald«. Der gebahnte Weg leitet uns hinab zum **Lautersee (5)**.

Bei den Gasthäusern erreichen wir eine Weggabelung und folgen geradeaus der Beschilderung nach Mittenwald. Nach der Lauterseealm biegen wir rechts ab, gehen über eine kleine Brücke und folgen der Beschilderung zum Kranzberglift durch das Laintal. An den nächsten Gabelungen halten wir uns entsprechend der Beschilderung leicht links. Anfangs gehen wir oberhalb des Lainbachs, dann über Mittenwald auf dem Höhenweg weiter. Am Hotel Latscheneck treffen wir auf eine kleine Straße, die uns bergab in 10 Min. direkt zum Parkplatz an der **Talstation der Kranzbergbahn (1)** führt.

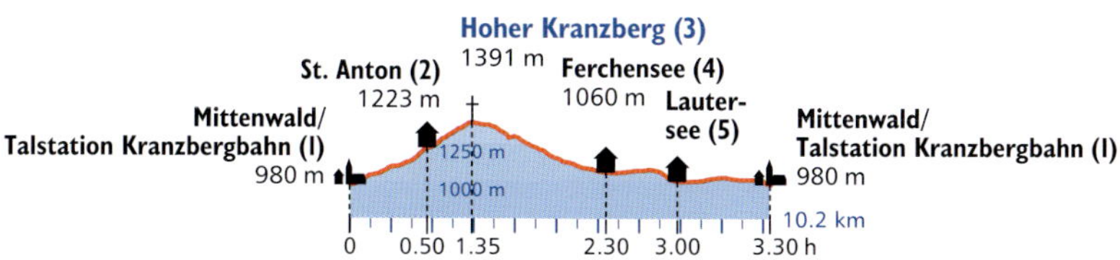

12 Ederkanzel, 1181 m

Von Mittenwald

★★

Hart an der Grenze

Wo schmeckt der Kaffee besser – in Österreich oder in Bayern? Die Frage müssen Sie selbst klären! Im Berggasthaus Ederkanzel befindet sich nämlich die Terrasse in Österreich und die Wirtsstube in Bayern. Wie dem auch sei und für welchen Kaffee Sie sich entschließen, die Geschichte des Wirtshauses geht auf den Königlich Bayerischen Forstmeister Hubert Eder zurück. Der hatte Anfang des 20. Jahrhunderts an diesem Ort einen Hochstand erbaut. An Stelle des Hochstandes wurde dann ein Aussichtsturm mit Erfrischungsraum errichtet. Dieser wurde 1954 wegen Baufälligkeit abgerissen, und dann entstand mit einigen Umbauten das jetzige Gasthaus. Der schöne Blick ins Leutaschtal ist bis heute erhalten geblieben und natürlich auch die Staatsgrenze. Die Wanderung zur Ederkanzel ist kurz, dafür ist sie das ganze Jahr über möglich.

Bereits Goethe bezeichnete auf seiner Reise nach Italien Mittenwald als »lebendiges Bilderbuch«. Vor allem die Häuserzeile am Obermarkt mit ihren kunstvoll ausgeführten Lüftlmalereien lohnt einen Besuch. Oder das Geigenbaumuseum in der Ballenhausgasse 3. Wonach auch immer Ihr Sinn steht, die Frage, wo der Kaffee nun besser schmeckt, sollte auf alle Fälle geklärt werden.

Version für Genießer: eine Pferdeschlittenfahrt zum Ferchensee.

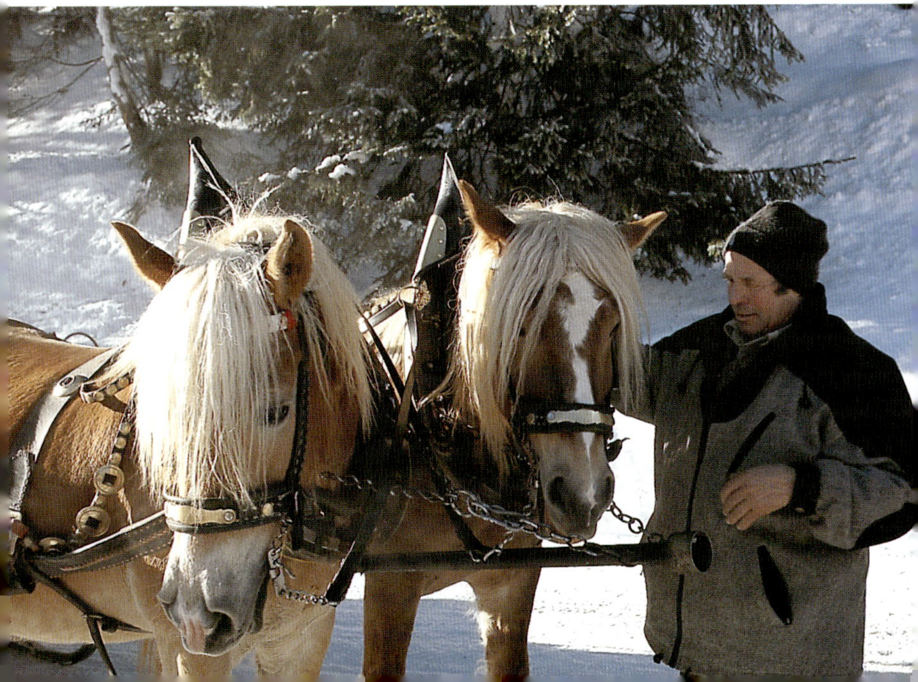

KURZINFO

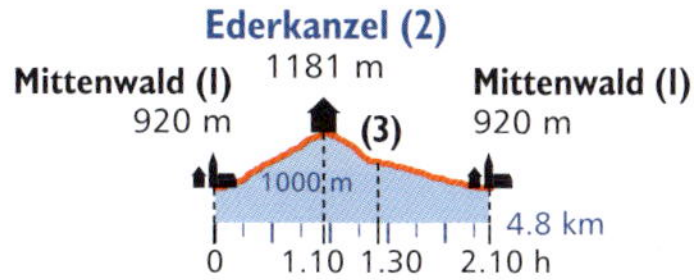

Talort: Mittenwald, 912 m. Alpenwelt Karwendel – Mittenwald Krün Wallgau Tourismus, mittenwald.de.
Ausgangspunkt: Mittenwald, Innsbrucker Straße, 920 m. Im Stadtzentrum der Beschilderung Richtung Innsbruck und Scharnitz folgen. Nach Überquerung der Isar sind links Parkmöglichkeiten. (Alternativ: Noch vor der Brücke rechts Richtung Leutasch abbiegen. In der Linkskurve sind linker Hand Parkmöglichkeiten.) Zu Fuß vom Bahnhof zur Bahnhofstraße und von dieser links in die Karwendelstraße abbiegen. Diese mündet in die Innsbrucker Straße.
Gehzeit: Mittenwald – Ederkanzel 1.10 Std., Abstieg 1 Std.; Gesamtzeit 2.10 Std.
Höhenunterschied: 260 Hm.
Anforderungen: Der Anstieg über das Schützenhaus ist oft gespurt. Ohne Spur ist der Weg schwer zu finden und nur etwas für sichere Wanderer. Die beschriebene Variante ist dann eine gute Alternative.
Lawinengefährdung: Keine.
Einkehrmöglichkeit: Berggasthaus Ederkanzel (Tel. +49 8823 1681, ederkanzel.de, Mi Ruhetag).
Rodel: Die Forststraße zur Ederkanzel wird »inoffiziell« als Rodelbahn genutzt.
Variante: Der bequemere Aufstieg führt über den beschriebenen Abstiegsweg. Wir folgen hierzu vom Parkplatz der Leutascher Straße nach links und verlassen diese in der Kurve Richtung Lautersee. An der zweiten Möglichkeit wenden wir uns nach links Richtung »Ederkanzel« (die erste Abzweigung ist die Rodelbahn).

Nicht immer ausgetreten – dafür bietet der Aufstieg über das Schützenhaus und den Burgberg eine schöne Überschreitung. Hierzu von der Isarbrücke in **Mittenwald (1)** links in die Leutascher Straße abzweigen, gleich darauf wieder links und auf einem Steig durch den Wald hinauf Richtung »Ederkanzel«. Wir treffen wenig später wieder auf die Straße nach Leutasch. Kurz auf dieser links entlang, vorbei an der »Schieß-Stätte der königlich privaten Feuerschützen g.s. von 1736«. Hinter dieser verlas-

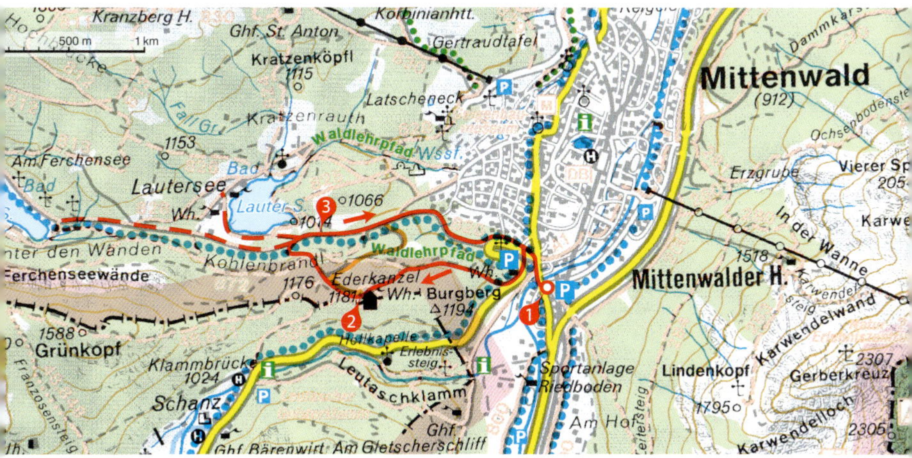

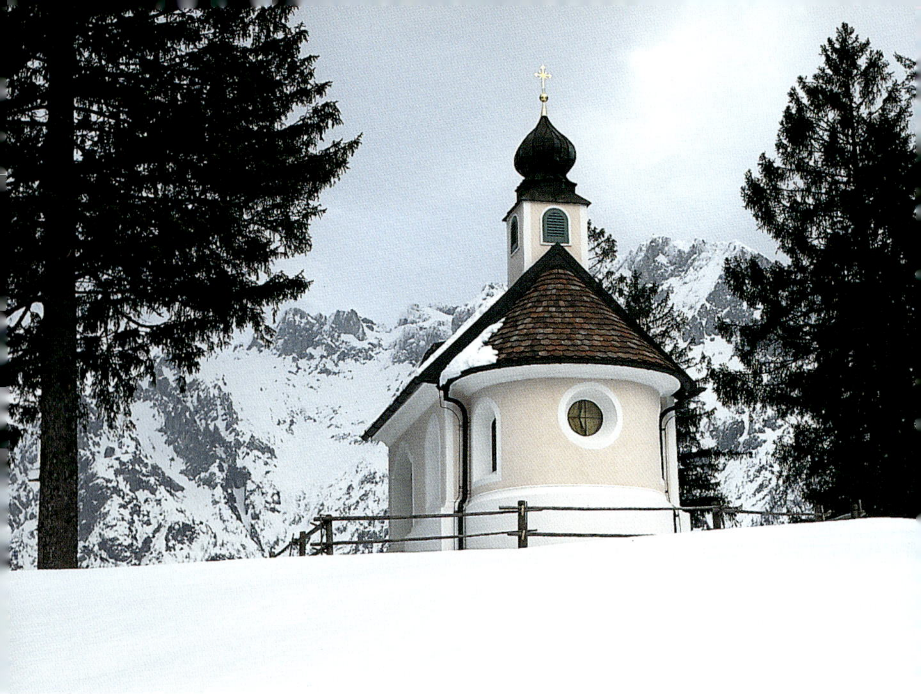

Die Kapelle Maria Königin am Lautersee wurde 1994 erbaut.

sen wir rechts die Straße und kommen in den Wald. Nach einer Linkskurve folgen wir dem Waldlehrpfad mit einigen informativen Tafeln über die Pflanzen- und Tierwelt des Waldes. Erst folgen wir oberhalb dem Verlauf der Straße nach Leutasch, dann umrundet der Weg den Burgberg Richtung Westen und Wettersteingebirge. Wir treffen auf einen Abzweig. Geradeaus führt der Waldlehrpfad zum Lauter- und Ferchensee. Wir biegen jedoch links zur Ederkanzel ab. Mit einer guten Steigung führt der Pfad kurvig durch den Wald. Wir halten uns Richtung Südwesten. Zwischen den Bäumen erblicken wir dann kurz vor dem Ziel das Wirtshaus **Ederkanzel (2)**, 1181 m. Hier lässt es sich gut einkehren, eine schöne Terrasse und die Aussicht auf Karwendel und Wetterstein laden zum Verweilen ein.

Für den Abstieg folgen wir der zum Gasthaus führenden Forststraße bergab. Rodler sind hier sicherlich im Vorteil. Ohne Rodel geht es an der ersten Möglichkeit links Richtung »Mittenwald«. Beim Abstieg blicken wir auf die gegenüberliegende Kuppe des Kranzbergs. Wir erreichen eine Weggabelung. Rechts würden wir wieder zurück zur Rodelbahn kommen. Wir halten uns links und erreichen die kleine **Straße (3)**, die von Mittenwald herführt (Kreuzung Fahrweg, 1040 m). Wer noch nicht genug hat, geht links weiter Richtung Ferchensee, umrundet den Lautersee oder geht über das Laintal nach Mittenwald (s. Tour 11). Wen es nach Hause zieht, der geht nach rechts. Die geräumte Straße trifft auf die Leutascher Straße. Auf dieser zurück zum Parkplatz in **Mittenwald (1)**.

Pleisenhütte, 1757 m

13

Und Pleisenspitze, 2567 m, von Scharnitz

★★★

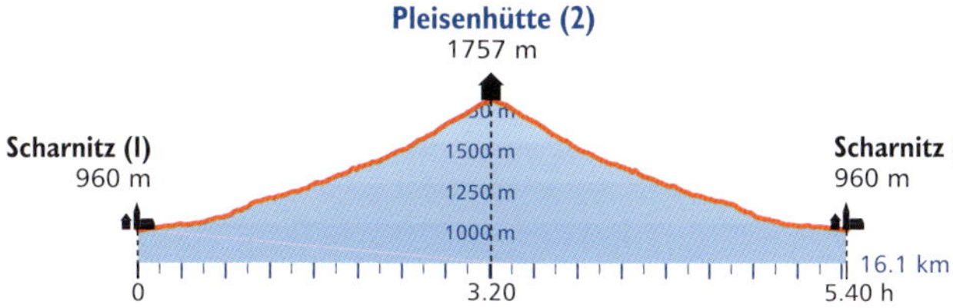

Zum zünftigen Pleisenwirt

Die Pleisenhütte ist in Bergsteigerkreisen schon fast ein »Kultobjekt«. Vor dem Zweiten Weltkrieg war die lange Tour auf die Pleisenspitze ein Ziel für die Hartgesottenen. Doch dann hat der Toni Gaugg, genannt »Pleisentoni«, in Eigeninitiative auf halbem Wege die Hütte erbaut. Und das war wirklich eine Leistung. Damals gab es noch keine Forststraße hinauf. Das Holz für den Bau schlug er in der Umgebung. Dann gab es noch das Problem mit dem Wasser. Da ohne dieses Lebenselexier keine Bewirtung möglich ist, ging er auf die Suche. Dabei entdeckte er einige Höhlen. In einer davon wurde er fündig, und daraus bezieht die Hütte bis heute ihr Wasser. Mittlerweile bewirtschaftet sein Sohn Siegfried die Hütte und es geht immer zünftig zu. Allein die gemütliche Hütte in ihrer schönen Lage lohnt schon den Weg von Scharnitz herauf.

Der Weiterweg zum Gipfel setzt noch das i-Tüpferl oben drauf. Gleich hinter der Hütte ziehen die Hänge gen Gipfel empor. Der Kessel, der Richtung Hütte herabzieht, ist das Vorderkar, rechts davon liegt das sogenannte Mitterkar und dazwischen erhebt sich der Hintere Pleisengrat. Über diesen gehen wir hinauf zur Pleisenspitze und genießen die tolle Aussicht ins wilde Karwendel. Wem die Tour zu lang ist, der kommt am Wochenende herauf und teilt den Weg in zwei Tagesetappen. Ein Besuch der Hütte lohnt sich immer.

Blick auf die Gleierschkette.

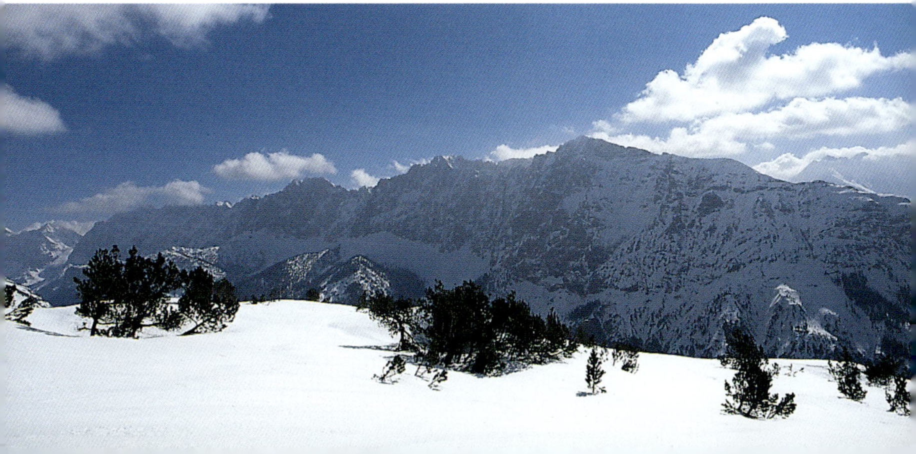

KURZINFO

Talort: Scharnitz, 964 m, an der Bahnlinie München – Innsbruck. seefeld.com.
Ausgangspunkt: Kostenpflichtige Parkplätze in der Hinterautalstraße, 960 m. Im Ortszentrum Scharnitz der Beschilderung Richtung Karwendeltäler folgen. Zu Fuß von der Bahnstation Scharnitz in die Bahnhofstraße gehen. Links abzweigen in die Innsbruckerstraße und auf dieser bleiben, bis nach der Isar links die Hinterautalstraße abzweigt (20 Min.).
Gehzeit: Scharnitz – Pleisenhütte 3.20 Std., Pleisenhütte – Scharnitz 2.20 Std.; Gesamtzeit 5.40 Std. (mit Pleisenspitze 10.40 Std.).
Höhenunterschied: Pleisenhütte 800 Hm (mit Pleisenspitze 1610 Hm).
Anforderungen: Bis zur Hütte auf einem meist ausgetretenen Forstweg. Wer weiter auf die Pleisenspitze (Schwierigkeit schwarz) geht, der hat einiges an Höhenmetern zu bewältigen und muss eine gute Kondition mitbringen oder sollte auf der Hütte übernachten. Von der Hütte auf die Pleisenspitze geht es am besten mit Schneeschuhen.
Hangexposition: West, Südwest.
Lawinengefahr: Mäßig. Nach Neuschnee ist die Querung zur Hütte nicht zu empfehlen.
Einkehrmöglichkeit: Pleisenhütte (Tel. +43 664 9158792, pleisenhütte.at, im Winter nur Sa, So und an Feiertagen geöffnet, Übernachtungsmöglichkeit).
Rodel: Der Forstweg wird zwar nicht präpariert, aber durch die Begehungsspuren kann man hier durchaus hinuntersausen. Den Rodel lässt man am besten vor der letzten Querung zur Hütte stehen.

Vom Parkplatz in **Scharnitz (1)** aus entlang der Straße geradewegs ins Karwendel. Rechts von uns rauscht die Isar Richtung Sylvensteinsee. Wir kommen über die Karwendelbachbrücke, folgen dann dem Abzweig links Richtung »Pleisenhütte« und betreten den Alpenpark Karwendel. Nun geht es auf dem verschneiten Forstweg in Kurven bergauf durch den Wald. An der nächsten Gabelung halten wir uns rechts. Rechter Hand liegt eine kleine Jagdhütte. An dieser gehen wir geradewegs vorbei

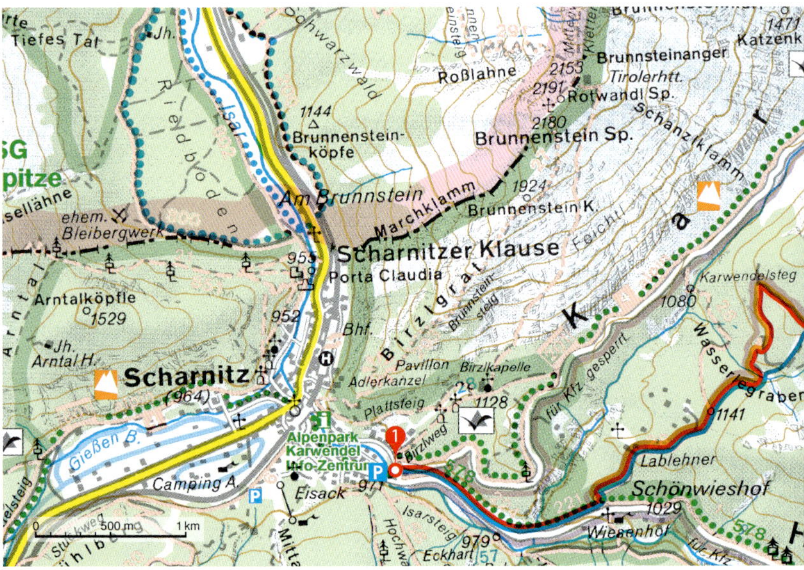

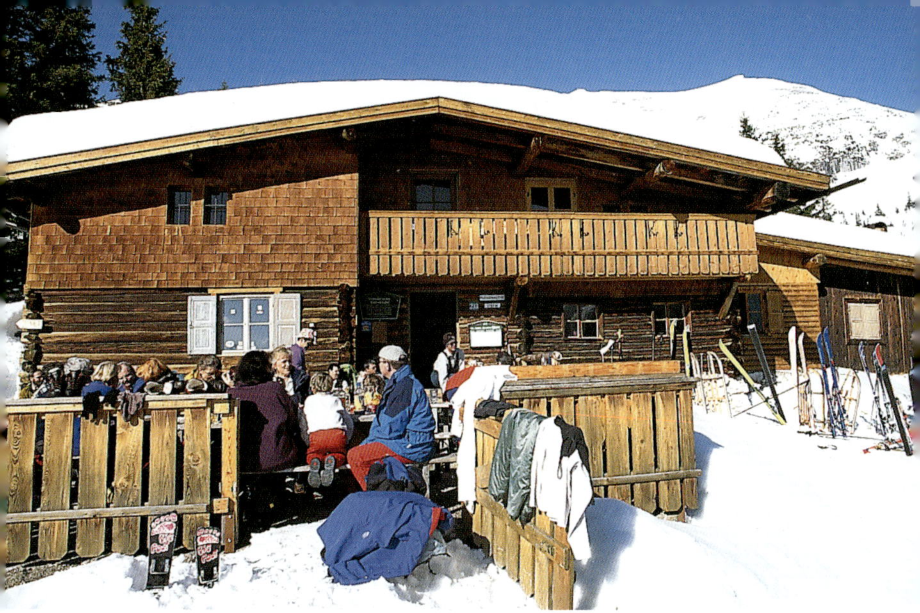

Die in Eigeninitiative erbaute Pleisenhütte.

und folgen der Wegschneise durch den Wald (Schneeschuhgeher können einige Serpentinen abkürzen). Auf ca. 1620 m queren wir nach rechts, in südöstlicher Richtung unterhalb des herabziehenden Hanges vom Vorderen Pleisengrat. Dann taucht plötzlich um die Ecke die **Pleisenhütte (2)** auf. Die Aussicht von der Sonnenterrasse ist fantastisch.

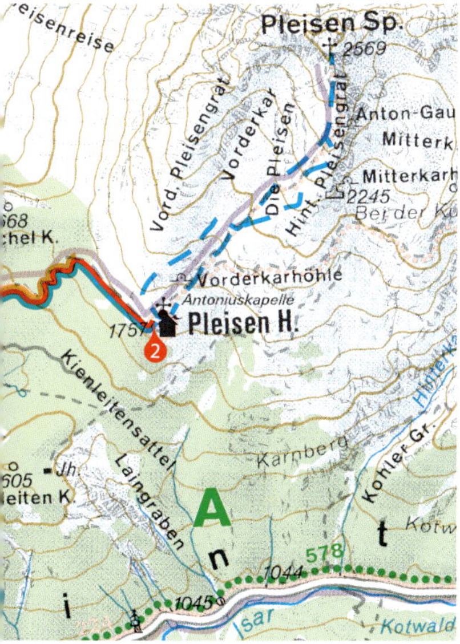

Wer Schneeschuhe dabei hat und über ausreichende Kondition verfügt, geht weiter auf die Pleisenspitze. Hierzu halten wir uns hinter der Hütte weglos nach Nordosten. Dann haben wir zwei Möglichkeiten: Entweder gehen wir in den Kessel des herabziehenden Vorderkars, von diesem aus nach rechts hinauf in die freien, zum Hinteren Pleisengrat hochziehenden Hänge und über den Gratrücken hinauf bis zum Gipfel. Oder wir gehen noch vor dem Einschnitt des Vorderkars in einem Rechts-links-Bogen direkt auf den Hinteren Pleisengrat und über dessen Rücken hinauf bis zum Gipfel der **Pleisenspitze**, 2569 m.
Der Abstieg erfolgt auf dem Aufstiegsweg.

14 Scharfreuter, 2102 m

Über den Nordwestrücken

★★

Mit Schneeschuhen auf die Aussichtspyramide

An der Grenze zu Österreich gelegen, ragt der felsige Gipfel hoch über dem Isarwinkel empor. Er gehört bereits zum Vorkarwendel, denn die Grenze des Isarwinkels ist in Vorderriß. Das mittelgebirgsartige Waldgebirge zwischen Jachenau und Isartal hat einen ganz anderen Charakter. Der Scharfreuter ragt mit seinen 2102 Metern deutlich über die Waldgrenze hinaus und zählt damit schon zu den Kalkhochalpen. Drei Grate laufen auf der flachen Pyramide des Scharfreuter, manchmal auch Schafreuter oder Schafreiter genannt, zusammen. Unser Aufstieg führt über den Nordwestgrat. Wärmstens empfohlen sei der Gipfel Schneeschuhgehern, die eine gute Kondition besitzen. Schließlich sind etliche Höhenmeter zu bewältigen, und Ausreden gibt es nicht. Denn unterwegs liegt leider keine Einkehr, die als Alternativziel gelten könnte. Der Zustieg hat allerdings eine moderate Steigung und den Vorteil, dass er relativ leicht zu finden ist. Letztendlich ist es egal, ob der Gipfel nun zu den Kalkhochalpen oder zum Mittelgebirge zählt. Die benötigte Kraft und die Schweißtropfen, die bleiben dieselben.

Die Mooslahneralm, dahinter der Vorderskopf.

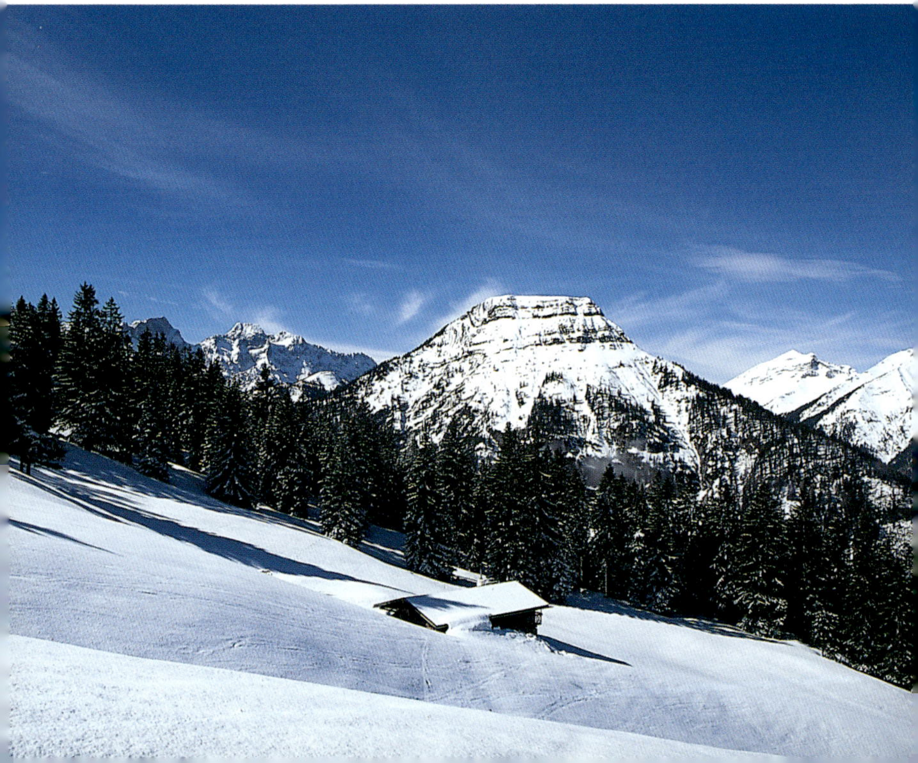

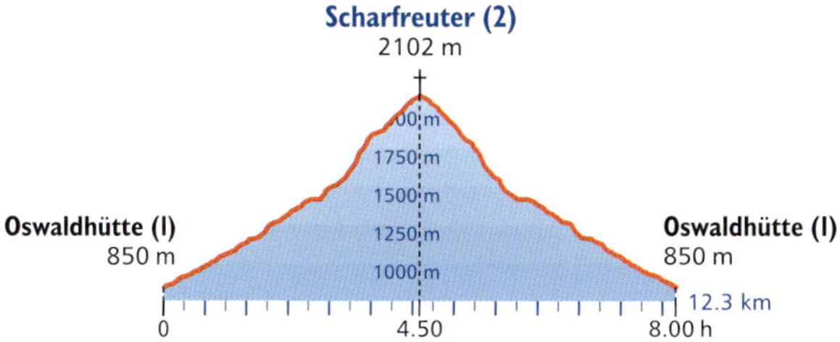

KURZINFO

Talort: Vorderriß, 782 m. Vorderriß ist ein Ortsteil von Lenggries und besteht aus ein paar Häusern. Darunter ist das ehemalige Jagdhaus König Ludwig II. zu finden. Bekannt geworden ist Ludwig Thoma, der hier seine Kindheit verbrachte. Sein Vater war von 1865 bis 1878 Oberförster. Die Anfahrt über die kleine Mautstraße, die von Wallgau nach Vorderriß führt, lohnt sich. Gästeinformation Lenggries, lenggries.de.
Ausgangspunkt: Oswaldhütte (Rißtal), ca. 850 m. Kurz danach folgt ein Wohnhaus und unweit davon gibt es mehrere Parkmöglichkeiten am Straßenrand.
Gehzeit: Oswaldhütte – Scharfreuter 4.50 Std., Abstieg 3.10 Std.; Gesamtzeit 8 Std.
Höhenunterschied: 1250 Hm.
Anforderungen: Zuerst einfach über eine meist gut eingetretene Forststraße. Nach der Mooslahneralm muss die Lawinengefahr der herabziehenden Hänge eingeschätzt werden können.
Hangexposition: Nordwest, West.
Lawinengefahr: Die Tour ist nur bei sicheren Verhältnissen empfehlenswert. Die vom Gipfel herabziehenden Rinnen sind nicht zu unterschätzen. Nicht nach Neuschneefällen und starkem Wind.
Hinweis: Auch wenn Spuren dorthin führen: Der Anstieg über die Moosenalm führt durch einen sensiblen Lebensraum von Pflanzen und Tieren und sollte aus Naturschutzgründen gemieden werden!

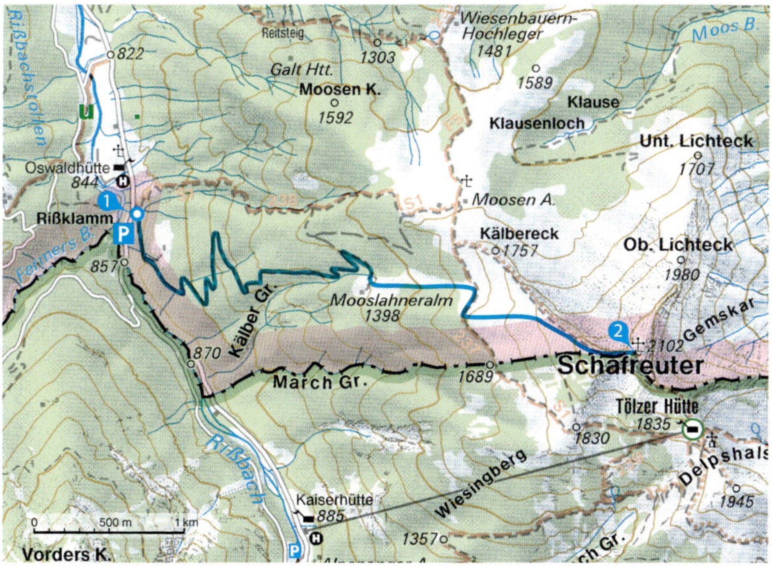

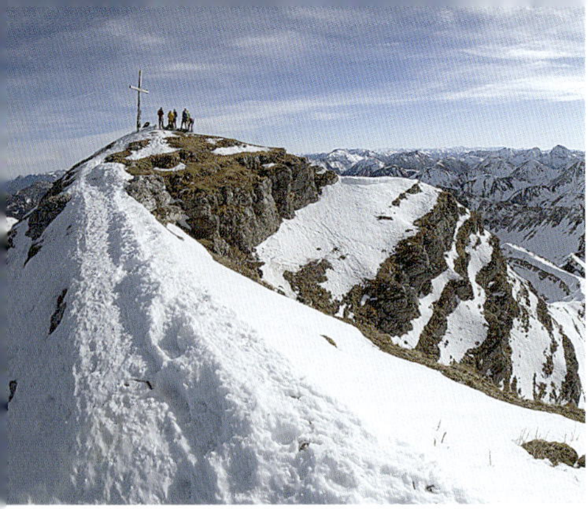

Die letzten Meter zum Gipfel des Scharfreuter sind ausgesetzt.

Ungefähr 50 m hinter dem Wohnhaus nach der **Oswaldhütte (1)** zweigt ein Forstweg links von der Straße ab. Diesem folgen wir in Kehren mäßig bergan durch den Wald. Auf ca. 1400 m verlassen wir die Forststraße und folgen den Spuren der meisten Skitourengeher rechter Hand in den Wald (dabei allerdings eine eigene Spur ziehen und nicht die der Tourengeher zerstören). Wir überqueren einen Bach und erreichen die freie Almfläche über der Mooslahneralm. Über diese geht es geradewegs hinauf. Im oberen Teil halten wir uns leicht links zwischen Bäumen hindurch und erreichen eine breite, freie Rinne, die nach oben zieht. Vorsicht vor Lawinenabgängen! Die Rinne steilt sich nach oben hin auf. Wir halten uns daher am besten rechts und umgehen sie im oberen Teil über einen sanft ausgeprägten Rücken. Weiter geht es nach Osten bergan. Die letzten Meter vor dem Gipfel werden recht schmal. Am besten ist es daher, die Schneeschuhe mit den Ski der Skitourengeher auf dem kleinen »Vorgipfel« zu deponieren und zu Fuß weiterzugehen. Da der Grat überwechtet ist, dabei nicht zu weit am Rand gehen! Der meist windgepresste Schnee ist am Rand oft »grundlos«! Zu unserer Linken bricht der Nordwestgrat jäh ab in die sogenannte Kuhreiße. Nach wenigen Metern erreichen wir dann das Gipfelkreuz des **Scharfreuter (2)**.

Der Abstieg erfolgt auf dem Anstiegsweg.

Ausblick nach Norden zum Sylvensteinsee.

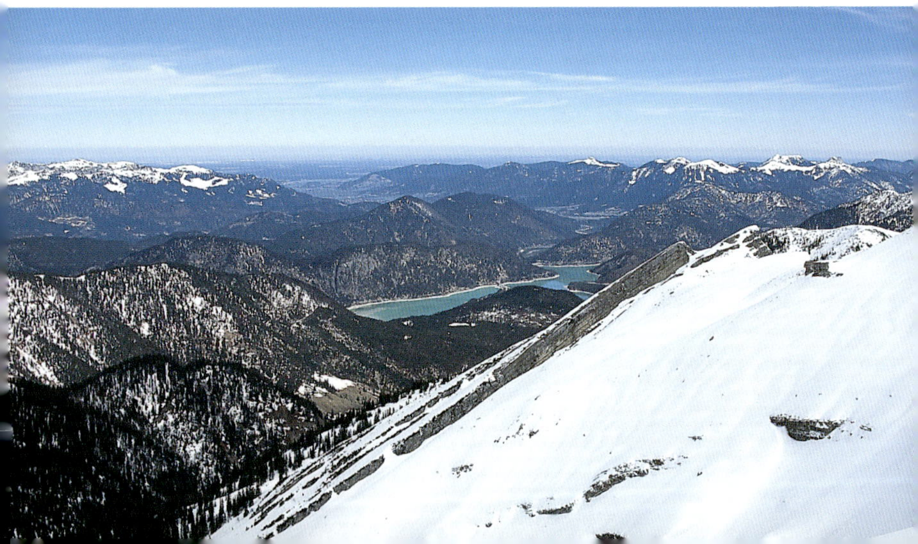

Simetsberg, 1840 m

Von Einsiedl

★★

Ideale Eingehtour für Schneeschuhgänger

Der Simetsberg ist zwar nicht bekannt, hat aber trotzdem was zu bieten. Im Gegensatz zu Herzogstand und Heimgarten kennen seinen Namen nur die wenigsten. Dabei trennt ihn nur das Eschenlainetal von seinen Nachbarn, und das Gipfelkreuz steht sogar noch etwas höher als das der Konkurrenz. Ganz am südwestlichen Zipfel des Walchensees liegt Einsiedl, ganzjährig Ausgangspunkt für den Simetsberg. Im Sommer dient der See als Abkühlung und im Winter lockt eine warme Gaststube zum Aufwärmen. Doch halt! Mir passierte es schon, dass ich mitten im Winter am Walchenseeufer Richtung Einsiedl gefahren bin und dachte, es ist Sommer. Da lag zwar überall der Schnee, aber mittendurch spazierten Surfer und Taucher. Daneben ein paar Skitourengänger. Hier gibt es eben Freizeit pur und das das ganze Jahr über. Neben der Freizeit sind die technischen Highlights nicht zu vergessen. Das Walchensee-Kraftwerk wurde 1919–1924 erbaut und ist damit das erste Großkraftwerk in Bayern. Der Walchensee dient als Ausgleichsbecken für das Kraftwerk. Der Höhenunterschied zum Kochelsee beträgt knapp 200 Meter. Der See ist an seiner tiefsten Stelle mit 192 Meter fast genauso tief! Gegenüber von Einsiedl, bei Niedernach, wird zur Verbesserung der Leistung der Rißbach aus dem Karwendel zugeleitet. Wer sich für die Technik interessiert, kann nach der Wanderung einen Abstecher zum Kraftwerk in Altjoch (zwischen Kesselberg und Kochel) machen.

Doch wieder zurück zur Natur. Der Simetsberg bietet seinen Besteigern einiges. Zum Aufwärmen fängt die Tour mit einem gemächlichen Waldspaziergang an, der im oberen Teil an Steilheit zunimmt. Als Abschluss dann ein schöner freier Schneehang, der sich bis zum Gipfelkreuz emporzieht. Als Belohnung gibt es die Sicht ins Karwendel und auf den See. Dieser existierte übrigens bereits zur Zeit der Gebirgsbildung, als sogenannte tektonische Senke. Durch die eiszeitlichen Gletscher wurde er umgestaltet.

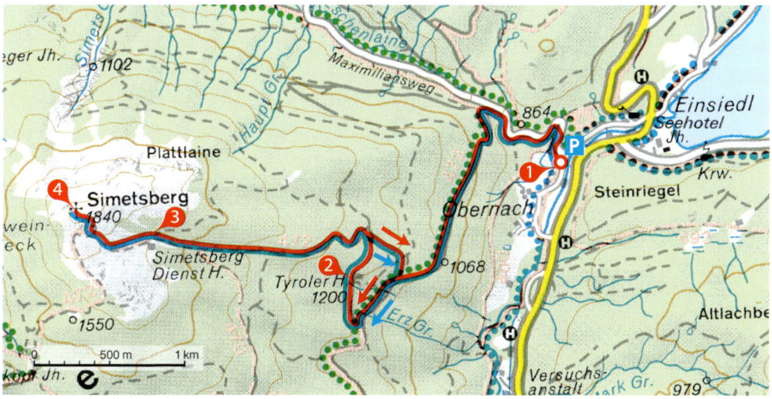

KURZINFO

Talort: Einsiedl, 803 m. Tourist Info Walchensee, walchensee.de.
Ausgangspunkt: Gebührenpflichter Wanderparkplatz bei Einsiedl, 810 m. Von Kochel Richtung Obernach und hinter Einsiedl rechts. Vom Bahnhof Kochel (Endstation der Bahnlinie von Tutzing) oder Mittenwald mit dem Bus 9608 zur Haltestelle Einsiedl. Von der Bushaltestelle dem Obernachkanal rechter Hand nach Westen folgen bis zum Parkplatz (ca. 8 Min.).
Gehzeit: Einsiedl – Simetsberg 4 Std., Abstieg 2.40 Std.; Gesamtzeit 6.40 Std.
Höhenunterschied: 1030 Hm.
Anforderungen: Oft gespurte Forststraße durch den Wald, die im oberen Teil endet. Meist führen jedoch Skitourenspuren weiter und weisen den Weg zum Gipfel. Bei mehr Schnee ist vor allem der obere Teil nur mit Schneeschuhen empfehlenswert.
Hangexposition: Süd, Südost, Ost.
Lawinengefahr: Gering. Im Gipfelbereich mäßig durch die freien Hänge.

Geschafft: Eintrag ins Gipfelbuch des Simetsbergs.

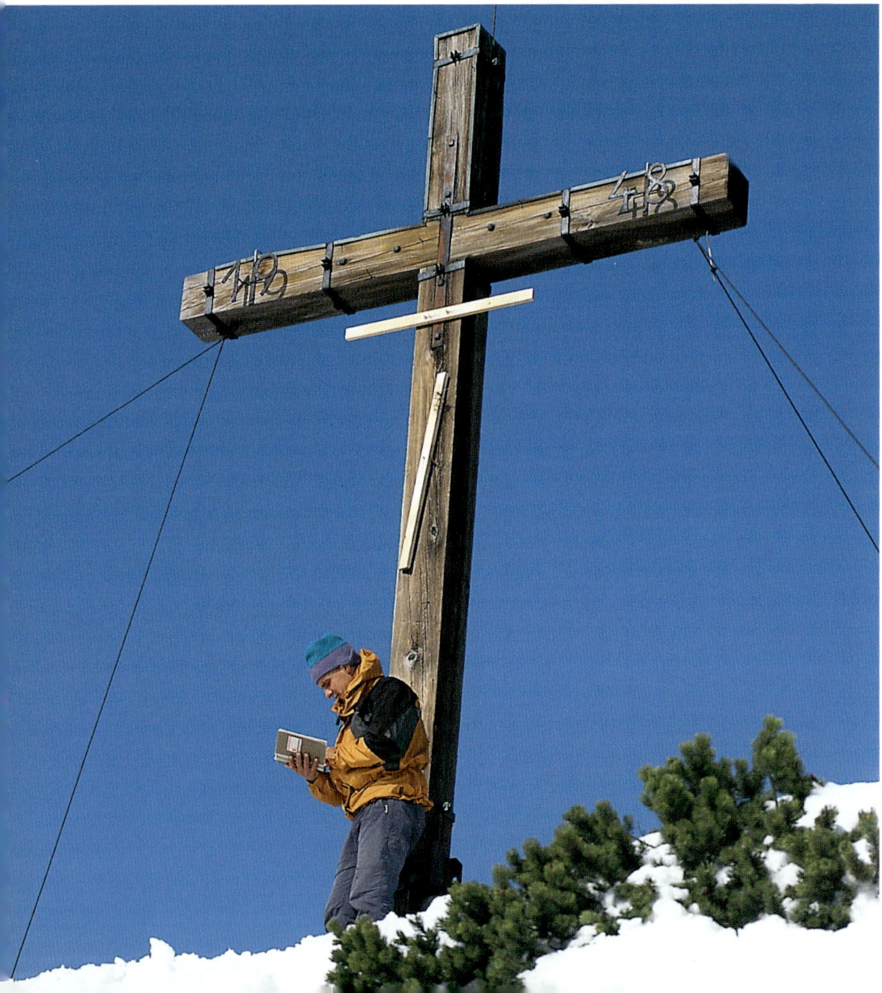

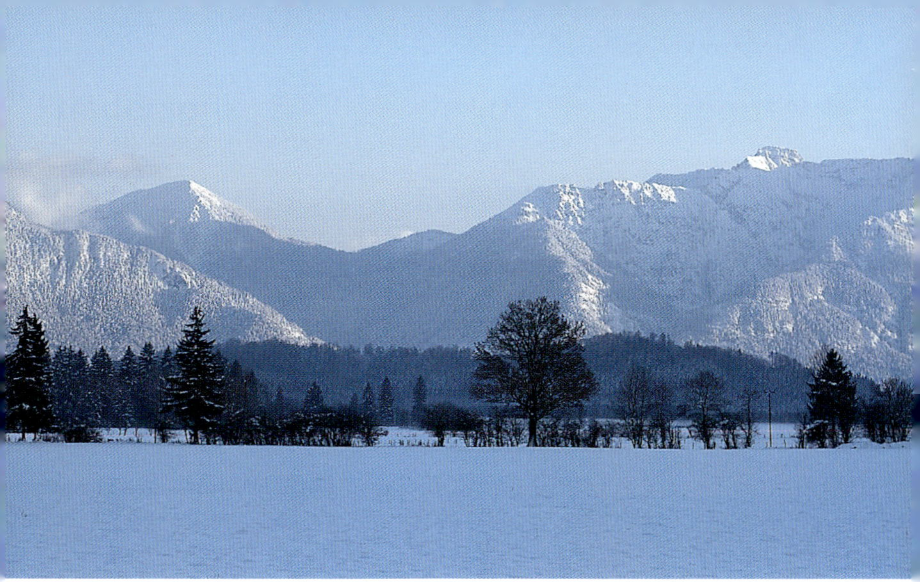

Blick auf den Simetsberg und die Hohe Kisten von Nordwesten.

Vom Parkplatz hinter **Einsiedl (1)** folgen wir der Beschilderung Richtung Simetsberg nach Westen. An zwei aufeinanderfolgenden Gabelungen halten wir uns links. Wir folgen dem Verlauf des Forstwegs und ignorieren ein Schild, das rechts zum Simetsberg weist (der Abzweig des Sommerweges). Die meisten Skitourengeher gehen hier entlang. Wir wählen die flachere Variante und halten uns weiter geradeaus. Bei der nächsten Weggabelung gehen wir nach rechts. Wir kommen an der kleinen **Tyroler Diensthütte (2)** vorbei und folgen weiter der Forststraße, die ihre Schneise durch den Wald zieht.

Dann halten wir uns nach Westen. Meistens weisen uns die Spuren einiger Vorgänger den Weg durch den Wald. Wir treffen auf einen herabziehenden, unbewaldeten Hang, dem wir bergan folgen.

Dann erreichen wir freie Almwiesen, wo wir auf die **Simetsberg-Diensthütte (3)** stoßen. Weiter über die freien Hänge in einer ausgedehnten Rechtskurve bis auf den Gipfel des **Simetsbergs (4)**.

Beim Abstieg gehen wir noch vor Erreichen der Tyroler Diensthütte weiter nach Südosten durch den Wald und auf dem Sommerweg steil bergab, bis wir wieder auf die Forststraße treffen.

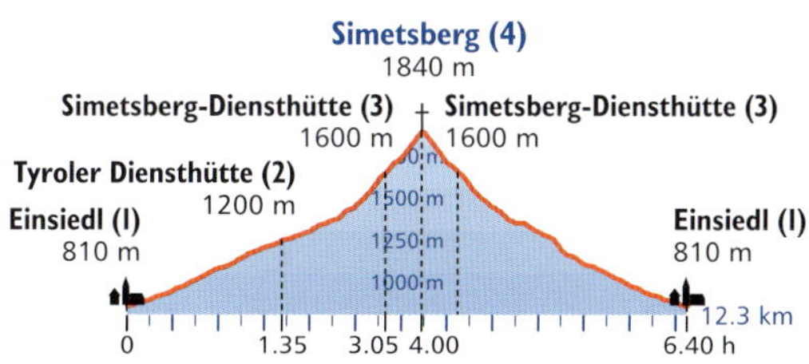

16 Heimgarten, 1790 m

Von Ohlstadt

★★

Zum Nachbarn des Herzogstands

Der Heimgarten ist zwar noch ein bisserl höher, dafür aber ruhiger als sein Nachbar, der Herzogstand. Und das, obwohl die beiden durch den Grat, der sie verbindet, fast als eins angesehen werden können. Zumindest von der Ferne. Wer die zwei Nachbarn dann aus der Nähe betrachtet und versucht, sie zu besteigen, wird schnell gravierende Unterschiede feststellen. Am Heimgarten gibt es keinen Lift und keinen Skibetrieb. Wer bis zum Gipfelkreuz will, muss die Bergschuhe gut schnüren, denn das Ganze ist eine ausgedehnte Bergwanderung. Ohne Schnee und Nässe können Geübte auf dem Verbindungsgrat vom Herzogstand herüberkommen. Doch trotz der Mühen, ein Geheimtipp ist der Gipfel nur im Winter. Denn da wird es auf einmal still am und auf dem Berg. Die Heimgartenhütte hat geschlossen, und wer sich auf den Weg macht, ist froh um die Spuren der Skitourengeher, die die Wegfindung erleichtern. Und gerade in der Stille ist die Aussicht vom Heimgarten eine besondere Belohnung. In gebührender Entfernung zum belebten Nachbarn schauen wir in die Ammergauer Berge, ins Estergebirge und ins Karwendel. Auch die Oberbayerischen Seen sind von hier oben fast aufgereiht wie auf einer Perlenschnur. Walchensee und Kochelsee, Riegsee und Staffelsee, Starnberger See und Ammersee …

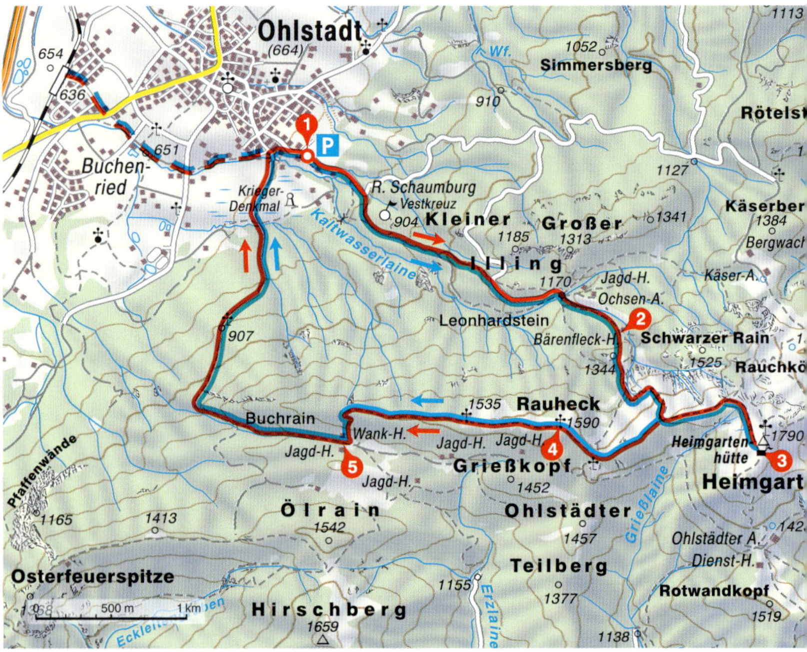

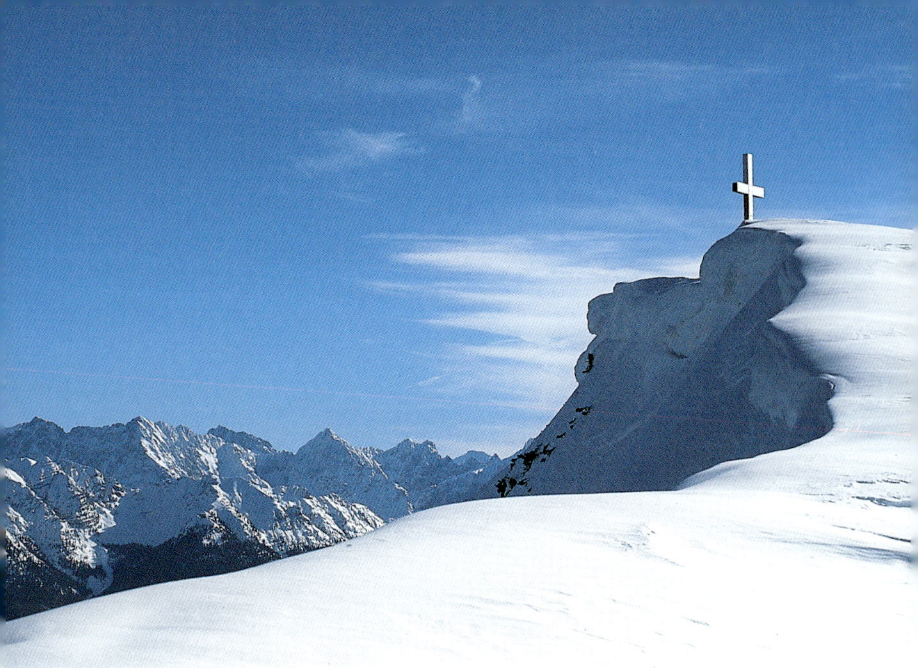

Das Gipfelkreuz des Heimgarten ragt aus dem Schnee empor.

KURZINFO

Talort: Ohlstadt 664 m. Gäste-Information Ohlstadt, ohlstadt.de.
Ausgangspunkt: Kostenpflichtiger Parkplatz am Ortsrand von Ohlstadt, 700 m. Mit dem Pkw in Ohlstadt der Heimgartenstraße folgen. Wer mit dem Zug anreist, geht vom Bahnhof den Bahnhofweg entlang zur Hauptstraße. Diese überqueren und geradeaus zur Kaltwasserlaine. Links halten und dem Bachlauf folgen. Nach ca. 1,5 km am Ortsrand die Wankstraße überqueren. Auf dem Schleifmühlenweg zur Heimgartenstraße und nach rechts zum Parkplatz (ca. 20 Min.).
Gehzeit: Parkplatz Ohlstadt – Heimgarten 4 Std., Abstieg 2.50 Std.; Gesamtzeit 6.50 Std.
Höhenunterschied: 1250 Hm.
Anforderungen: Lange Tour mit alpinem Charakter. Bei viel Schnee sind Schneeschuhe sinnvoll.
Hangexposition: Nord, Nordwest.
Lawinengefahr: Groß. Die Hänge im Gipfelzustieg verlangen sichere Verhältnisse. Selbst auf dem Zustieg zur Bärenfleckhütte wird ein Lawinenstrich passiert.

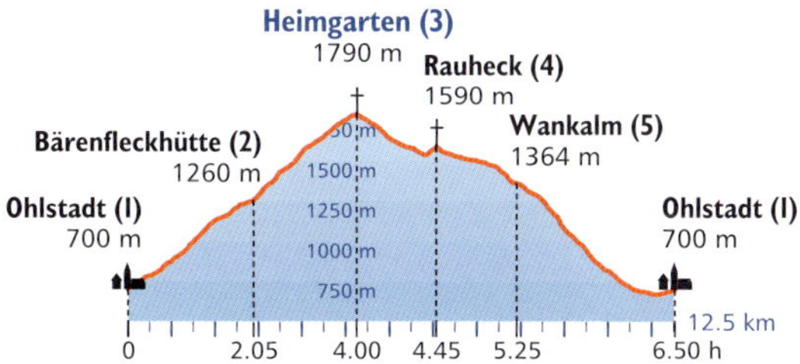

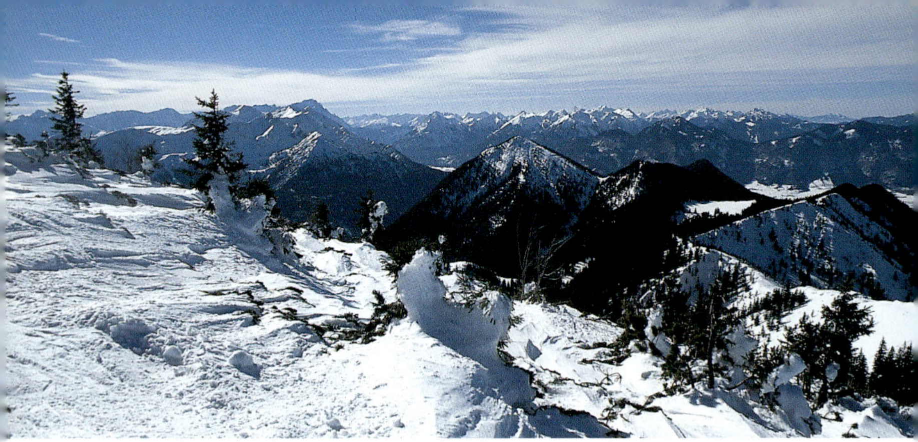

Ausblick vom Heimgarten nach Südwesten.

Vom Parkplatz am Ortsrand von **Ohlstadt (1)** führt uns der Straßenverlauf weiter in den Wald (Wanderweg Nr. 441). In einer Linkskurve verlassen wir die breite Forststraße und folgen einem schmaleren Weg nach rechts. Im Bachtal queren wir einen Lawinenstrich; bei unsicheren Verhältnissen ist selbst bei kleinräumigen Steilhängen Vorsicht geboten! Dann gehen wir in südwestliche Richtung unterhalb des Großen Illing weiter, bis wir die **Bärenfleckhütte (2)** erreichen. Nun halten wir uns Richtung Süden und schon bald nimmt der Hang an Steilheit zu. In weiten Serpentinen gehen wir über die mit Latschen bewachsenen Hänge hinauf zum breiten Gratrücken zwischen Rauheck und Heimgarten. Bis zum Gipfel des Heimgarten ist es noch ein Stück. Wer nicht mehr genug Zeit bzw. Kraft mitbringt, der kann hier nach rechts auf das Rauheck gehen und den Heimgarten für ein anderes Mal aufheben. Ansonsten folgen wir dem oft verblasenen Rücken nach links bis zum Gipfel des **Heimgarten (3)**, 1790 m. Dieser belohnt uns mit seiner Aussicht für die Mühen des Aufstiegs. Kochel- und Walchensee, Rieg- und Staffelsee liegen uns zu Füßen, und bei guter Sicht kann man noch vieles andere entdecken.

Für den Abstieg gehen wir erst auf dem Rücken denselben Weg zurück, steigen dann aber an der vom Hinweg bekannten Stelle nicht von diesem ab, sondern folgen weiter seinem Verlauf. Nach einem kurzen Gegenanstieg erreichen wir unseren zweiten Gipfel, das **Rauheck (4)**, 1590 m (Weg Nr. 442).

Vom Rauheck geht es geradewegs nach Westen mit Blick auf das Loisachtal weiter. Wir erreichen so ein weiteres Kreuz, »Buchrain«, auf 1456 m. Nun geht es linker Hand im Südhang bergab zur **Wankalm (5)**, 1364 m. Dort halten wir uns rechts und folgen später dem Bachlauf des Schwabwassergrabens. Auf ca. 1100 m verlassen wir diesen und gehen nach Norden in Richtung Ohlstadt. Steil bergab führt uns der Weg zurück an den Ortsrand. Wir überqueren die Kaltwasserlaine und halten uns nach der Brücke rechts (zum Bahnhof links). Über den Schleifmühlenweg erreichen wir die Heimgartenstraße, der wir nach rechts zum Parkplatz am Ortsrand von **Ohlstadt (1)** folgen.

Herzogstand, 1731 m

17

Über den königlichen Reitweg

★★

Standardberg der Münchner

Der Herzogstand ist ein Klassiker. Gilt er heute als Münchner Hausberg Nummer eins, so wurden seine Vorzüge schon in frühen Jahren entdeckt. Die beiden Könige Max II. und Ludwig II. haben damit begonnen, diesen Berg touristisch zu erschließen. 1857 ließ König Max II. ein kleines Jagdhaus bauen. Acht Jahre später errichtete dann König Ludwig II. ein Königshaus. Zweimal, zuletzt 1990, wurden die Häuser durch einen Brand zerstört. Doch bereits ein Jahr später begann an derselben Stelle – zwischen Fahrenberg und Martinskopf – der Bau des jetzigen Herzogstandhauses. Nun gibt es hier warme und kalte Erfrischungen für jedermann. Im Sommer sind es Touristen, die mal eben mit der Bahn heraufkommen, oder Bergwanderer. Im Winter die Skifahrer des kleinen Skigebietes, die Skitourengeher oder eben wir Winterwanderer. Daher darf man sich nicht wundern, wenn mal Skifahrer anhalten und fragen (so in meinem Falle): »So Mädel, wo hast du denn die Skier?« In solchen Fällen ist es nur ratsam, nicht zu verzagen, denn selbst ohne Brettl gibt es jede Menge Spaß.

Abgesehen davon pilgern wir ja auf dem königlichen Reitweg, der schon damals von der Kesselberghöhe bis zum Gipfel führte. Und wer geht, ist zwar langsamer, sieht dafür aber umso mehr. Die Aussicht vom Gipfel reicht bei guter Sicht bis nach München mit dem markanten Olympiaturm. Und wer sich auskennt, bezeichnet die ganzen Seen, die zwischen dem Kochelsee und München zu sehen sind. Auf der anderen Seite wartet der Rundblick über die Gipfel der Tegernseer Berge, des Rofan, des Karwendel und des Wetterstein auf den Besucher.

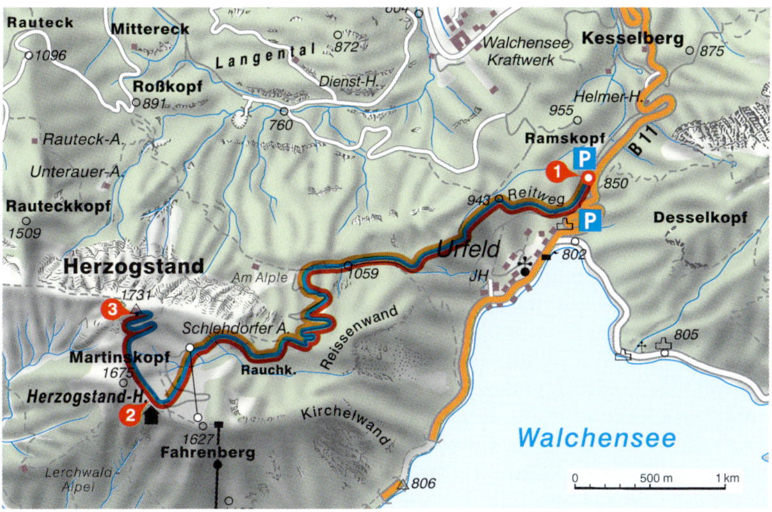

KURZINFO

Talort: Urfeld, 802 m. Tourist Info Walchensee, walchensee.de.
Ausgangspunkt: Kesselberghöhe, 850 m. Kostenpflichtige Parkmöglichkeit von Kochel kommend kurz vor der Passhöhe des Kesselbergs am Straßenrand oder danach rechter Hand nach der ersten Kurve. Mit der Buslinie 9608 von Kochel (Endstation der Bahnlinie von Tutzing) bis zur Kesselberg Passhöhe.
Gehzeit: Kesselberghöhe – Herzogstandhaus 3 Std., Herzogstandhaus – Herzogstand 0.45 Std., Abstieg 2.45 Std.; Gesamtzeit 6.30 Std.
Höhenunterschied: Herzogstandhaus 720 Hm, Herzogstand zusätzlich 160 Hm; gesamt 880 Hm.
Anforderungen: Die Wanderung verläuft großteils entweder am Rand oder in der Nähe der Skipiste. Der Pistenbetrieb ist allerdings meist nicht sehr groß. Vom Herzogstandhaus auf den Gipfel einige Höhenmeter, die je nach Schneelage und davon abhängender Spurarbeit anstrengend sein können.
Hangexposition: Süd, Südost, Ost.
Lawinengefahr: Gering. Bei großer Lawinengefahr den Hinweisschildern folgen, im Kessel der Schlehdorfer Alm direkt nach Südwesten zum Herzogstandhaus gehen und auf den Gipfelanstieg verzichten!
Einkehrmöglichkeit: Herzogstandhaus (Tel. +49 8851 234, berggasthaus-herzogstand.de, im Winter ab 26.12. geöffnet, ab 8.1. Di Ruhetag).
Seilbahn: Herzogstandbahn (Gondeln) in Walchensee (4 km vom Kesselberg entfernt), Tel. +49 8858 236, herzogstandbahn.de.
Schneeschuhe: Schneeschuhgänger folgen den Abzweigen, die rechts und links neben der Piste hinaufführen (orange Markierungen).
Rodel: Entlang der Skipiste kann man rodeln, stellenweise ist sie aber recht steil. Bitte auf die Skifahrer bzw. Skitourengeher Rücksicht nehmen!

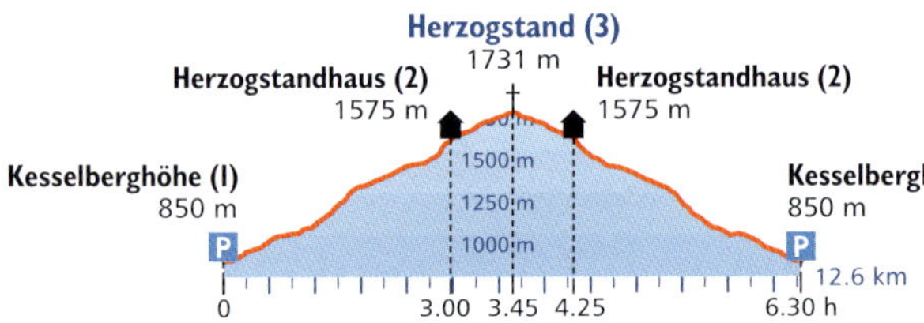

Direkt auf der **Kesselberghöhe (1)** zweigt der meist eingetretene Weg in Richtung Herzogstand ab. Wir folgen der Beschilderung und bleiben auf dem Hauptweg, bis wir auf die Skipiste treffen. Zwischen den Bäumen glitzert der Walchensee. Nun halten wir uns an die orangen Punkte geradeaus im tieferen Schnee, treffen nach einer Linkskurve wieder auf die Piste und folgen dieser jetzt. Linker Hand kann, wer Lust hat, einen kleinen Abstecher zu einer verschneiten Bank einschlagen und dort den Blick auf den Walchensee genießen. Kurz vor der Bank nach rechts, um wieder zurück zur Skipiste zu kommen. Ein kurzes Stück führt die Piste leicht bergab. Bevor sie wieder ansteigt, folgen wir der Variante durch den Wald. Diese führt, mit orangen Punkten markiert, zuerst in einer leichten Rechtskurve weiter und trifft später wieder auf die Piste. (Bei viel Schnee halten wir uns besser gleich entlang der Piste.) Auf 1260 m verlassen wir die Piste nach links und folgen den Kurven des Sommerweges etwas flacher bergan. Wir queren dabei im-

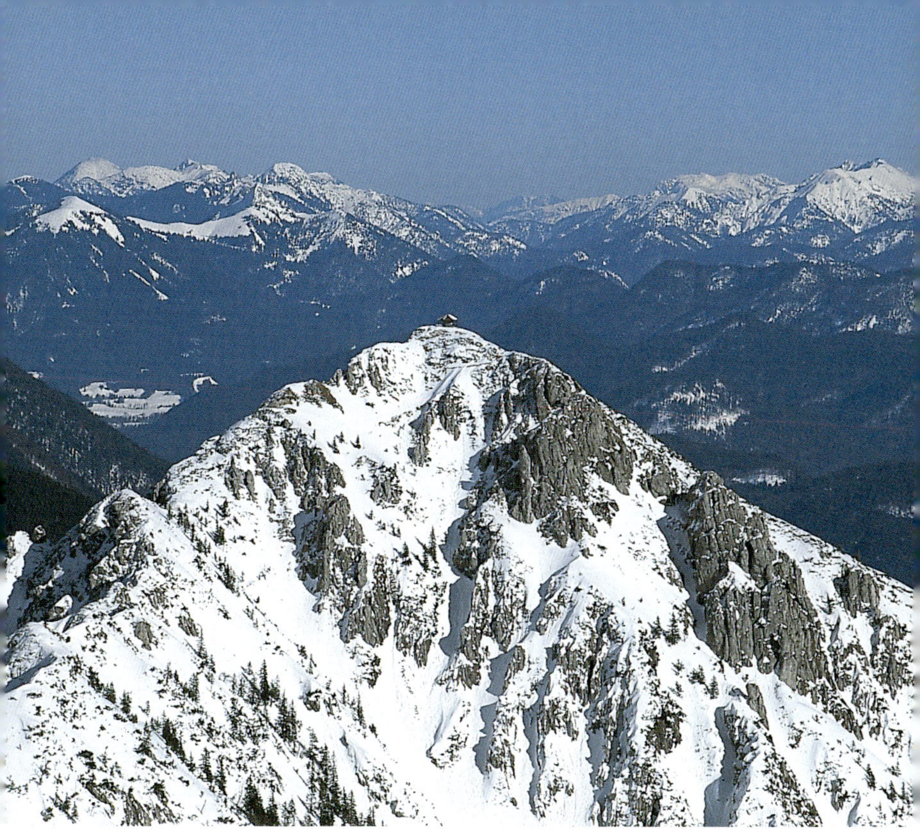

Der Herzogstand vom Heimgarten aus gesehen.

mer wieder die Piste. Später erreichen wir ein Hinweisschild: »Bitte den äußersten Rand der Skiabfahrt benützen, da der Weg mehrere Lawinenstriche quert.« Bei unsicheren Verhältnissen ist es daher ratsam, sich in dem Kessel linker Hand an die Skitourenspuren zu halten. Bei geringer Lawinenwarnstufe folgen wir dem Sommerweg Richtung Schlehdorfer Alm nach Norden. Auf dieser gehen wir einen großen Bogen und erreichen so den Hang, der vom Herzogstandhaus herabzieht. Über diesen geht es direkt hinauf zum **Herzogstandhaus (2)**.

Vor dem Haus führt ein Pfad rechter Hand weiter zum Gipfel des Herzogstands. Unterhalb des Martinskopfes leiten die Spuren nach Nordwesten. Wir gehen in Richtung der Gipfelhänge und erreichen nach einigen Serpentinen zwischen Latschen den Pavillon auf dem **Herzogstand (3)**. Wer Lust hat, macht noch einen Abstecher zum Gipfelkreuz.

Der Abstieg erfolgt auf dem Anstiegsweg. Dabei müssen wir im unteren Teil der Route darauf achten, nicht der Piste bis Urfeld, sondern dem Forstweg zum Kesselberg zu folgen. Ein guter Anhaltspunkt hierbei ist die Stromleitung, unter der gequert wird. Nach dieser gehen wir von der Piste weg geradewegs weiter in den Wald.

18 Jochberg, 1565 m

Von der Kesselberghöhe ★★

Ein Berg mit zwei Gesichtern

Wer von Norden auf den Kochelsee und das dahinterliegende Alpenpanorama blickt, dem fällt über dem Walchenseekraftwerk sofort der markante Einschnitt des Kesselbergs auf. In diese Senke führt die älteste Bergstraße Deutschlands, die Kesselbergstraße. Rechts von der Senke, im Westen, ragt der Herzogstand empor, im Osten der Jochberg. Und der sieht von Norden gar nicht nach Wanderberg aus. Da muss unsereins erst einmal um die Ecke schauen. Von dort erblicken wir auf einmal eine erwanderbare Wald- und Wiesenkuppe. An der schroffen Jochberg-Nordwand schlagen an kalten Wintertagen Eiskletterer ihre messerscharfen Geräte ins gefrorene Wasser. Von oben blicken wir über die steile Nordwand auf den tiefblauen Kochelsee. Dahinter reicht das Auge bis weit ins Alpenvorland. Auf der anderen Seite, im Süden, glänzt der Walchensee und über diesem ragen die Zacken der Karwendelkette empor. Die Beliebtheit des Berges hat einen großen Vorteil: Auf den Gipfel führt den ganzen Winter über eine Spur.

KURZINFO

Talort: Urfeld, 802 m. Tourist Info Walchensee, walchensee.de.
Ausgangspunkt: Kesselberghöhe, 850 m. Parkmöglichkeit von Kochel kommend kurz vor der Passhöhe des Kesselbergs am Straßenrand oder danach rechter Hand nach der ersten Kurve. Mit der Buslinie 9608 von Kochel (Endstation der Bahnlinie von Tutzing) bis zur Kesselberg Passhöhe; Rückfahrt ab Urfeld.
Gehzeit: Kesselberghöhe – Jochberg 2.40 Std., Abstieg 1.50 Std.; Gesamtzeit 4.30 Std.

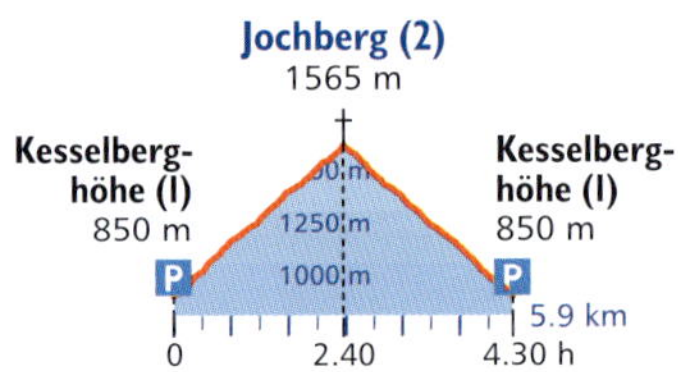

Höhenunterschied: 715 Hm.
Anforderungen: Gleichmäßig ansteigende Spur durch den Wald.
Hangexposition: Südwest.
Lawinengefahr: Gering. Nach der Waldgrenze im Gipfelbereich auf dem Rücken halten.

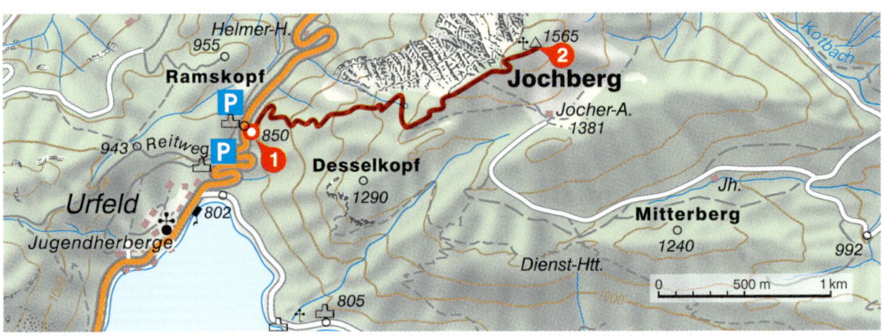

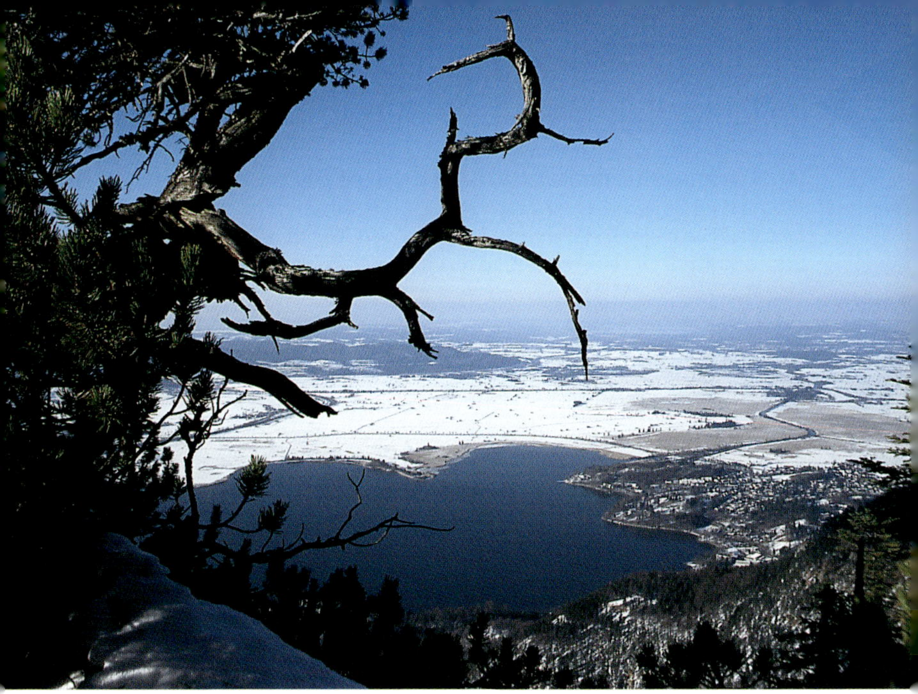

Unter der Nordwand des Jochbergs ruht der Kochelsee.

Von Kochel kommend gleich hinter der **Kesselberghöhe (1)** linker Hand von der Straße abzweigen. Der Abzweig ist beschildert und befindet sich gegenüber des markanten Weges, der auf den Herzogstand führt. Im Wald gehen wir auf dem Steig in angenehmer Neigung bergan. In vielen Serpentinen folgen wir dem Verlauf des sanften Waldrückens nach Osten. Auf ca. 1340 m gabelt sich der Weg. Rechts gehts zur Jocheralm. Da diese im Winter nicht bewirtschaftet ist, gehen wir direkt zum Gipfel. Wir lassen also den Abzweig »rechts liegen« und gehen nach Nordosten weiter. Bald erreichen wir lichteres Gelände. Mutige können einen Blick in die Nordwand werfen. Wir halten uns etwas entfernt von dem Abgrund und genießen den Blick, der sich auch mit gebührendem Abstand in die Tiefe öffnet. Da ist unter anderem der Kochelsee und dahinter das Kocheler Moos. Im Nordwesten des Sees liegt Schlehdorf mit seinem Kloster. Das Kreuzkircherl des heutigen Dominikanerinnenklosters kann übrigens besichtigt werden. Dort ist ein überlebensgroßer Christus aus dem 12. Jh. zu sehen. Wir gehen noch weiter zum Gipfel. Dazu erklimmen wir den freien, schneebedeckten Rücken bis zum Kreuz am höchsten Punkt des **Jochbergs (2)**.

Die schöne Aussicht gibt es als Belohnung für die Aufstiegsmühen. Unser Nachbar im Nordosten, die Benediktenwand, sieht von hier ganz harmlos aus. Genau wie unser Gipfel hat diese nämlich auch ihre zwei Seiten. Von hier oben zeigt sie sich von ihrer harmloseren.

Der Abstieg erfolgt auf dem Aufstiegsweg.

19 Tutzinger Hütte, 1325 m

Und Benediktenwand, 1800 m, von Benediktbeuern ★

Unter die schwindelerregende Nordwand der Benewand

Die Prominenz unter den Bergen im Tölzer Land heißt Benediktenwand. Von vielen wird sie liebevoll die »Benewand« genannt. Ihre felsige Nordwand dominiert markant die Bayerischen Voralpen. Von Süden betrachtet, steckt nicht mehr dahinter als ein latschenbewachsener Rücken. Wir starten im Norden, um die Schauseite des mächtigen Berges zu bewundern. An der steilen Kalkwand erfreuen sich im Sommer die Kletterer. Wenn die kalte Jahreszeit naht, geht es ruhig zu, da liegt die mächtige Wand im Winterschlaf. Wir gehen hinauf bis zur Tutzinger Hütte. Die schöne Landschaft und die Ruhe sind unser Ziel. Und falls zu viel Schnee liegt, gehen wir eben nur bis zur Eibelsfleckalm. Die Hütte der Alpenvereinssektion Tutzing wurde 1999 neu erbaut. Anstelle des alten Baus von 1892 steht nun ein Holzhaus mit modernster Energie- und Umwelttechnologie.

Eine zweite Prominenz ist unser Ausgangspunkt Benediktbeuern, vor allem durch das 739 gegründete Kloster. Es war eines der wichtigsten und ältesten Benediktinerklöster in Oberbayern. Nach der Zerstörung durch die Ungarn 955 wurde es mithilfe des Bischofs Ulrich von Augsburg, der knapp 20 Jahre nach seinem Tod heilig gesprochen wurde, wieder aufgebaut. Von 1031 bis 1803 lebten hier Benediktinermönche. Danach diente das Kloster u. a. als Kaserne, Invalidenheim und Gefängnis. 1930 erwarben die Salesianer Don Boscos die gesamte Anlage, mit Ausnahme der alten barocken Klosterkirche, und bauten sie zum Studienzentrum aus.

KURZINFO

Talort: Benediktbeuern, 617 m. Verkehrsamt Benediktbeuern, benediktbeuern.de.
Ausgangspunkt: Kostenpflichtiger Parkplatz beim Alpenwarmbad, 620 m. Vom Bahnhof Benediktbeuern (an der Bahnlinie München/Tutzing – Kochel) zu Fuß in ca. 30 Min. entlang der Bahnhof-, Dorf- und Schwimmbadstraße erreichbar.
Gehzeit: Benediktbeuern – Eibelsfleckalm 2.15 Std., Eibelsfleckalm – Tutzinger Hütte 1.15 Std., Tutzinger Hütte – Benediktbeuern 2.40 Std.; Gesamtzeit 6.10 Std. (mit Benediktenwand 9.15 Std.).
Höhenunterschied: Tutzinger Hütte 750 Hm (nur Eibelsfleckalm 450 Hm, mit Benediktenwand 475 Hm zusätzlich).
Anforderungen: Oft eingetretener Forstweg. Einige Kurven können je nach Schneelage abgekürzt werden. Der Weiterweg ab der Materialseilbahn zur Tutzinger Hütte ist ein schmaler Steig. Dieser führt in Serpentinen durch den Wald

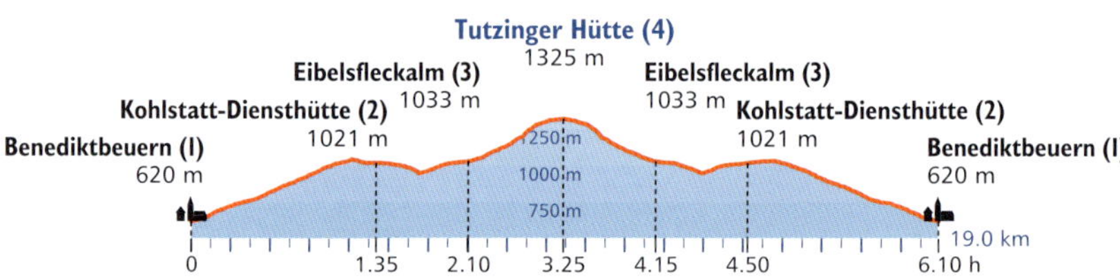

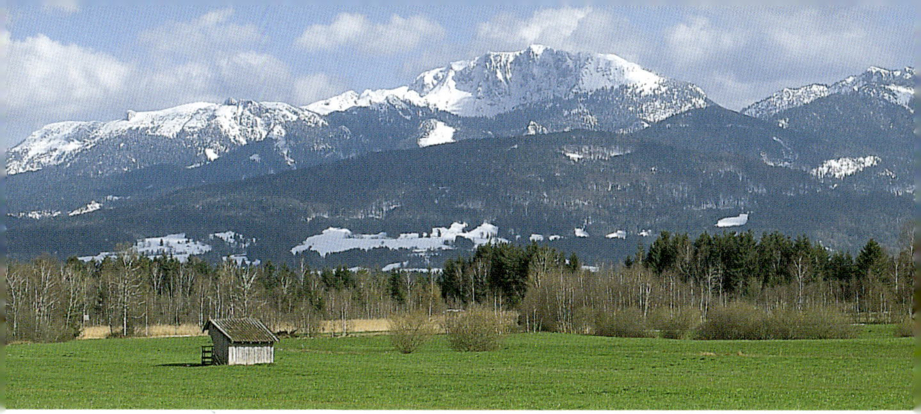

Immer noch schneebedeckt: die Benediktenwand.

hinauf und ist bei Neuschnee nicht immer eingetreten. Bei viel Schnee sind Schneeschuhe sinnvoll.

Hangexposition: Nord, Nordost, Ost. Ab Tutzinger Hütte West, Nordwest, Nord, Nordost.

Lawinengefahr: Bis zur Hütte gering. Der Weg verläuft fast nur durch Wald. Von der Hütte auf den Gipfel sind absolut sichere Verhältnisse notwendig!

Variante: Auf- oder Abstieg entlang des Lainbaches. Vom Alpenwarmbad folgen wir dem Lainbach Richtung Gschwend. Dann halten wir uns rechts, dem Bach entlang, auf der leicht ansteigenden Forststraße. Auf einfachen und anschaulichen Informationstafeln wird die besondere Geologie des Lainbachtales erklärt. An der Söldneralm vorbei halten wir uns rechts. Steil bergan, bis wir auf eine Forststraße treffen. Dort rechts und an der folgenden T-Kreuzung links. Dann führt der Weg aus dem Wald heraus, vorbei an Wiesen mit einem wunderschönen Blick auf den Starnberger See und die oberhalb emporragende Benediktenwand. An der Materialseilbahn zur Tutzinger Hütte weiter wie unten. 3.30 Std., 710 Hm, geringe Lawinengefahr.

Vom Parkplatz am Alpenwarmbad von **Benediktbeuern (1)** folgen wir dem Verlauf der Wirtschaftsstraße nach Südosten in mäßiger Steigung bergan. Von links kommt der Weg vom Ortsteil Gschwendt herauf. Die weit ausladenden Kehren der Forststraße können je nach Schneelage über steilere Waldwege abgekürzt werden. Die Straße führt uns über einen kleinen Höhenrücken. Dann geht es ein wenig bergab zur **Kohlstatt-Diensthütte (2)** auf 1021 m.

Jetzt gibt es zwei Möglichkeiten: Wir können dem Verlauf der Forststraße folgen. Doch diese zieht eine lange Schleife, die wir, wenn möglich, besser abkürzen. Um abzukürzen verlassen wir die Forststraße nach der Hütte und folgen links dem Weg in das Tal der Schmiedlaine. Wir überqueren den Bach und halten uns auf dem Weg nach Osten bis zur **Eibelsfleckalm (3)**, 1033 m. Dort treffen wir wieder auf die Forststraße. Nach der Eibelsfleckalm zweigen wir nach rechts auf das verschneite Almgelände ab (alternativ können wir dem weiteren Verlauf der Forststraße folgen, dabei an der folgenden Gabelung rechts). Über dieses gehen wir erst nach Südosten, dann nach Süden und treffen wieder auf die Forststraße. Auf dieser halten wir uns rechts in Richtung der Materialseilbahn zur Tutzinger

Hütte. Noch bevor die Forststraße an der Materialseilbahn endet, verlassen wir diese nach links. Der Weg führt im Wald zwischen den Felswänden des Eibelskopfes und der Tiefentaler Köpfe in steilen Serpentinen bergan. Dann erreichen wir die **Tutzinger Hütte (4)**.

Bei geringer und vor allem lawinensicherer Schneelage (an einem Tag nur Konditionsstarken zu empfehlen) kann die Benediktenwand bestiegen werden – am besten über den leichteren »Westweg«. Oberhalb der Hütte geht es dazu nach rechts. Auf dem schmalen Steig umrunden wir dann die Westflanke der **Benediktenwand** bis zum Gipfel auf 1800 m. Der freie Rundblick ist der Lohn für die Aufstiegsmühe.

Der Abstieg erfolgt auf dem Aufstiegsweg.

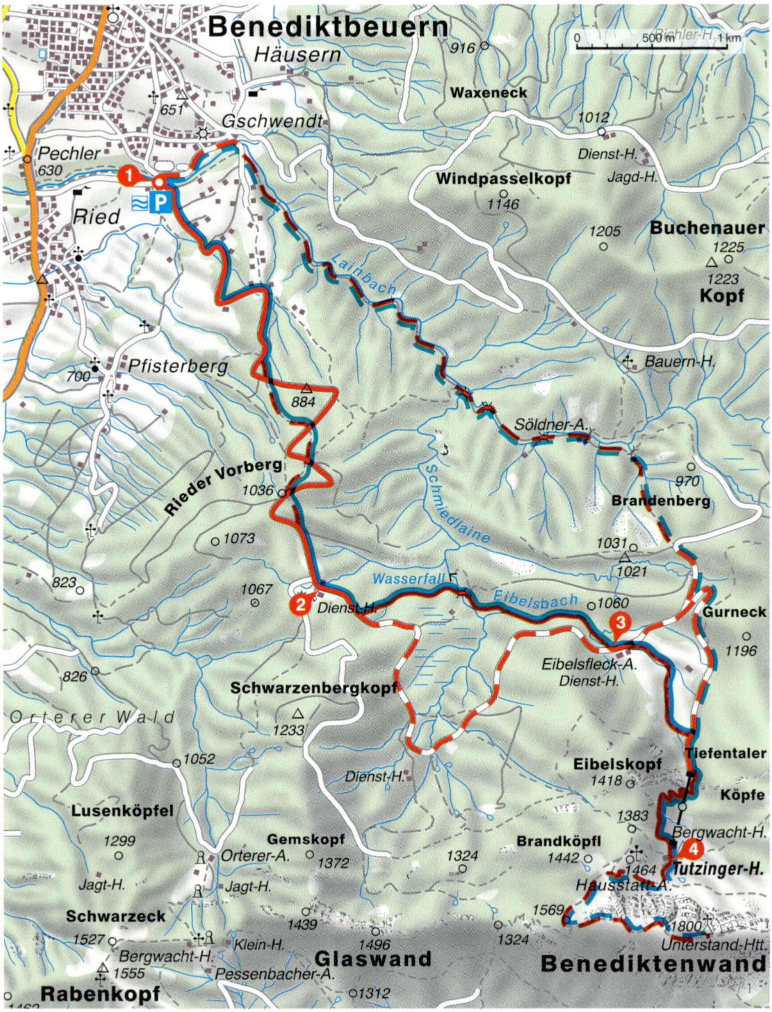

Blomberg und Zwiesel, 1348 m

Über den Heigelkopf

★★

Gipfeltrilogie mit überschaubaren Höhenmetern

Ganz unerwartet können Gipfelsammler in den sogenannten Flyschbergen des Alpenrandes gleich drei Gipfelkreuze erreichen. Und während die einen nur gelangweilt mit der Hand abwinken – denn schließlich sind diese Waldhügel doch noch gar keine richtigen Berge –, da erfreuen sich die anderen an dieser herrlichen Gipfelrunde. Ach ja, und dann wäre da noch die Sesselbahn, die Rodler, Skifahrer und Gemütliche heraufbefördert. Die meisten wandern von der Bergstation noch hinüber zum Blomberghaus, um sich dort dann wieder in Geselligkeit niederzulassen. An Gästen fehlt es nicht. Der Blomberg ist der Hausberg von Bad Tölz. Lebte die Stadt einst noch von der Flößerei, sind es heute die Kurgäste, die die Wirtschaft ankurbeln. Aber nun zurück zu der schönen Gipfelrunde. Heigelkopf, Blomberg und Zwiesel sind in einem Halbkreis angeordnet, der sich nach Süden öffnet. Damit einher geht die schöne Sicht aufs Isartal, die Benediktenwand und das Karwendel. Die beste Sicht nach Osten gibt es vom Heigelkopf und die beste Sicht nach Westen vom Zwiesel. Am meisten los ist in der Mitte um den Blomberg. Am stillsten ist es am Heigelkopf. Und der höchste der Trilogie ist der Zwiesel. Wo bekommt man schon so viel auf einmal geboten, da soll doch einer nochmal mit der Hand abwinken …

Lohn der Tüchtigen: über dem Nebelmeer auf dem Gipfel des Zwiesel.

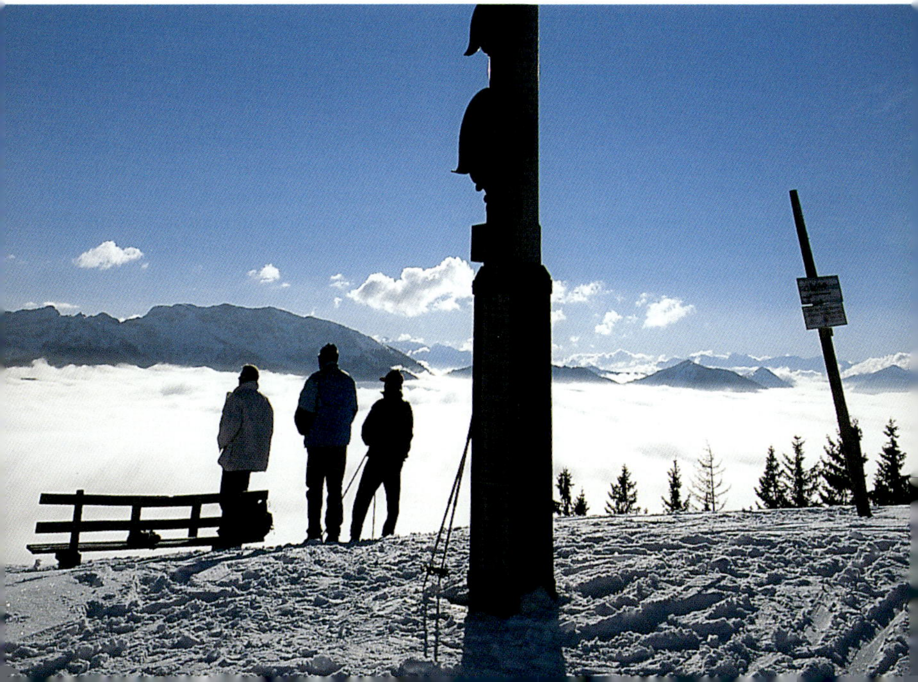

KURZINFO

Talort: Wackersberg, 748 m, 2 km südlich von Bad Tölz. Tourist-Information Bad Tölz, bad-toelz.de.

Ausgangspunkt: Parkplatz bei der Waldherralm, 740 m. Mit dem Pkw am Ortsausgang von Wackersberg rechts in die Lehenstraße. Vom Bahnhof Bad Tölz (an der Bahnlinie München – Lenggries) mit der Buslinie 9612 zum Max-Höfler-Platz, dort umsteigen in die Buslinie 9564 nach Höfen (Wackersberg), Schule; evtl. nicht täglich.

Gehzeit: Waldherralm – Heigelkopf 1.50 Std., Heigelkopf – Blomberghaus 0.30 Std., Blomberghaus – Zwiesel 0.40 Std., Zwiesel – Waldherralm 1.50 Std.; Gesamtzeit 4.50 Std.

Höhenunterschied: Heigelkopf 460 Hm, Blomberghaus zusätzlich 50 Hm, Zwiesel zusätzlich 150 Hm; gesamt 660 Hm.

Anforderungen: Oft gespurter Weg durch Wald, über Almwiesen und zuletzt unbewaldete Gipfel. Eine abwechslungsreiche Runde, die beliebig variiert werden kann. Bei viel Schnee sind Schneeschuhe empfehlenswert.

Hangexposition: Süd, Südost.

Lawinengefahr: Gering. Freie Hänge können im Wald und über Rücken umgangen werden.

Einkehrmöglichkeit: Waldherralm (Tel. +49 8041 9520, waldherralm.de, Mo und Di Ruhetag), Blomberghaus (Tel. +49 8041 6436, der-blomberg.de, Übernachtungsmöglichkeit).

Seilbahn: Blombergbahn (Sessellift), Tel. +49 8041 3726, der-blomberg.de, Sa, So und in den Ferien geöffnet.

Rodel: Rodler parken an der Talstation der Blombergbahn (Rodelverleih) und ziehen den Rodel über die geräumte Forststraße hinauf zum Blomberghaus (2–2.30 Std., 530 Hm). Von dort über die Rodelbahn hinab. Alternativ geht es mit der Seilbahn bergauf. Die Rodelbahn ist manchmal vereist und hat stellenweise ein starkes Gefälle.

Variante: Wer es vom Zwiesel eilig hat, zum Ausgangspunkt zu kommen, geht wieder ein paar Meter auf dem Anstiegsweg zurück und geradewegs bergab zur unterhalb liegenden Schnaiteralm. An dieser vorbei und nach Südosten bergab. Dem Verlauf des Großbaches zurück zum Ausgangspunkt folgen (1.30 Std.). Hangexposition: Ost, geringe Lawinengefahr.

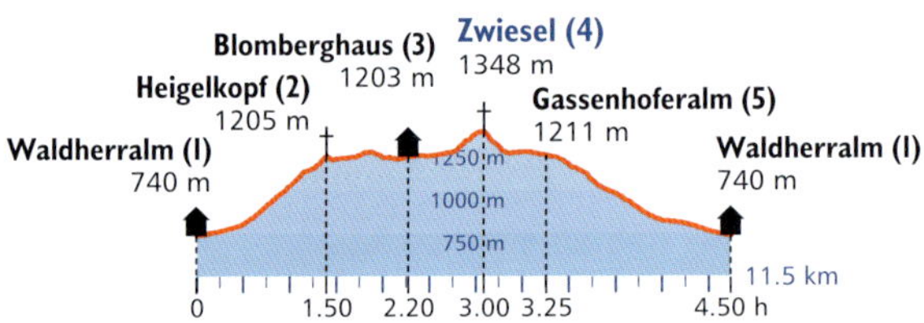

Vom Parkplatz bei der **Waldherralm (1)** folgen wir der Beschilderung zum Blomberg auf der Forststraße geradewegs weiter. Ca. 100 m später biegen wir entsprechend der Beschilderung nach rechts ab. An der übernächsten Weggabelung halten wir uns nochmals rechts in Richtung »Blomberg« und gehen auf der Forststraße nordwestwärts hinauf. Die Straße verjüngt sich zu einem Weg. Dieser trifft auf eine neue, breite Forststraße. Auf ihr gehen wir in der gleichen Richtung weiter, bis rechts ein beschilderter Abzweig bergan zum Heigelkopf mit seiner schönen Aussicht führt (geradeaus geht es direkt zum Blomberghaus). An einer Weggabelung rechts, und an der Baumgrenze sehen wir linker Hand über uns bereits den **Heigelkopf (2)**, 1205 m. Jetzt hinauf zum Gipfelkreuz mit den einladenden Aussichtsbänken. Fast gegenüber

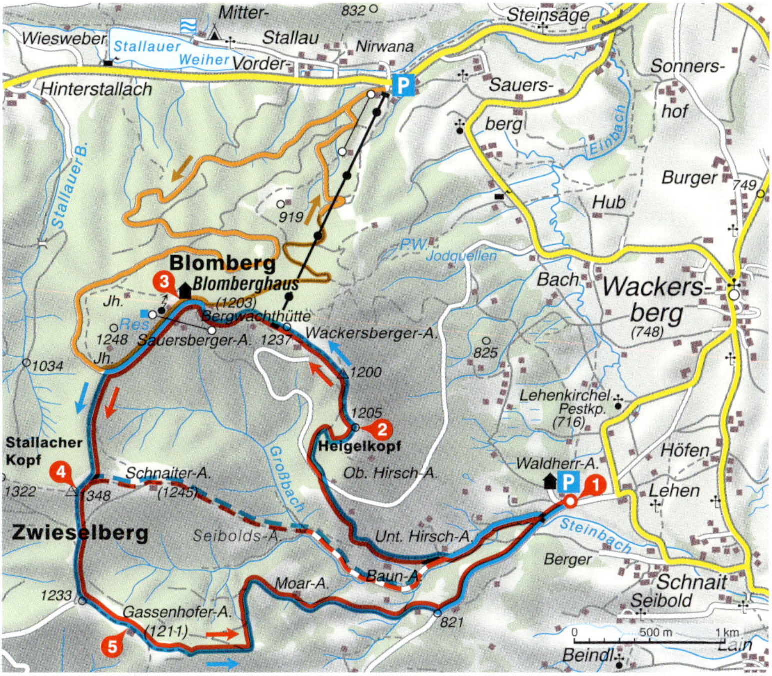

erblicken wir den Zwiesel, unser letztes Gipfelziel für heute.

Wir besuchen vorher aber noch den Blomberg und gehen dazu in Richtung der bereits sichtbaren Skipiste nach Nordwesten durch einen kleinen Einschnitt. Auf der nächsten Erhebung steht wieder ein Gipfelkreuz. Wir queren die Piste und treffen auf die Bergstation des Sesselliftes. Eine Schautafel erklärt das Panorama. An der Bergstation geht es im Wald links vorbei in Richtung des Blomberghauses. Da der Weg auf der Rodelpiste verläuft, bitte am Rand gehen. Links oberhalb liegt das **Blomberghaus (3)** – die Rodelpiste führt nun rechter Hand bergab weiter. An der schönen Terrasse müssen wir vorbei, wer kann da schon widerstehen.

Weiter geht es auf der Forststraße, bis uns ein beschilderter Abzweig nach links zum Zwiesel leitet. Der Pfad führt durch den Wald bergauf, und nach der Baumgrenze thront wenig später rechter Hand das Gipfelkreuz des **Zwiesel (4)** auf 1348 m.

Vom Gipfelkreuz geht es direkt über den freien Schneehang nach Süden hinab zu der bereits sichtbaren **Gassenhoferalm (5)**, 1211 m. Wir halten auf den unbewaldeten Rücken zu und erreichen in einer Linkskurve die Alm. An dieser gehen wir geradewegs vorbei und halten uns, am Waldrand angekommen, links. Bergab folgen wir nun dem Forstweg in seiner Links-rechts-Kurve. Wir kommen an der Moaralm vorbei. Nach dieser treffen wir auf eine T-Kreuzung, halten uns links und erreichen wieder unseren Ausgangspunkt, den Parkplatz bei der **Waldherralm (1)**.

21 Kirchsteinhütte, Reiseralm und Denkalm

Drei Ziele um Lenggries

Trilogie für jedermann

Ob Jung oder Alt, viel oder wenig Schnee, gutes oder schlechtes Wetter, was auch immer es sein mag. Für diese drei Touren gibt es keine Ausrede! Hat die eine Hütte ihren Ruhetag, dann gehen wir eben zur nächsten. Und wer es langweilig findet, einfach nur auf eine Hütte zu wandern, der nimmt seinen Schlitten mit. Geht hinauf, rodelt hinunter, geht dann zur nächsten usw. Bei einer gemütlichen Einkehr können die kalten Finger- und Zehenspitzen wieder aufgewärmt werden. Mit diesen Vorschlägen sei bewiesen, dass es im Winter am und ums Brauneck auch noch etwas anderes als Skifahren gibt. Und vor allem noch wichtiger: Andere Wintersportarten machen genauso viel Spaß. Selbst ohne Gipfelbesteigung. Apropos: Die Skifahrer am Brauneck kommen auch nicht in den Genuss eines markanten Gipfels. Das Brauneck ist doch nur einer der Hügel des von der Benediktenwand herabziehenden Kammes. Es gibt also wirklich keine Ausrede für diese Touren, und eine warme Stube ist schließlich auch etwas wert.

Die urige Eingangstür der Denkalm.

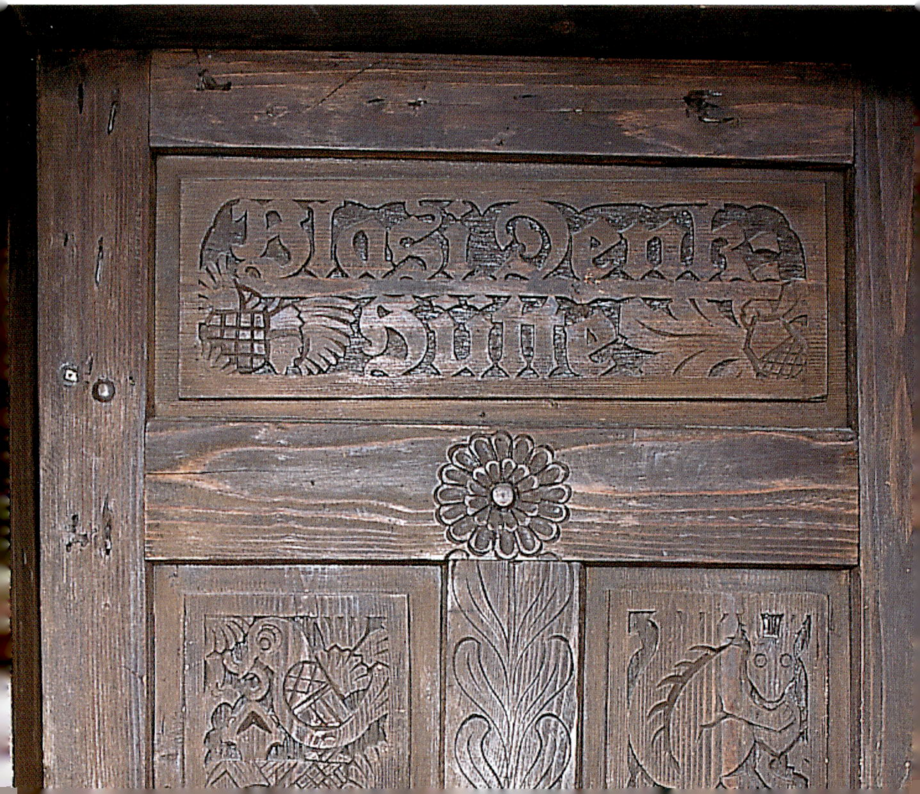

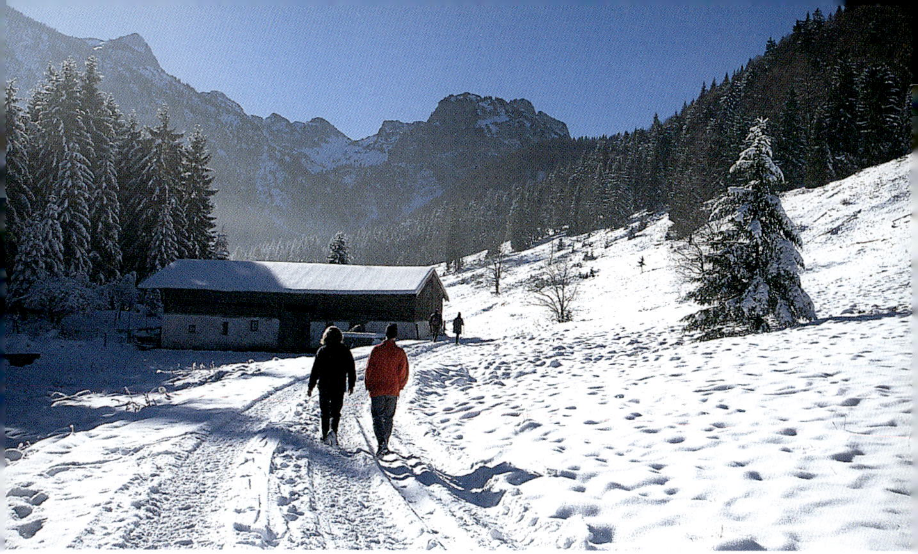

Abstecher ins Längental mit Blick auf die Probstenwand.

KURZINFO

Talort: Lenggries, 679 m. Gästeinformation Lenggries, lenggries.de.

Ausgangspunkte: a) Längental, 780 m. In Lenggries über die Isarbrücke. Weiter auf der Wackersberger Straße bis nach Arzbach. In der Ortsmitte links Richtung »Blaika/Untermberg«. Zwei Parkmöglichkeiten am Ende der Längentalstraße. Die erste (kurz vor der Brücke über den Arzbach) ist bei viel Schnee die bessere Wahl. Bei entsprechenden Verhältnissen können wir noch ca. 1,5 km bis zum zweiten Parkplatz weiterfahren (Beginn der Rodelstrecke). Oder vom Bahnhof Lenggries (Bahnverbindung von München) mit dem Bus 9564 nach Arzbach, Kirche, und über die Längentalstraße in ca. 30 Min. zum Ausgangspunkt. b) Parkplatz an der Brauneckbahn, 710 m. In Lenggries über die Isarbrücke und der Beschilderung folgen. Oder mit der Buslinie 9564 oder 9595 zur Brauneckbahn. c) Parkplatz Bachmairgasse, ca. 700 m. In der Ortsmitte von Lenggries der Beschilderung zum Erlebnisbad »Isarwelle« folgen. Vor dem Bad links in die Bachmairgasse abzweigen. Oder vom Bahnhof die Schützenstraße nach Norden gehen, rechts in die Isar- dann Kirchstraße, die in die Bachmairgasse mündet.

Gehzeit: a) Parkplatz Längental – Kirchsteinhütte 1 Std., Rückweg 0.50 Std.; Gesamtzeit 1.50 Std.
b) Talstation Brauneckbahn – Reiseralm 0.45 Std., Reiseralm – Talstation der Brauneckbahn 0.30 Std.; Gesamtzeit 1.15 Std.
c) Bachmairgasse – Denkalm 0.55 Std., Denkalm – Bachmairgasse 1.10 Std.; Gesamtzeit 2.05 Std.

Höhenunterschied: a) 220 Hm, b) 190 Hm, c) 270 Hm.

Anforderungen: Alle drei Touren verlaufen auf eingetretenen Forststraßen.

Lawinengefahr: Keine.

Einkehrmöglichkeit: Kirchsteinhütte (Tel. +49 172 8527795, kirchsteinhütte.de, Di und Mi Ruhetag, Übernachtungsmöglichkeit); Reiseralm (Tel. +49 8042 8302, reiseralm.de, Mo und Di Ruhetag); Denkalm (Tel. +49 8042 2770, denkalm.de, Mi und Do Ruhetag).

Rodel: Von allen drei Hütten kann man hinunterrodeln. Bei der Kirchsteinhütte bis zur zweiten (hinteren) Parkmöglichkeit. Rodler sollten im unteren Teil aufpassen, vor allem wenn die Straße eisig ist! Rodelverleih bei der Skischule »Isarwinkel« direkt an der Brauneck-Bergbahn, Tel. +49 8042 501959.

a) Kirchsteinhütte, 1000 m

Vom Parkplatz im **Längental (1)** folgen wir der schmalen Straße und überqueren den Arzbach. Durch den Wald führt uns die Straße in leichten Serpentinen bergauf. Später halten wir uns bei der Weggabelung links. Der Weg steigt hier nur noch mäßig an. Dann verlassen wir den Wald und genießen den schönen Ausblick in den Isarwinkel. Über verschneites Almgelände erreichen wir, vorbei an der Gabrielalm, die **Kirchsteinhütte (2)**. Bei geringer Schneelage kann man von der Hütte dem Wegverlauf noch ein Stück weiter Richtung Längentalalm folgen. Der Rückweg verläuft auf dem Hinweg.

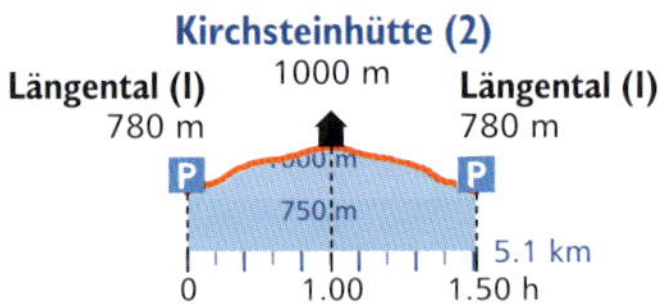

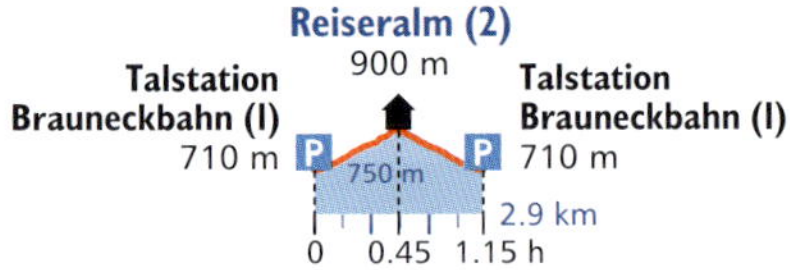

b) Reiseralm, 900 m

Wir starten an der linken Seite des Parkplatzes hinter der **Talstation der Brauneckbahn (1)**. Parallel zur Seilbahn führt ein Forstweg leicht ansteigend über freies Gelände bergan. Bald tauchen wir in den Wald ein. Wir gehen unter der Bahn hindurch und überqueren den sogenannten Lahngraben. Die letzten Minuten zur **Reiseralm (2)** geht es dann steiler bergan. Der Abstieg verläuft auf dem Aufstiegsweg.
Wer rodelt, sollte im oberen Teil aufpassen, denn das erste Stück ist kurvig und eng. Ab der ersten Flussüberquerung steht einer tollen Rodelpartie dann nichts mehr im Weg!

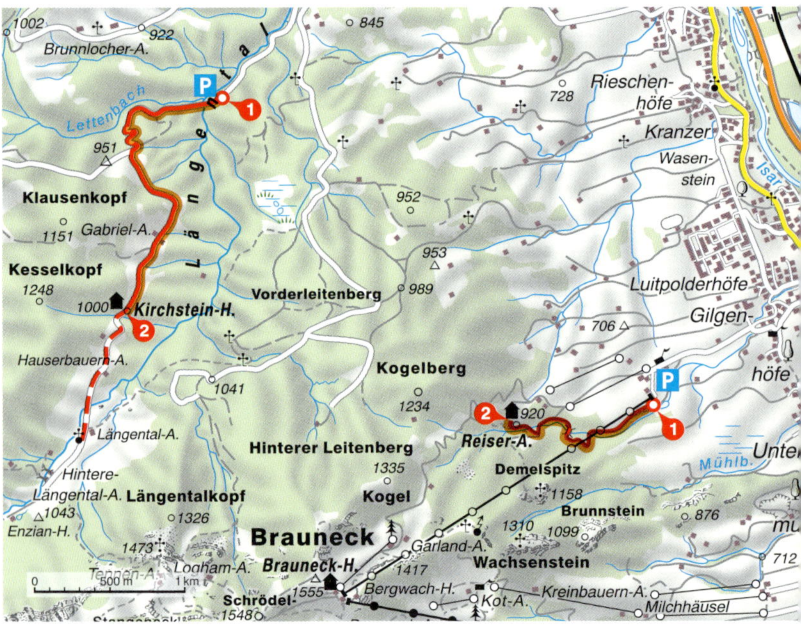

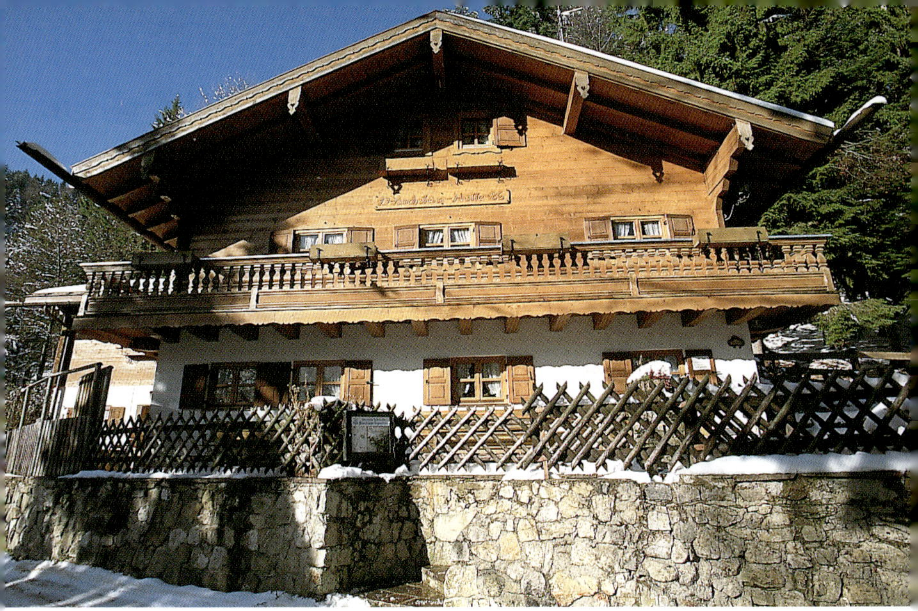

Kulinarischer Tipp auf der Kirchsteinhütte: selbst gemachter Apfelstrudel.

c) Denkalm, 970 m

Vom Parkplatz in **Lenggries (1)** folgen wir dem Straßenverlauf und erreichen entlang verschneiter Wiesen den Tratenbach. Diesen überqueren wir und folgen dann dem Verlauf der Wirtschaftsstraße bergan bis zu der urigen **Denkalm (2)**. Von der Hütte hat man eine schöne Aussicht auf Lenggries und auf das gegenüberliegende Brauneck. Die Alm lohnt bei gutem und schlechtem Wetter einen Ausflug. Durch ihre westseitige Lage kann man abends die Sonne etwas länger genießen.

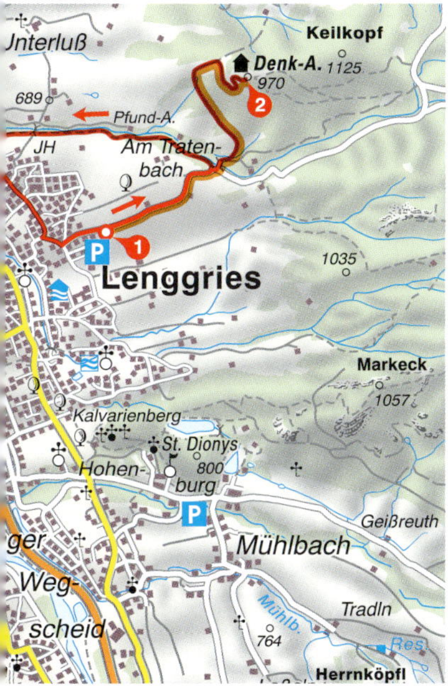

Wer nicht hinunterrodelt, folgt im Abstieg bei der Tratenbachbrücke rechts dem Verlauf des Bachs bis zur Jugendherberge in Lenggries. Über die Jugendherbergstraße und den Leitenweg treffen wir wieder auf die Bachmairgasse und unseren **Ausgangspunkt (1)**.

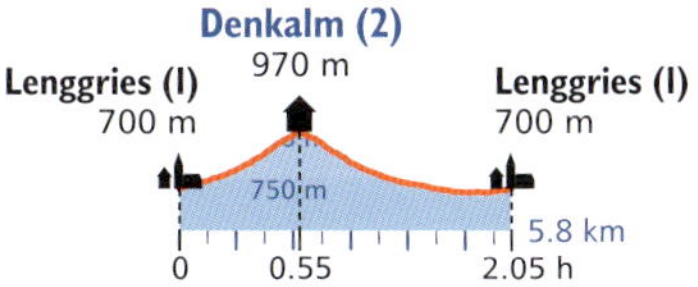

22 Seekarkreuz, 1601 m

Über den Grasleitensteig

★★★

Lohnender Vorberg überm Isarwinkel

Das Seekarkreuz ist im Winter eigentlich nur Skitourengehern ein Begriff. Kein Wunder, denn der unscheinbare Grasbuckel muss mit eigener Kraft bestiegen werden. Und das bleibt hoffentlich so. Denn wer das nicht mag, der wechselt auf die andere Isarseite. Genau gegenüber ragt da markant das Brauneck empor, »Bayerns Freizeit-Gipfel«. Von unscheinbar oder unbekannt ist hier nicht mehr die Rede. Seit den zwei Weltcupskirennen 1980 und 1982 auch kein Wunder. Hier tummeln sich die Massen. 20 Lifte und 4000 Parkplätze sind in der Informationsbroschüre verzeichnet. Da können schon einige Wintersportler den Berg bevölkern. Wer Erholung vom Rummel sucht und einige Höhenmeter nicht scheut, besteigt das Seekarkreuz. Das Gipfelkreuz liegt mit seinen 1601 Metern sogar noch 46 Meter über dem des Brauneck. Eine, nein gleich zwei Belohnungen gibt es obendrauf. Da ist zum einen natürlich die schöne Sicht hinab ins Isartal, in die Jachenau und hinauf zur Zugspitze, zum Guffert und vielen anderen. Zum zweiten liegt auf unserem Wege die gemütliche Lenggrieser Hütte. Die ist das ganze Jahr bewirtschaftet und eine Einkehr wert. Schließlich müssen sich die müden Beine ja erholen, und wer kann schon einem leckeren Stück Kuchen und einer großen Tasse Kaffee widerstehen?

Der Gipfelrücken des Seekarkreuz im Abendlicht.

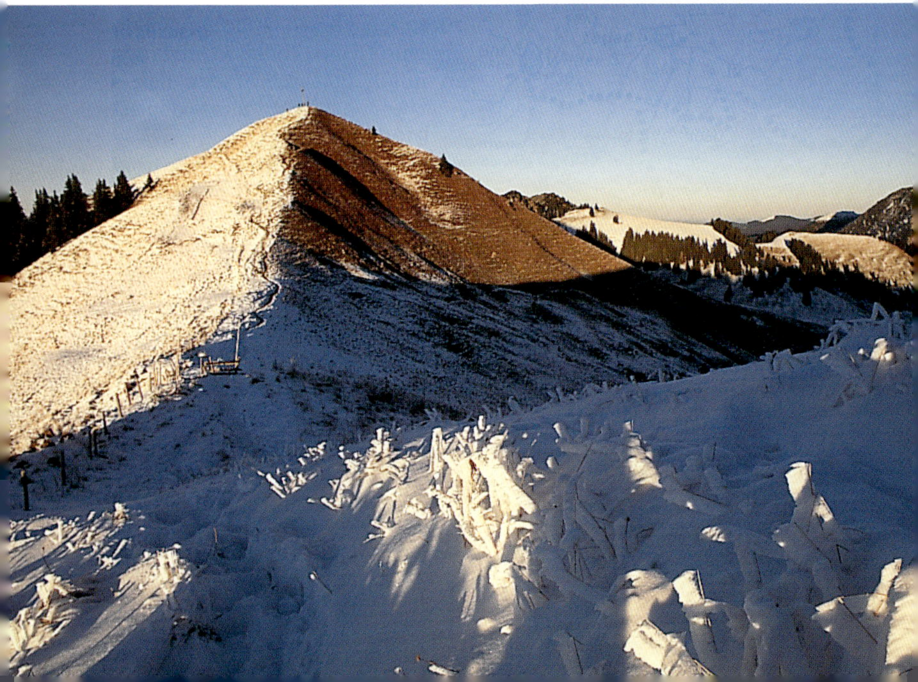

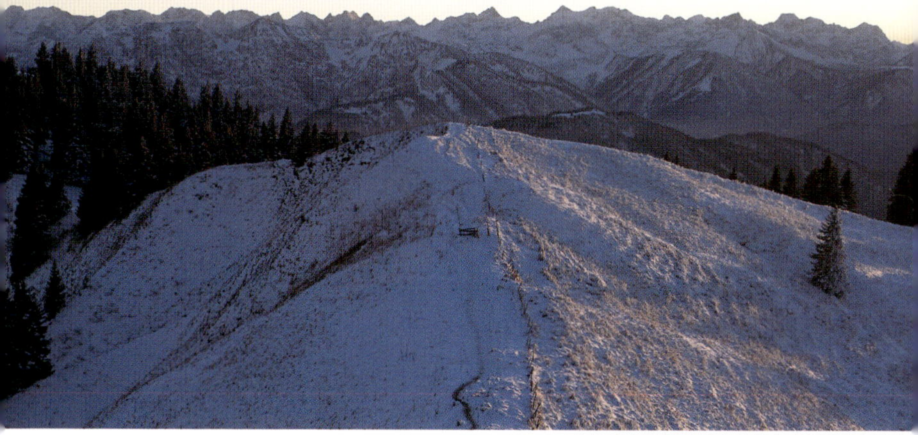

Ein später Abstieg vom Gipfel des Seekarkreuz.

KURZINFO

Talort: Lenggries, 679 m. Gästeinformation Lenggries, lenggries.de.
Ausgangspunkt: Hohenburg, 719 m. Im Schloss Hohenburg befindet sich ein Gymnasium der Ursulinen. Am Ortsende links zum Schloss Hohenburg und am Schloss vorbei zu den kostenpflichtigen Parkmöglichkeiten rechter Hand. Vom Bahnhof (Bahnverbindung von München) mit der Buslinie 9595 zur Hirschbachbrücke und entlang der Hohenburgstraße zum Ausgangspunkt.
Gehzeit: Hohenburg – Lenggrieser Hütte 2.35 Std., Lenggrieser Hütte – Seekarkreuz 1 Std., Seekarkreuz – Lenggrieser Hütte 0.40 Std., Lenggrieser Hütte – Hohenburg 1.45 Std.; Gesamtzeit 6 Std.
Höhenunterschied: Lenggrieser Hütte 620 Hm, Seekarkreuz zusätzlich 265 Hm; gesamt 885 m.
Anforderungen: Schöne Wanderung u.a. auf schmalen Waldwegen, die eisig und rutschig sein können (Grödel). Nach Neuschnee ohne Spuren für Ortsunkundige schwer zu finden.
Hangexposition: West, Südwest.
Lawinengefahr: Gering. Von der Hütte zum Seekarkreuz auf dem Rücken bleiben! Zustiege zur Lenggrieser Hütte nicht immer sicher, bitte Infotafel am Ausgangspunkt beachten!
Einkehrmöglichkeit: Lenggrieser Hütte (auch: Seekarhütte, DAV, Tel. +49 171 4849349 oder +49 8042 5633096, lenggrieserhuette.de, Mo und Di Ruhetag, Übernachtungsmöglichkeit).
Schneeschuhe: Als Schneeschuhgänger kommen wir von der anderen Seite über die Schwarze Tenn (bis hierher s. Tour 25). Hier gehen auch die Skitourengeher lang. Hinter der Alm biegen wir nach ca. 300 m links ab. Durch lichten Wald erreichen wir wieder eine Forststraße. Bevor diese nach rechts zu einem Graben zieht, gehen wir geradewegs weiter. An der zweiten Lichtung halten wir uns rechts. Wir erreichen den Gurnbach und folgen einem Seitenbach nach Westen Richtung Rauhalm. An dieser vorbei in den Sattel zwischen Brandkopf und Seekarkreuz. Linker Hand auf dem Rücken bis zum Gipfel. Auf demselben Weg zurück. 775 Hm, Aufstieg 3.30 Std., Abstieg 2.45 Std. (ab Parkplatz), Hangexposition: Südwest, mäßige Lawinengefahr. Vorsicht ist bei den freien Hängen unterhalb des Gipfels geboten. Wer noch nicht genug hat, geht weiter zum Schönberg und über die Buchsteinhütte zurück (s. Tour 25).
Rodel: Rodler folgen dem geräumten Winterweg ins Hirschbachtal und nehmen nach Überquerung des Hirschbachs den Abzweig nach rechts. Auf der geräumten Seekarstraße geht es zur Lenggrieser Hütte. Einige flache Ziehpassagen.

Wir gehen von **Hohenburg (1)** auf der kleinen Straße nach Mühlbach und folgen weiter dem Straßenverlauf. An einigen schönen Bauernhöfen kommen wir vorbei, rechts von uns der Mühlbach. Vor dem Hof des Tradlbauern verlassen wir linker Hand die kleine Straße und folgen dem Weg Richtung »Grasleitensteig, Lenggrieser Hütte« erst nach Osten, später in südlicher Richtung. An einer kleinen Hütte links und über Stufen hinauf. Wir erreichen den Wald und folgen dem kleinen Steig in Kurven bergauf. Wir stoßen auf die Forststraße, die von Fleck herführt und gehen nach Osten weiter. Die Forststraße mündet dann wieder in einen Steig. Etwas später taucht linker Hand über einer Schneise die **Lenggrieser Hütte (2)**, 1338 m, auf. Wer einer gemütlichen Einkehr widerstehen kann, geht noch weiter auf dem Weg, der kurz vor der Hütte rechter Hand Richtung Seekarkreuz führt. Wir gelangen auf einen Rücken, dem wir nach Osten durch den Wald folgen, und erreichen eine freie, schneebedeckte Wiesenfläche. Bald ist es geschafft, nur noch hinauf über den Rücken, dem wir Richtung Nordosten bis zum **Seekarkreuz (3)** folgen. Dabei halten wir uns etwas links des Grates, denn dieser ist oft überwechtet.

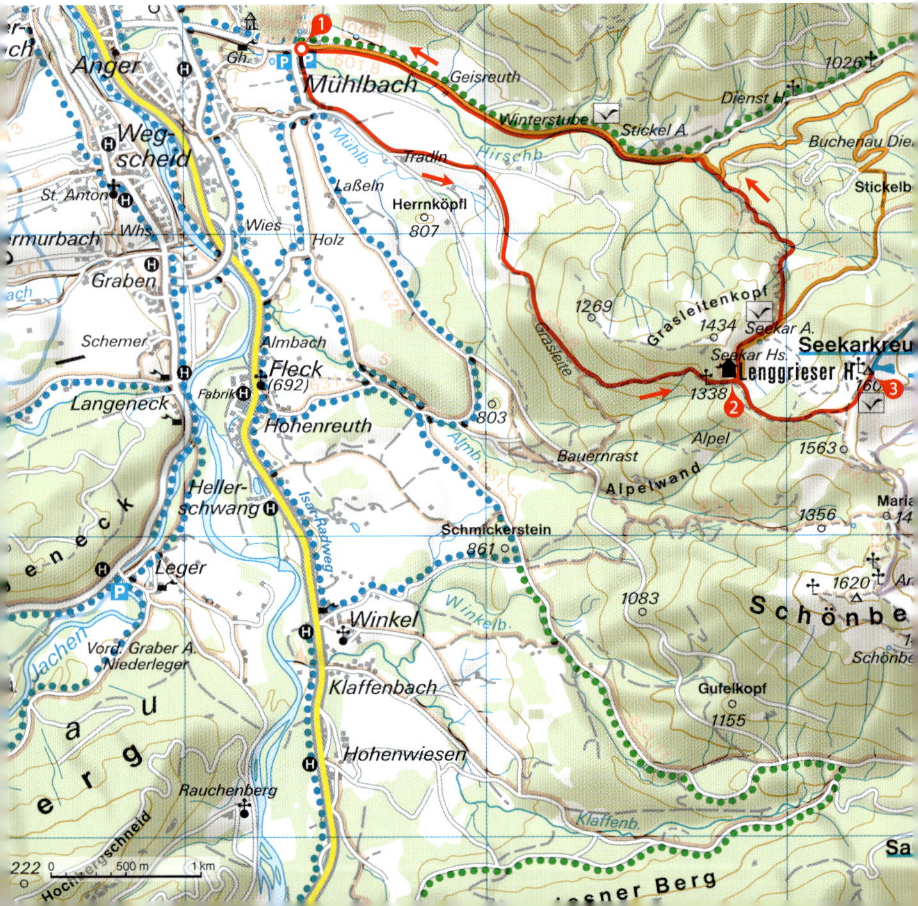

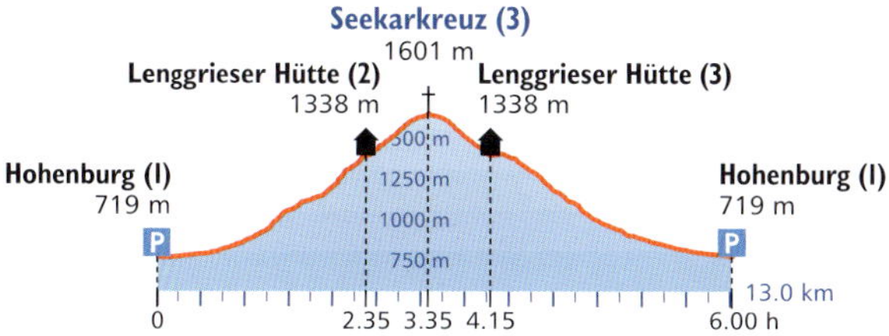

Für den Abstieg gehen wir wieder hinab zur **Lenggrieser Hütte (2)** und über den Sulzersteig zurück. Hierzu folgen wir ab der Hütte der Forststraße nach Norden Richtung Seekaralm. Kurz danach leitet ein Wegweiser linker Hand in den Wald. Der sogenannte Sulzersteig führt in vielen Serpentinen bergab und mündet schließlich in die geräumte Seekarstraße. Wir halten uns links und folgen dieser am Bach entlang. Dann am nächsten Abzweig nochmals links. Wir folgen ein Stück dem Verlauf des Hirschbachs. Die Forststraße leitet uns zurück nach **Hohenburg (1)** und zu unserem Parkplatz linker Hand.

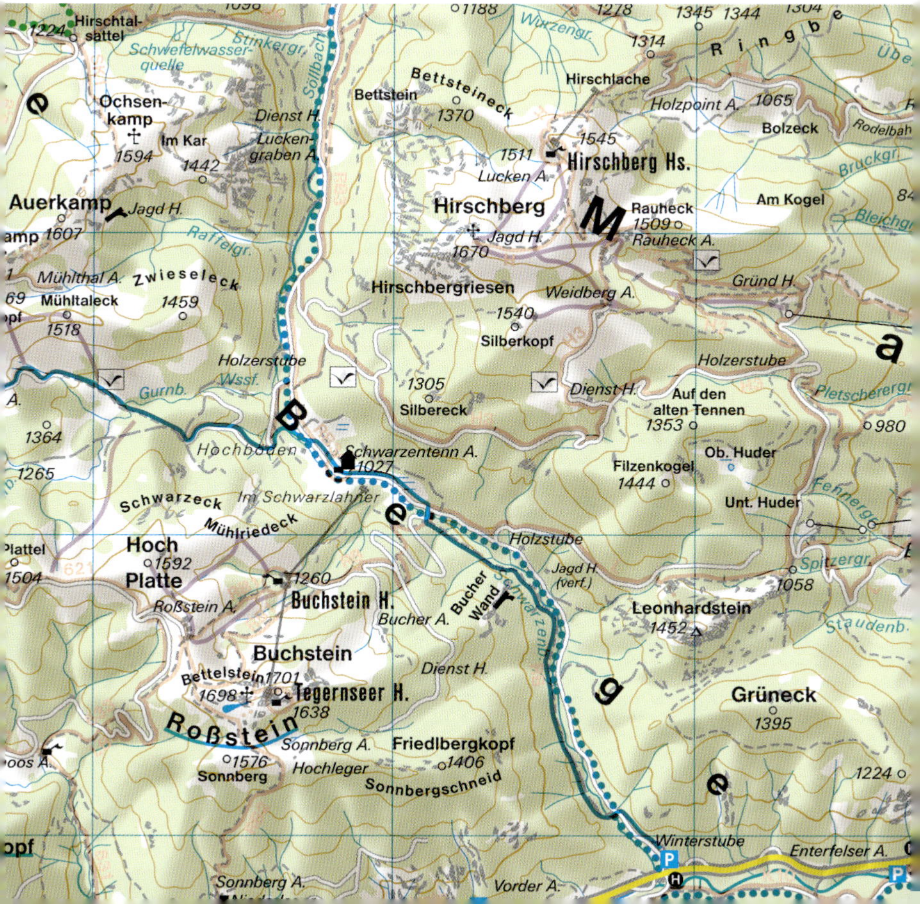

23 Schönberg, 1620 m

Von Fleck

★

Höchster Gipfel der Berggruppe westlich von Roß- und Buchstein

Fleck – unser Ausgangspunkt – ist ein Weiler der Gemeinde Lenggries. Und nicht der einzige, denn das Dorf bildet mit seinen Ortsteilen, Weilern und Einöden flächenmäßig die größte Gemeinde Deutschlands. Selbst die südlichsten Ortschaften des Isarwinkels, Fall und Vorderriß, gehören noch dazu. Vom Weiler Fleck steigen wir hinauf auf den Schönberg, der das Isargebirge vom Mangfallgebirge trennt. Der Schönberg ist wirklich schön. Durch die vielen Weideflächen, die das Massiv bedecken, kam er zu seinem Namen. Zweifler werden spätestens bei der Aussicht vom Gipfel einwilligen und über die Aufstiegsmühen hinwegsehen. Da blicken wir hinab ins Isartal und können die Geschichte nachvollziehen, denn einst lebten die Lenggrieser hauptsächlich vom Holzhandel und der Flößerei. Damals wurden München und Landshut über die Isar mit Holz versorgt. Aber zurück zur Aussicht, denn über der Isar ragt das Brauneck mit der dahinterliegenden Benediktenwand empor. Im Osten die Tegernseer Berge und im Süden das Karwendel. Apropos, die schönste Sicht gibt es nicht vom Gipfelkreuz, dies steht nämlich nicht am höchsten Punkt. Aber diesen zu finden, ist wirklich kein Problem.

Nach dem ersten Wintereinbruch auf dem Weg zum Schönberg.

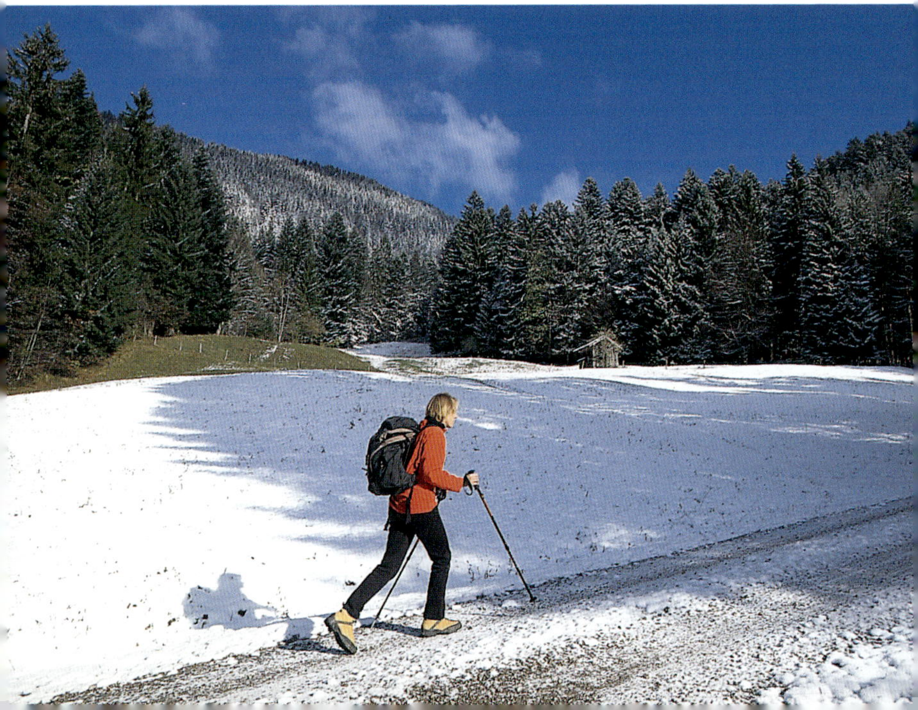

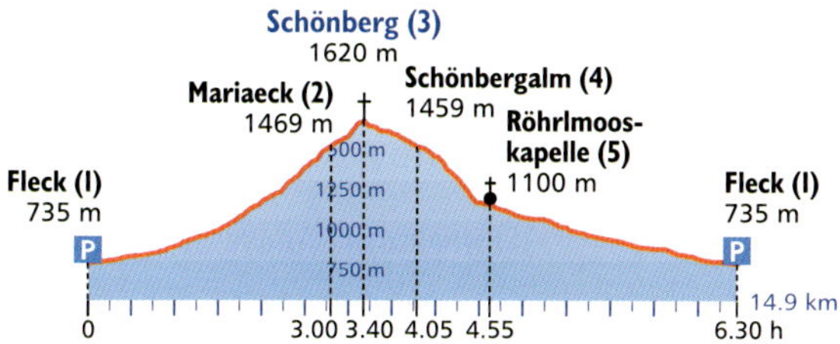

KURZINFO

Talort: Lenggries, 679 m. Gästeinformation Lenggries, lenggries.de.
Ausgangspunkt: Kostenpflichtiger Wanderparkplatz Fleck, Siedlung Hohenreuth, 735 m, Busverbindung von Lenggries. In Fleck hinter der Kapelle links bis zum Wanderparkplatz (ausgeschildert). Vom Bahnhof Lenggries (Bahnverbindung von München) mit der Buslinie 9595 nach Wegscheid, Brentonenbrücke. Über die Brücke und in gut 30 Min. nach Fleck und zum Ausgangspunkt.
Gehzeit: Fleck – Schönberg 3.40 Std., Abstieg 2.50 Std.; Gesamtzeit 6.30 Std.
Höhenunterschied: 890 Hm.
Anforderungen: Ein langes Stück der Wanderung führt durch Wald. Ohne vorhandene Spuren ist eine Karte zur Orientierung nötig. Bei viel Schnee ist die Tour nur mit Schneeschuhen zu empfehlen.
Hangexposition: Nord, Nordwest, West.
Lawinengefahr: Gering, im Gipfelbereich mäßig. Nach Neuschneefällen abzuraten. Beim Abstieg über die Schönbergalm ist durch die freien herabziehenden Hänge Vorsicht geboten.
Einkehrmöglichkeit: Unterwegs keine. In Fleck Alpengasthof »Zum Papyrer« (Tel. +49 8042 5633077, zum-papyrer.de, Mo Ruhetag, Übernachtungsmöglichkeit).
Varianten: Von Mariaeck weiter zum Seekarkreuz und zur Lenggrieser Hütte. Bitte dabei den DAV-Markierungen folgen. Wer im Abstieg schnell sein möchte, geht auf dem Aufstiegsweg hinunter und folgt dann dem Graben des Almbachs.

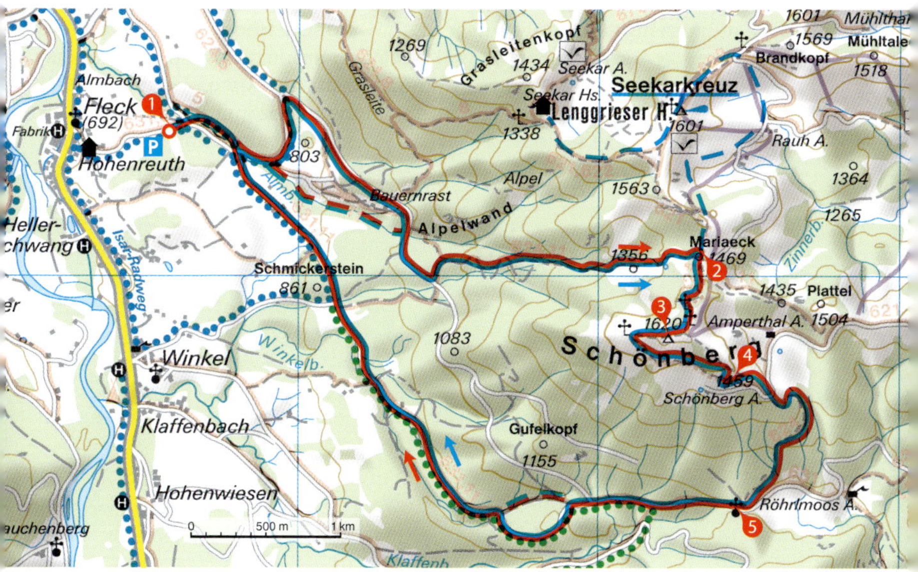

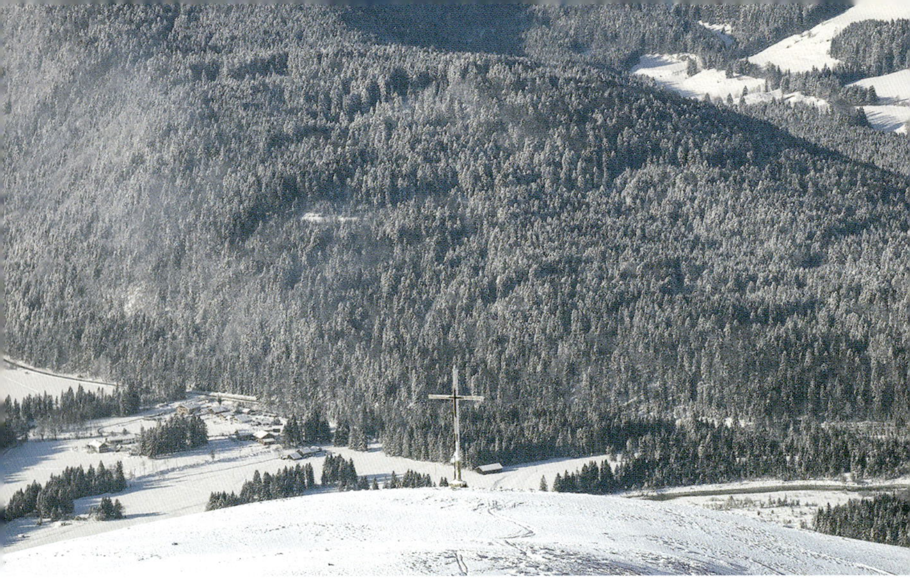

Das Gipfelkreuz des Schönberg steht nicht am höchsten Punkt. Dafür ist es so vom Tal aus sichtbar.

Vom Parkplatz bei **Fleck (1)** folgen wir dem Straßenverlauf und biegen nach wenigen Metern links ab. Wir gehen entlang dem Forstweg, der parallel zur Straße verläuft, und treffen auf eine verschneite Forststraße. Hier halten wir uns links. Wir ziehen eine scharfe Rechtskurve und orientieren uns an der Beschilderung »Mariaeck, Schönberg«. Den Abzweig Richtung Seekarkreuz lassen wir links liegen. Auf 950 m gehen wir links gemäß der Ausschilderung. Am folgenden Abzweig halten wir uns rechts und kurz darauf links (vor einem Bach). Später verläuft links von uns der Graben des Almbachs. Rechts von diesem halten wir uns weiter bergan, bis wir auf 1340 m eine freie Fläche erreichen. Wir folgen dem Steig weiter Richtung Osten über verschneites Almgelände bis kurz vor den Sattel **Mariaeck (2)**, 1469 m. Hier ändern wir die Marschrichtung: Jetzt geht es in südliche Richtung (rechts) weiter bergan, rechts haltend den herabziehenden Rücken hinauf. Im Wald eine kurze steile Querung, dann gehen wir zwischen Felsen weiter bergauf. Wir erreichen den linken Rand des Gipfelrückens, den wir bis zum höchsten Punkt des **Schönbergs (3)**, 1620 m, hinaufsteigen. Von dort über den Rücken nach Westen bis zum Gipfelkreuz.

Von hier nach Südosten zur **Schönbergalm (4)** hinab. Auf der ankommenden Fahrstraße nach links und weiter bis zu der scharfen Linkskehre. Die Straße hier geradewegs in den Wald verlassen und in einer Links- und anschließenden Rechtskurve bis zu einem kleinen Bach. Wir folgen zuerst dessen Verlauf, dann gehen wir weiter Richtung Südwesten durch den Wald bis zur **Röhrlmooskapelle (5)**. Auf der Forststraße nach rechts bis zum Ausgangspunkt bei **Fleck (1)**. Auf 1000 m können wir nach rechts abzweigen, um eine Kurve abzukürzen.

Hochalm, 1428 m

Vom Sylvensteinspeicher

★★★

Von einer Alm zur nächsten

Ein unscheinbarer Name und ein unauffälliger Hügel auf dem Weg zum Achensee. Auf dem Hügel befindet sich eine schon seit Jahrzehnten verfallene Alm, von der nur noch die letzten Überreste erkennbar sind. Da die Quelle, die die Alm mit Wasser versorgt hatte, versiegte, musste die Almwirtschaft eingestellt werden. Aber von wegen Tristesse! Dies ist die ideale Eingehtour für die Bergwandersaison. Wenn die ersten Blumen ihre Hälse durch den Schnee stecken, es nach Frühling duftet, die Luft klar ist und die Sicht gut, dann ist es am schönsten, die wärmenden Sonnenstrahlen auf dem südseitigen Anstieg zu genießen, an der Hölleialm, diesem paradiesischen Kleinod, eine Pause einzulegen und den Blick auf das Rofangebirge zu genießen. Und auf dem unauffälligen Hügel selbst, da steht neben dem Gipfelkreuz eine Bank, und von da hat man den schönsten Blick ins Isartal mit Lenggries und Bad Tölz.

Einen Abstecher wert: die malerisch gelegene Hölleialm.

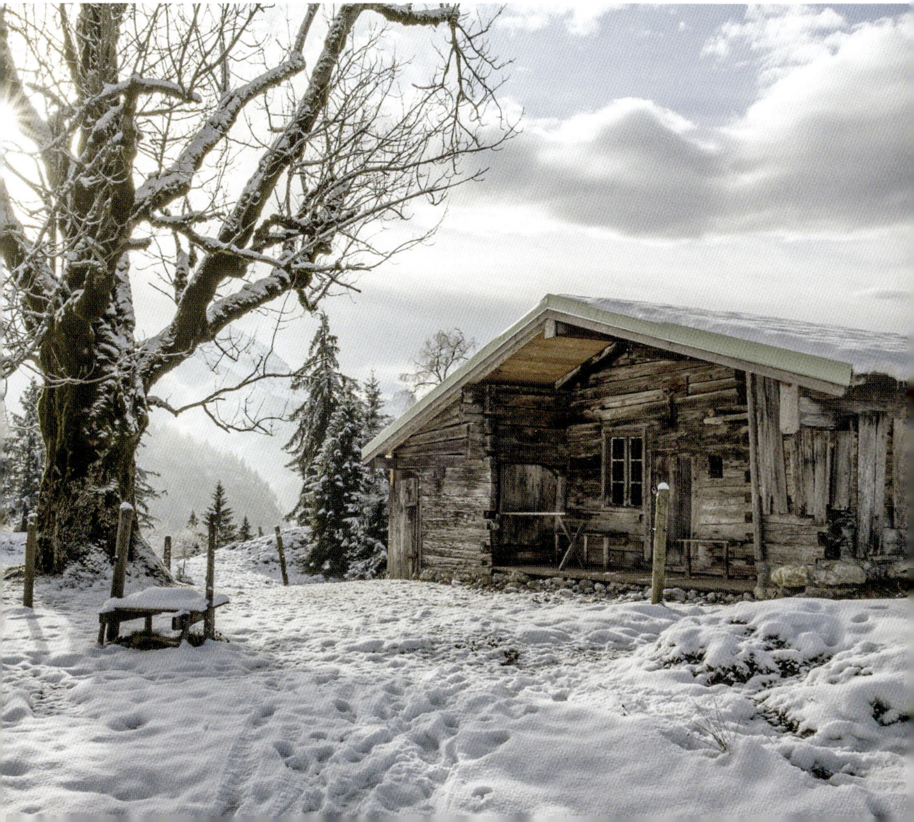

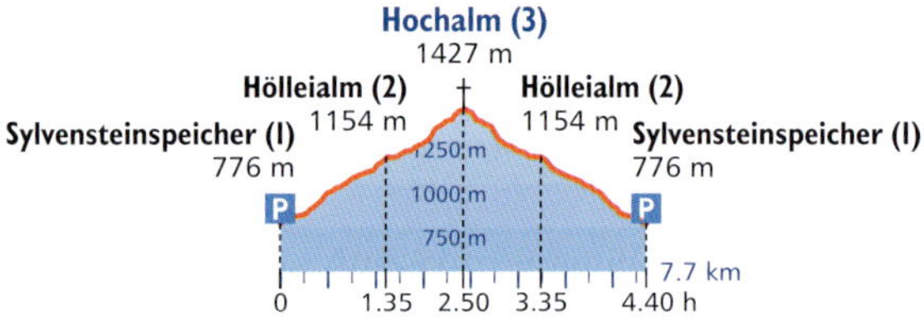

KURZINFO

Talort: Lenggries, 679 m, Bahnverbindung von München. Gästeinformation Lenggries, lenggries.de.

Ausgangspunkt: Parkplatz am Ende des Sylvensteinspeichers, 776 m. Auf der B 13 von Bad Tölz über Lenggries zum Sylvensteinspeicher. Dort links Richtung Achensee abzweigen und auf den großen gebührenpflichtigen Parkplatz linker Hand am Ende des Sylvensteinspeichers. Wer mit Öffentlichen anreist, der fährt zur Bahnstation Tegernsee und dann mit dem Bus 9550 zum Achenpass/Stuben (Haltestelle Glashütte b. Kreuth). Von dort wie bei der Schneeschuhtour beschrieben zur Hochalm.

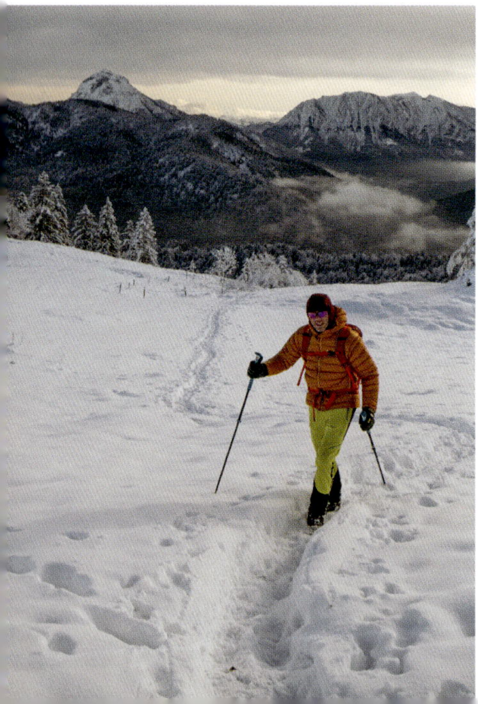

Gehzeit: Parkplatz Sylvensteinspeicher – Hölleialm 1.35 Std., Hölleialm – Hochalm 1.15 Std., Abstieg 1.50 Std.; Gesamtzeit 4.40 Std.

Höhenunterschied: 650 Hm.

Anforderungen: Eine einsame Wanderung zuerst durch Wald, später über lichtes Gelände. Bei viel Schnee sollte die Schneeschuhvariante gewählt werden!

Hangexposition: Süd.

Lawinengefährdung: Nur bei sicherer Lawinenlage! Der Weg verläuft eine längere Strecke an steil abfallenden Grashängen entlang.

Einkehrmöglichkeit: Gasthaus Glashütte am Achenpass (Tel. +49 8029 569, gasthof-glashuette-kreuth.de, Mo und Di Ruhetag).

Schneeschuhe: Schneeschuhgänger beginnen den Aufstieg in Stuben am Achenpass, 940 m (eingeschränkte Parkmöglichkeit; Busverbindung von Tegernsee, nach Tegernsee mit der Bahn von München). Östlich der Stubenalm folgen wir einem bergan führenden Fahrweg (Wegweiser), überqueren eine Forststraße und erreichen kurz darauf wieder die Straße. Dieser folgen wir ein Stück und zweigen dann rechts auf einen Pfad Richtung Hochalm ab. Der Weg führt durch den Wald und überquert einige Bäche. An einer Lichtung erreichen wir nach einem kurzen steileren Hangaufschwung die Mitteralm. Von dieser geht es wie bei der Hauptroute beschrieben weiter. 490 Hm, Aufstieg 2.05 Std., Abstieg 1.25 Std. Hangexposition: Nord, Nordost. Mäßige Lawinengefahr (bewaldetes Gelände).

Die letzten Meter zum Gipfel – mit Aussicht auf den Guffert und ins Karwendel.

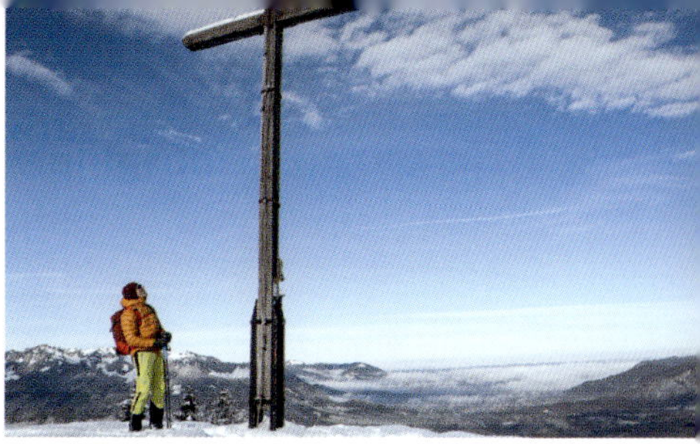

Der Gipfel mit dem Hochalm-Kreuz.

Vom Parkplatz am **Sylvensteinspeicher (1)** leitet uns der Wegweiser »Hochalm« in den Wald. Wir folgen dem breiten Weg bergan bis zu einem Bach und überqueren diesen auf einer kleinen Staumauer. Nun folgen wir dem Hauptweg steil bergauf, oder dem Steig rechter Hand. Beide Wege treffen wenig später wieder aufeinander. Wir folgen dem verschneiten Weg mal steiler, mal flacher oberhalb des Gerstenrieder Grabens entlang bergauf. Dann halten wir uns in Richtung Nordosten und erreichen das freie Almgelände der **Hölleialm (2)**, 1154 m. Im Winter liegt das Almgebäude verlassen und unauffällig ca. 100 m rechter Hand abseits vom Weg. Doch ein Abstecher zu der Alm und eventuell auch eine kleine Rast lohnen sich. Die urige Hütte in idyllischer Lage mit Traumaussicht macht eine Genießerpause fast zur Pflicht! Gegenüber ragt das Karwendel in den Himmel.

Wieder auf dem Weg halten wir uns in nördliche Richtung, queren leicht ansteigend die herabziehenden Hänge und erreichen einen lichten Sattel. Kurz dahinter liegt die Mitteralm, 1276 m, der nächste einladende Rastplatz.

Wir folgen vom Sattel der Beschilderung nach links und erreichen durch lichten Wald die freien Wiesen der **Hochalm (3)**. Von den Almgebäuden, die einst auf dieser flachen Kuppe standen, sind nur noch Mauerreste zu sehen. Noch ein kurzes Stück weiter oben ragt das Hochalm-Kreuz in den Himmel. Die Bänke davor haben durchaus ihre Berechtigung – wem es nicht zu windig ist, der sollte Platz nehmen!

Der Abstieg folgt dem Aufstiegsweg.

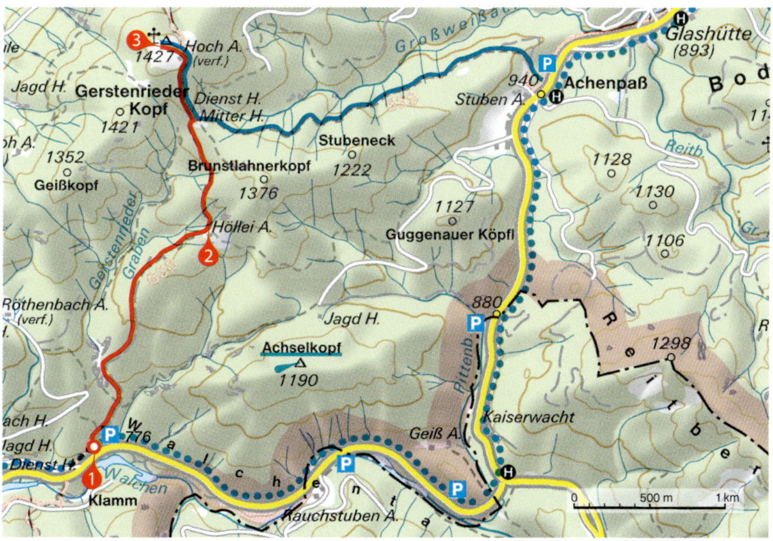

25 Buchsteinhütte, 1271 m

Ab Parkplatz Winterstube

Entlang des Schwarzenbachs

Fernsicht gibt es hier droben keine, dafür aber den Anblick von Roß- und Buchstein. Von unten wohlgemerkt, denn bei Schnee verfallen die beiden in einen tiefen Winterschlaf. Es erfordert immerhin ein bisschen Kraxelei, um den einen oder anderen Felsklapf zu besteigen. Im Sommer trifft sich hier neben trittsicheren Wanderern auch das Klettervolk. Bei Schnee ziehen wir daher solche Ideen gar nicht in Betracht. Es müssen doch auch nicht immer Gipfel sein. Die Buchsteinhütte ist ein genauso schönes Ziel. Genießen wir also den Aufstieg durch das lang gestreckte Tal, das die Achenseestraße mit Bad Wiessee verbindet. Gehen wir entlang zwischen den Tegernseer Paradebergen, zwischen Roß- und Buchstein auf der einen und dem Leonhardstein auf der anderen Seite. Und zweigen dann ab hinauf zur Hütte. Geradewegs geht es zu einer anderen Einkehrmöglichkeit: der Schwarzen Tenn.
Ein kultureller Tipp ist das alljährlich am 6. November in Kreuth stattfindende Fest des heiligen Leonhard. Die Kreuther Leonhardifahrt wurde erstmals 1442 urkundlich erwähnt und ist damit die älteste Bayerns. Nach dem Gottesdienst in der St.-Leonhard-Kirche umfahren geschmückte Pferdewagen mit Frauen in Tracht dreimal die Kirche und werden dabei gesegnet.

KURZINFO

Talort: Kreuth, 772 m. Tourist-Information Kreuth, kreuth.de.
Ausgangspunkt: Parkplatz Winterstube, 830 m. Ca. 4,5 km südlich von Kreuth rechts nach der Bushaltestelle. Mit dem ÖPNV zunächst zur Bahnstation Tegernsee und von dort mit dem Bus 9550 bis zur Haltestelle Wildbad Kreuth, Kreuth Klamm.
Gehzeit: Winterstube – Buchsteinhütte 2.10 Std., Abstieg 1.35 Std.; Gesamtzeit 3.45 Std. (Abstecher zur Schwarzentennalm zusätzlich 0.20 Std.).
Höhenunterschied: 445 Hm.
Anforderungen: Gemütliche Wanderung auf meist geräumten Wegen.
Hangexposition: Nord.
Lawinengefahr: Gering. Der Weg wird bei Lawinengefahr gesperrt.
Einkehrmöglichkeit: Buchsteinhütte, (Tel. +49 8029 244, buchsteinhuette.com, Mo bis Mi Ruhetag, Übernachtungsmöglichkeit), Schwarzentennalm (Abstecher, Tel. +49 8029 386, Mi und Do Ruhetag, außer in den Ferien).
Schneeschuhe: Von der Forststraße gehen wir die erste Möglichkeit nach links, über eine kleine Brücke über den Schwarzenbach. Hier gehen auch die Skitourengeher entlang. Auf der anderen Seite bergan, bis die Skidoospur erreicht wird. Auf dieser links, wie die Wanderer, zur Buchsteinhütte. Von der Hütte über die Roßsteinalm auf die Hochplatte, 1592 m, und weiter über

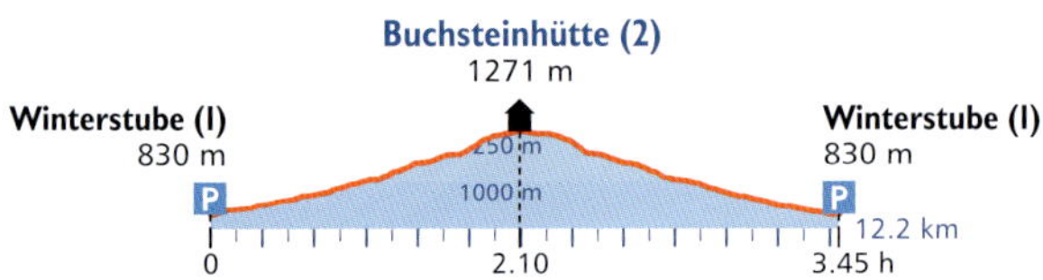

das Plattel, 1505 m, auf den Schönberg, 1620 m. Abstieg über Mariaeck und die Rauhalm zur Schwarzentennalm. Insgesamt ca. 1040 Hm, ca. 7.30 Std. Für diese Tour ist der sichere Umgang mit der Karte Voraussetzung sowie die örtliche Einschätzung der Lawinengefahr. Für die Tour sind absolut sichere Verhältnisse notwendig!
Rodel: Von der Buchsteinhütte bis zum Parkplatz kann gerodelt werden.

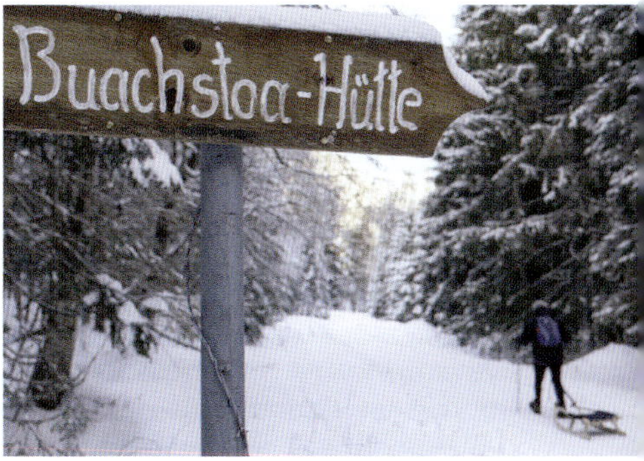

Wegweiser zur Buchsteinhütte.

Wir folgen der Forststraße, die vom **Parkplatz Winterstube (1)** aus in Richtung »Schwarze Tenn« führt. Leicht ansteigend gehen wir auf dieser entlang durch den Wald. Links von uns fließt der Schwarzenbach. Wir erreichen eine Lichtung und biegen von der Forststraße links ab. Nun folgen wir der Skidoospur in Richtung Buchsteinhütte. Nach einer ausgedehnten Rechtskurve gabelt sich die Spur. Wir schlagen die rechte Variante ein. Dabei folgen wir den Serpentinen des Skidoos und erreichen schließlich die **Buchsteinhütte (2)**. Über uns thronen Roß- und Buchstein. Dazwischen eingebettet liegt die Tegernseer Hütte. Hier endet der gespurte Weg. Weiter geht es nur mit Schneeschuhen.
Der Abstieg erfolgt auf dem Aufstiegsweg. Wenn wir auf die Forststraße treffen, können wir links in nur wenigen Minuten einen Abstecher zur Schwarzentennalm machen.

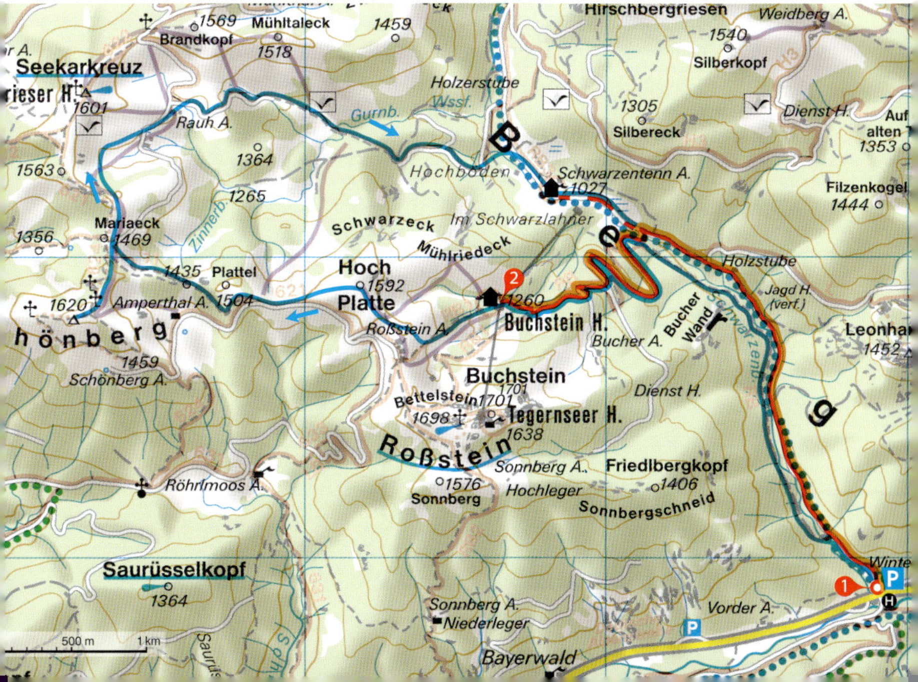

26 Schwarze Tenn, 1027 m

Von Bad Wiessee

★

Spaziergang entlang des Söllbaches

Bad Wiessee war einst ein unbedeutendes Bauerndörfl. Bei der Suche nach Erdöl bohrte man im Jahre 1909 zufällig die König-Ludwig-III.-Quelle an. Dreizehn Jahre später erhielt der Ort das Prädikat Bad. Und seitdem floriert der Kurbetrieb. Die jod-, schwefel- und fluoridhaltigen Natriumchlorid-Quellen können anscheinend fast Wunder bewirken. Der Kreislauf kann aber auch auf eine ganz einfache Art wieder in Schwung gebracht werden – bei einem Spaziergang zur Schwarzen Tenn. Diese gemächliche Wanderung führt uns wenige Höhenmeter durch das Söllbachtal zu der gemütlichen Einkehr. Sie liegt inmitten eines Hochtals, das eine Wasserscheide darstellt. In der Nähe entspringt der Söllbach, den wir beim Hinweg verfolgen. Und dann hat hier oben auch der Schwarzenbach seinen Ursprung, der auf der anderen Seite bergab fließt. Die Wanderung kann je nach Belieben variiert werden: Wer den Bächen folgen will, der kann an der Schwarzen Tenn vorbeigehen und dann den Schwarzenbach entlang bis zum Parkplatz »Winterstube«. Einfacher ist der Rückweg von der Alm über den Bauer in der Au. Da kommen wir dann wieder an unserem Ausgangspunkt heraus. Noch einfacher ist der Rückweg über den bereits bekannten Hinweg. Und am allereinfachsten ist natürlich, in einen der hier verkehrenden Pferdeschlitten einzusteigen ...

KURZINFO

Talort: Bad Wiessee, 742 m. Tourist-Information Bad Wiessee, bad-wiessee.de.
Ausgangspunkt: Söllbachtalstraße, 770 m. Nach der Maria-Himmelfahrt-Kirche rechts der Beschilderung Richtung Sonnenbichl, Söllbachtal folgen. An der zweiten Weggabelung links in die Söllbachtalstraße. Kurz darauf befindet sich auf der linken Seite ein großer Parkplatz. Von der Bahnstation Gmund (Bahnverbindung von München) mit der Buslinie 9559 nach Bad Wiessee Söllbach.
Gehzeit: Bad Wiessee – Schwarze Tenn 2.25 Std., Rückweg über Bauer in der Au 2.20 Std.; Gesamtzeit 4.45 Std.
Höhenunterschied: Schwarze Tenn 290 Hm, Rückweg über Bauer in der Au zusätzlich 80 Hm; gesamt 370 Hm.
Anforderungen: Gemütlicher Spaziergang über eine geräumte Forststraße mit Pferdeschlittenbetrieb.
Lawinengefahr: Gering. Bei Lawinengefahr ist der Weg gesperrt.
Einkehrmöglichkeit: Schwarzentennalm (Tel. +49 8029 386, Mi und Do Ruhetag, außer in den Ferien).
Pferdeschlitten: Zur Schwarzen Tenn auch mit dem Pferdeschlitten: Georg Floßmann, Tel. +49 8029 787 oder +49 170 2620286.
Rodel: Von der Schwarzen Tenn zum Parkplatz »Winterstube« (s. Tour 25).
Variante: Wem es nichts ausmacht, mit dem Bus nach Bad Wiessee zurückzukehren, der folgt beim Abstieg dem nächsten Bach, dem Schwarzenbach, bergab bis zum Parkplatz »Winterstube« (s. Tour 25).

Richtung Schwarze Tenn in Begleitung des rauschenden Söllbachs.

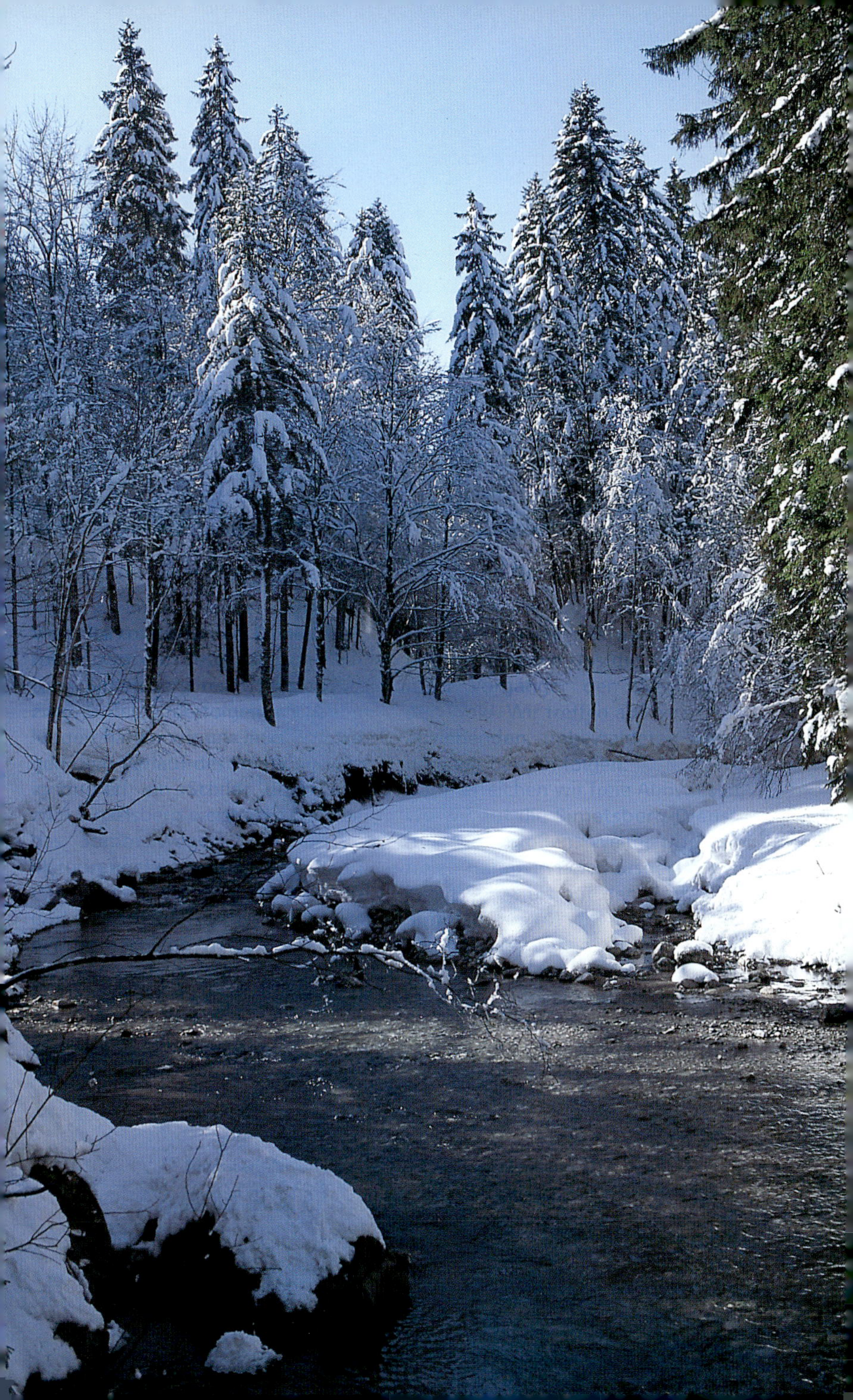

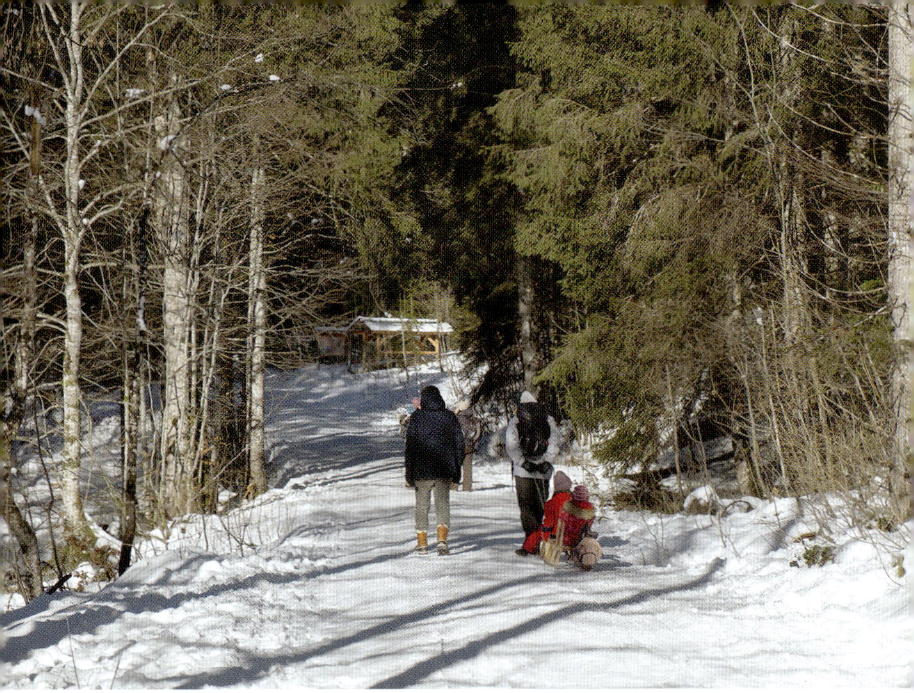

Der Weg zur Schwarzen Tenn führt entlang geräumter Forststraßen.

Wir folgen der geräumten Straße, die geradewegs vom Parkplatz in **Bad Wiessee (1)** wegführt. Für den öffentlichen Verkehr ist diese gesperrt. Wir könnten höchstens von einem Pferdeschlitten überholt werden, denn einzig diese Gespanne dürfen hier offiziell verkehren. Gemächlich wandern wir entlang des Söllbaches und kommen an der **Söllbachklause (2)** vorbei. Linker Hand führen Abzweige zum Bauer in der Au. Wir aber halten uns auf der Straße entlang dem rauschenden Wasser und wandern durch den Taleinschnitt zwischen dem Hirschberg (links) und dem Seekarkreuz. Kurz führt die Straße etwas steiler hinauf, wir erreichen eine Lichtung und wenig später die **Schwarzentennalm (3)**. Sie liegt auf 1027 m und ist der höchste Punkt unserer Tour. Vor uns liegt das felsige Paar des Roß- und Buchstein.

Von der Schwarzentennalm gehen wir anfangs auf demselben Weg wieder zurück. Dann verlassen wir die Forststraße auf der ersten geräumten Möglichkeit nach rechts und folgen der Beschilderung zum Bauer in der Au. Der Weg führt erst bergauf. Dann geht es oberhalb des Söllbaches entlang. An einer Weggabelung halten wir uns weiter ge-

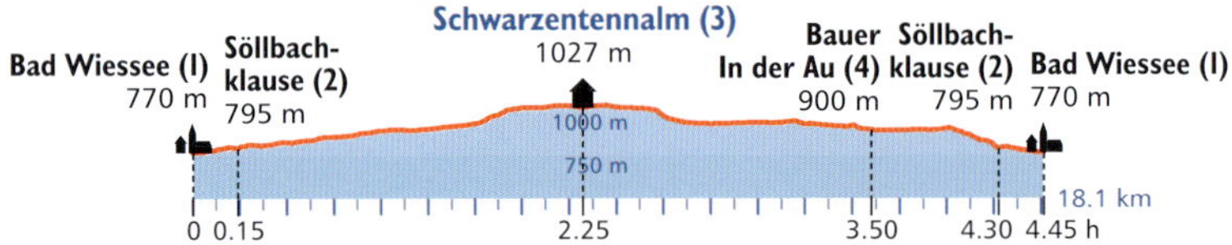

radeaus. Später verlassen wir den Wald und erreichen auf der Straße die ehemalige Berggaststätte **Bauer in der Au (4)**.

Weiter geht es auf der verschneiten Straße. Nach einer Linkskurve liegt der Ortsteil Buch vor uns. Über eine kleine Abzweigung nach links geht es in den Wald – aufpassen! Der Beschilderung folgend weisen uns dann Wegspuren bergab und bringen uns zurück ins Söllbachtal zur **Söllbachklause (2)**.

Über den uns bereits bekannten Weg geht es zurück zum Parkplatz in **Bad Wiessee (1)**.

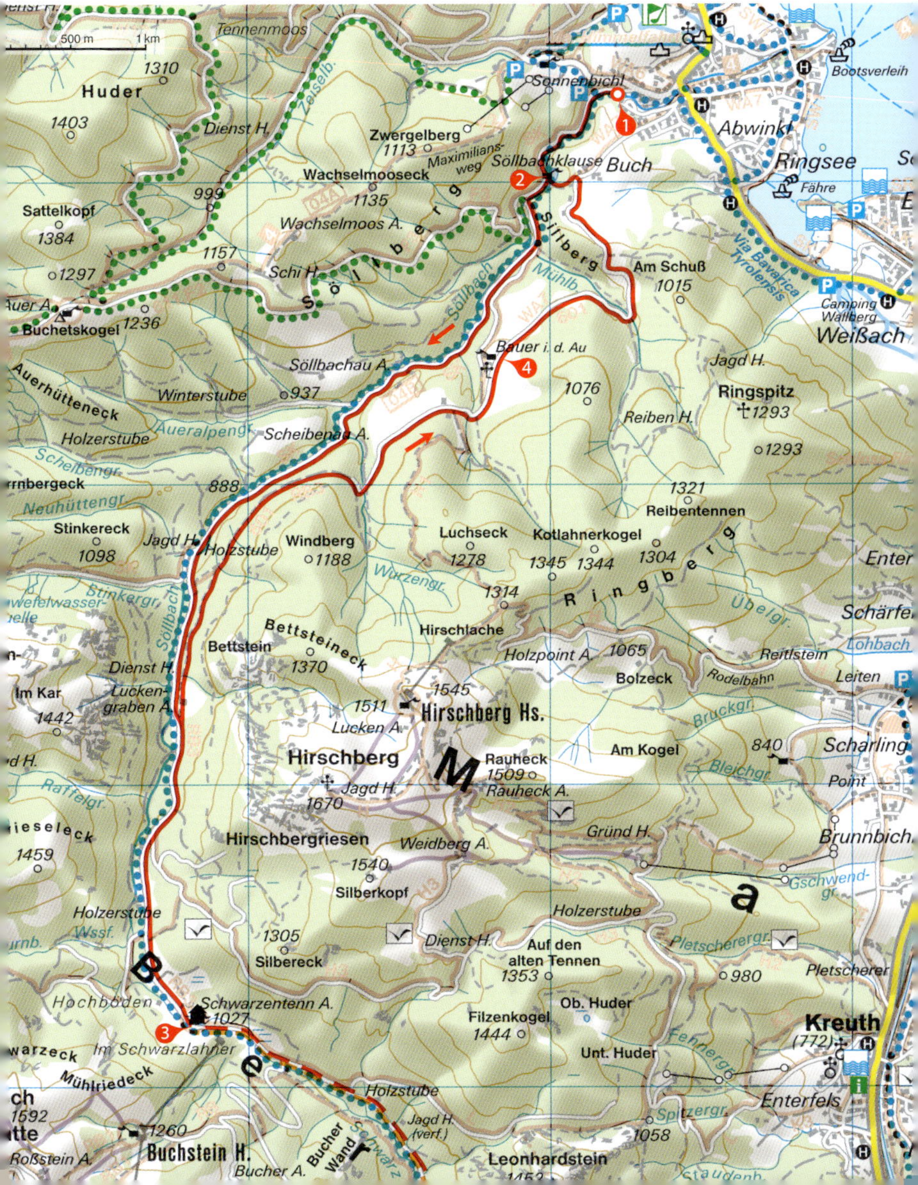

27 Hirschberg, 1670 m

Von Scharling

★★★

Paradetour für jedermann

Der Hirschberg ist ein Allrounder, er bietet vor allem eins und das ist »viel«. Erstmal gibt es viele Möglichkeiten, den Hirschberg zu besteigen. Zu Fuß, mit dem Schlitten, auf Schneeschuhen, mit Tourenski oder auf dem Mountainbike. Und ganz egal wie, ein Aufstieg zum höchsten Punkt lohnt sich, denn vom Gipfel, da gibt es viel zu sehen. Im Norden der Tegernsee, im Osten Wallberg, Setzberg und Risserkogel. Im Süden der Schildenstein, die Blauberge und in nächster Nähe Roß- und Buchstein. Im Westen das Seekarkreuz und rechter Hand davon der Fockenstein. Und getreu dem Motto »Viel hilft viel« bietet das Hirschberghaus unterhalb des Gipfels viel Gemütlichkeit. Ganz zu schweigen von den vielen flüssigen ... Da fällt es zwar schwer, noch weiter auf den Gipfel zu gehen, aber das Rundumpanorama wird nur von ganz oben geboten.

Einen Nachteil gibt es allerdings, denn wo viel geboten wird, ist viel los. Man darf also an Wochenenden nicht zu viel bekommen von den Heerscharen Gleichgesinnter. Einsamkeit Suchende müssen da schon unter der Woche oder ganz früh morgens losziehen. Aber wer sich antizyklisch verhält, kann selbst den Massen aus dem Weg gehen. Bitte beachten Sie aber, dass der Weg vom Hirschberghaus bzw. vom Vorgipfel auf den Hauptgipfel aus Naturschutzgründen bei Schneelage nur zwischen 10 und 16 Uhr begangen werden darf und dass man sich in diesem Abschnitt an den Wanderweg halten sollte.

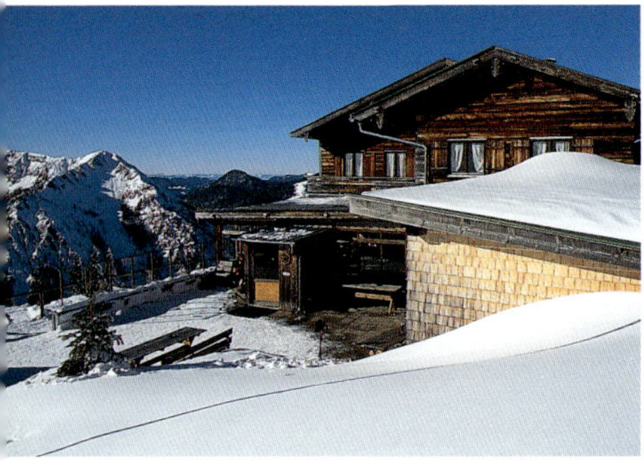

Das Hirschberghaus.

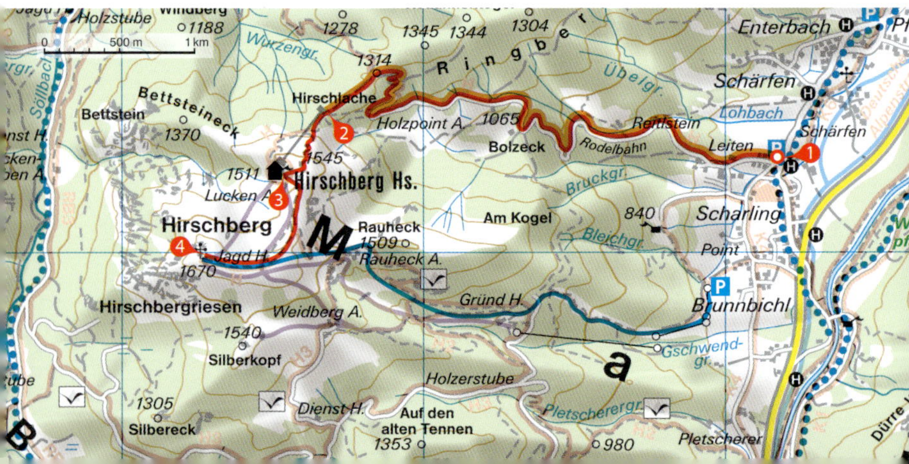

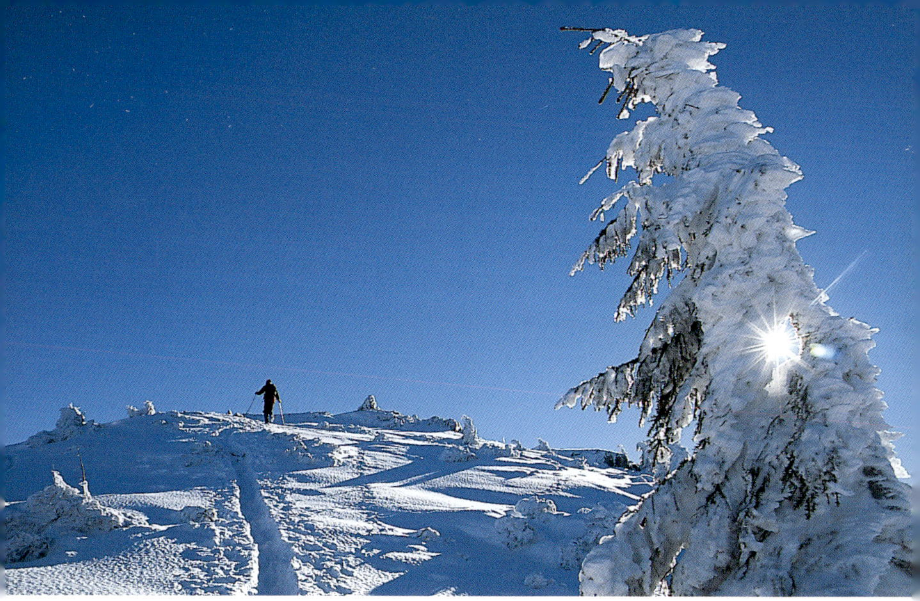

Entlang der Spur hinauf zum Gipfel des Hirschberg.

KURZINFO

Talort: Kreuth, 772 m. Tourist-Information Kreuth, kreuth.de.

Ausgangspunkt: Ortseingang Scharling, 765 m. Am Ortsausgang von Rottach-Egern / Reitrain auf der kleinen Straße rechts ab nach Scharling. Gebührenpflichtige Parkmöglichkeit nach dem Ortseingang gleich auf der rechten Seite. Mit der Bahn nach Tegernsee und von dort mit der Buslinie 9556 nach Scharling (Haltestelle Scharling Hirschbergweg).

Gehzeit: Scharling – Hirschberghaus 3 Std., Hirschberghaus – Hirschberg 0.35 Std., Abstieg 2.25 Std.; Gesamtzeit 6.00 Std.

Höhenunterschied: Hirschberghaus 780 Hm, Hirschberg zusätzlich 125 Hm; gesamt 905 Hm.

Anforderungen: Bis zur Hirschlache gemütliche Wanderung über die meist geräumte Rodelbahn. Der Weiterweg ist mit Stangen markiert und im oberen Abschnitt teilweise mit Sicherungsgeländern gut ausgebaut. Stellenweise kann es rutschig sein, daher Grödel nicht vergessen!

Hangexposition: Nord.

Lawinengefahr: Mäßig. Im oberen Teil muss unbedingt den angebrachten Stangen gefolgt werden. Es gab bereits einen tödlichen Lawinenunfall.

Einkehrmöglichkeit: Hirschberghaus (Tel. +49 8029 465, hirschberghaus.de, Di Ruhetag).

Kinder: Bis zur Hirschlache geeignet.

Rodel: Der Aufstieg von Scharling bis zur Hirschlache auf 1340 m wird als Rodelbahn genutzt. Rodelverleih bei der Skischule Tegernsee am Hirschberglift, Bachlerweg 15A in Point, Tel. +49 8022 2345, skischule-tegernsee.de.

Schneeschuhe: Schneeschuhgänger starten an der Talstation des Hirschbergliftes in Point. Am Rand der Piste bis zur Bergstation des Liftes. Weiter nach Westen in das kleine Tal mit der Gründhütte. Das Tälchen endet vor einem felsigen, steilen Hang. Nun rechter Hand bergan weiter durch lichten Wald zur Rauheckalm. Von hier auf den herabziehenden Ostrücken und auf diesem hinauf bis zum Vorgipfel. Nach Westen zum Hauptgipfel. Insgesamt 5.45 Std., 900 Hm. Hangexposition: Ost, mäßige Lawinengefahr, bei großer Lawinengefahr können Schneebretter im Osthang lauern.

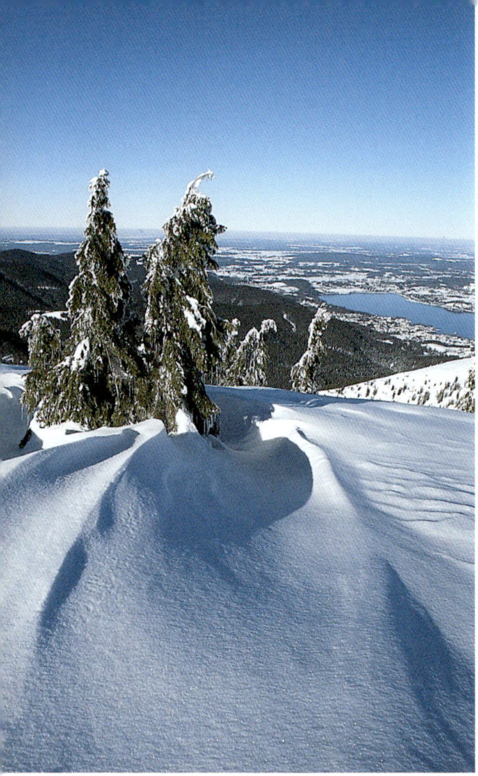

Blick vom Hirschberg hinab zum Tegernsee.

Vom Parkplatz in **Scharling (1)** aus folgen wir der kleinen Straße rechter Hand in den Ortsteil Leiten. Darauf wieder rechts, entlang der Beschilderung »Hirschberg, Hirschbergrodelbahn«. Nun geht es auf der Forststraße ansteigend durch den Wald, vorbei an einer Lichtung, über der der Kratzer thront. Er verdeckt zwar den Blick auf den Hirschberg, weist uns aber unsere Richtung, denn hinter dem Kratzer liegt wenige Meter unterhalb das Hirschberghaus. Die Forststraße bzw. Rodelbahn endet an der sogenannten **Hirschlache (2)**. Hier beginnt die Materialseilbahn aufs Hirschberghaus. Wer einen Schlitten heraufgezogen hat, lässt diesen hier stehen.

Nun führen uns Spuren durch den Schnee weiter bergan. Der Weg durch den Schneehang wird durch Stangen begrenzt, damit wir nicht in lawinengefährdete Zonen hineingeraten. Der obere Teil des Hanges ist mit einem Geländer gesichert, der Weg führt über Stufen weiter bergan. Dieser teilweise mit Fels durchsetzte Teil ist mit Grödeln leichter zu begehen. Generell ist durch die oft zugeschneiten Stufen und die felsige Unterlage Vorsicht geboten! Ein letztes steiles Stück führt über die Bergkuppe, und einladend liegt ein wenig unterhalb von uns das **Hirschberghaus (3)**, 1545 m. Links oberhalb steht das Gipfelkreuz des Kratzer, und dem Kammverlauf folgend entdecken wir an dessen höchstem Punkt den Gipfel des Hirschbergs. Der Weiterweg verläuft entlang des Kammes und ist meistens bereits gespurt. Auf dem Gipfel des **Hirschbergs (4)** treffen dann Schneeschuhgänger, Skitourengeher und Wanderer zusammen.

Der Abstieg erfolgt auf dem Aufstiegsweg.

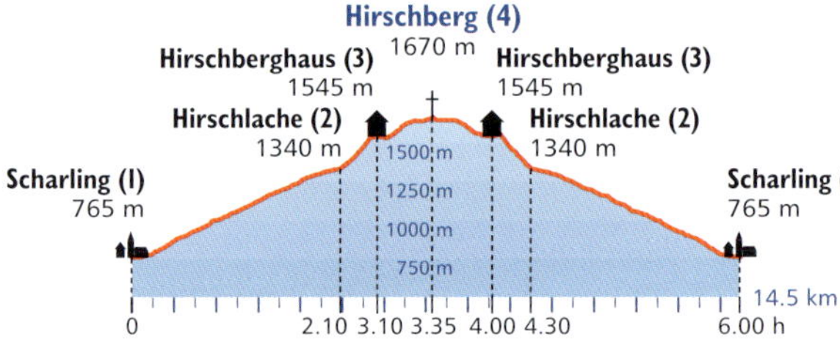

Fockenstein, 1564 m

Über die Aueralm, 1260 m

★★

Zu einer Alm mit Verein

Da oben auf dem Berg, da gehts recht zünftig zu. »… O Aueralm, du Schöne, du bist mei größte Freid, im Sommer wenns recht hoaß ist, im Winter, wenns vui schneit …«, Auszug aus der Aueralm-Vereins-Hymne. Seit dem 18.02.1998 existiert der Aueralm-Verein. Der Wirt Schorsch Moser ist natürlich Mitbegründer. Sein Zweck ist die Förderung der Geselligkeit, aber u.a. werden auch soziale Einrichtungen, wie z. B. die Bergwacht, unterstützt. Nähere Informationen beim Wirt.
Durch das Zeiselbachtal kommen wir auf die Alm und genießen erst einmal den Anblick von Roß- und Buchstein, Auerkamp, Seekarkreuz und Hirschberg. Wenn die Verhältnisse passen, sollte die Alm vorerst ignoriert werden. Zugegeben, ein manchmal schwerer Schritt. Aber oft ist von der Alm aus zum Gipfel gespurt, da gibt es kein Halten. Und den überragenden Bilderbuchausblick, den gibt es nur vom Fockenstein. Da sehen wir dann jenseits hinab auf den Isarwinkel und weiter. Gegenüber, nur wenige Meter höher, das Seekarkreuz und die verschiedenen Kampen. Daneben der Hirschberg und unter uns der Tegernsee.

Die Aueralm, überragt vom Fockenstein.

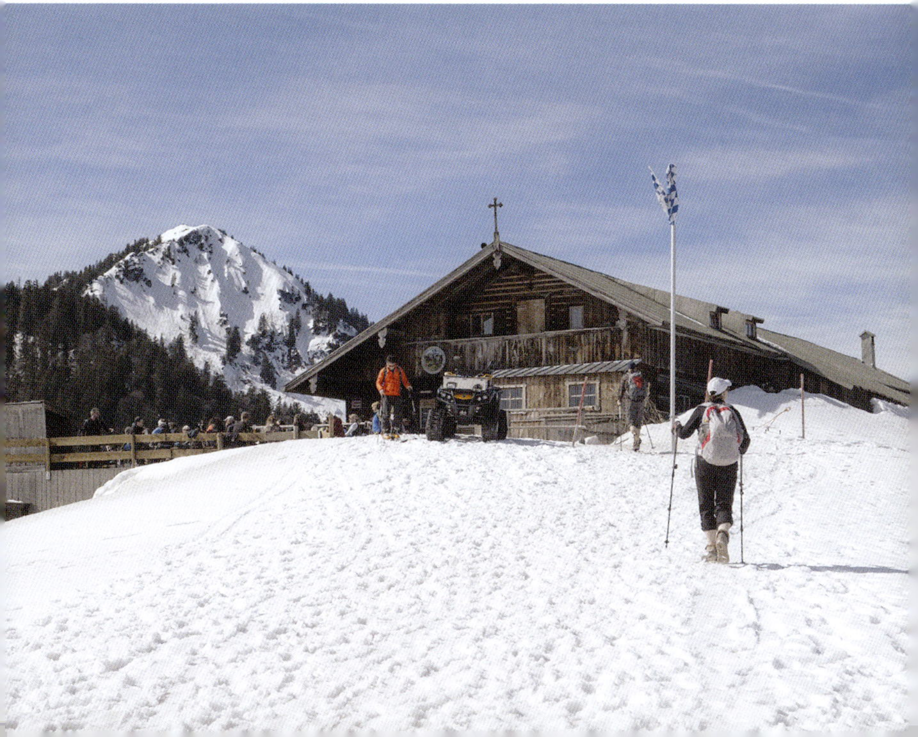

KURZINFO

Talort: Bad Wiessee, 742 m, Tourist Information Bad Wiessee, bad-wiessee.de.
Ausgangspunkt: Wirtshaus Sonnenbichl, 820 m. Von Gmund kommend in Bad Wiessee nach der Kirche die zweite Möglichkeit rechts, Richtung »Wirtshaus Sonnenbichl«. Parkmöglichkeiten hinter dem Wirtshaus. Mit der Bahn nach Gmund (Zugverbindung von München), von dort mit der Buslinie 9559 nach Bad Wiessee Söllbach. Auf der Söllbachtalstraße und Sonnenbichlweg zum Ausgangspunkt.
Gehzeit: Wirtshaus Sonnenbichl – Aueralm 1.45 Std., Aueralm – Fockenstein 1.20 Std., Fockenstein – Aueralm 1 Std., Aueralm – Wirtshaus Sonnenbichl 1.25 Std.; Gesamtzeit 5.30 Std.
Höhenunterschied: Aueralm 440 Hm, Fockenstein zusätzlich 305 Hm; gesamt 745 Hm.
Anforderungen: Der Weg bis zur Aueralm ist meist geräumt und gut begehbar. Der Gipfelanstieg auf den Fockenstein ist nicht immer gespurt. Je nach Schneelage sind ab der Aueralm für die Besteigung des Fockenstein Schneeschuhe erforderlich.
Hangexposition: Süd, Südost.
Lawinengefahr: Bis zur Aueralm keine. Ab der Aueralm mäßig. Nicht nach Neuschneefällen gehen.
Einkehrmöglichkeit: Berggasthof Aueralm (Tel. +49 8022 83600, aueralm.de, Mo Ruhetag), Wirtshaus Sonnenbichl (am Ausgangspunkt, Tel. +49 8022 98730, berghotel-sonnenbichl.de, Mo und Di Ruhetag, Übernachtungsmöglichkeit).
Rodel: Durch das Zeiselbachtal hinab kann gerodelt werden. Da der Weg stellenweise schmal ist, ist es besonders wichtig, auf Wanderer Rücksicht zu nehmen.
Schneeschuhe: Als Schneeschuhgänger parken wir im Söllbachtal (s. Tour 26) und gehen auf der geräumten Forststraße an der Söllbachklause vorbei. Nach dieser zweigen wir rechts ab und folgen dem nicht geräumten Wirtschaftsweg durch die Südostflanke des Söllberg. Wir treffen auf den für Skifahrer geräumten Ziehweg zur Aueralm. Diesem folgen wir links und gehen am Rand bis zur Alm. Aufstieg 2.10 Std., Abstieg 1.40 Std., keine Lawinengefahr. Ab der Aueralm wie unten.

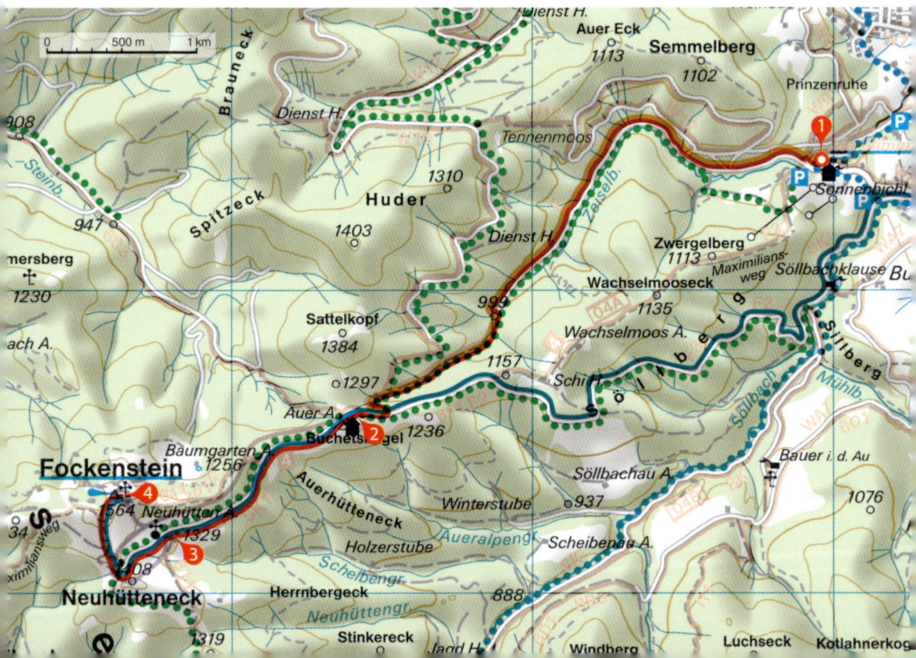

Vom Parkplatz hinter dem **Wirtshaus Sonnenbichl (1)** geht es auf der Forststraße weiter. Wir überqueren den Zeiselbach und folgen seinem Verlauf durch den Wald. Der verschneite Forstweg verläuft anfangs fast eben. Linker Hand kommt ein Abzweig »Aueralm über Skiabfahrt«. Die Skiabfahrt ist jedoch für Fußgänger gesperrt, daher bitte diese Variante nicht einschlagen. Wir kommen an der Zeiselbach-Winterstube vorbei und erreichen das Ende der Forststraße. Ab hier führt eine schmale Skidoospur ansteigend weiter. Geradewegs folgen wir dem Verlauf der Spur. Später zieht diese eine Linkskurve. Das Gelände wird nun lichter, und wir erhaschen langsam die ersten schönen Ausblicke. Darauf erreichen wir den für Skifahrer gewalzten Verbindungsweg. Diesem folgen wir am Rand nach rechts bis an sein Ende bei der **Aueralm (2)**. Eine herrliche Sonnenterrasse lädt bei entsprechendem Wetter zum Verweilen ein.

Hinter der Hütte halten wir uns nach Südwesten und folgen dem verschneiten Forstweg bis zum Beginn des Fockenstein-Ostkamms. Wir wenden uns nach links und gehen unterhalb des Kammansatzes weiter nach Südwesten. So gelangen wir zur **Neuhüttenalm (3)** auf 1329 m. Dahinter steht die kleine Gedenkkapelle des »Club Alpiner Skiläufer« aus München. Weiter geht es bergan in den Neuhüttensattel, wo wir

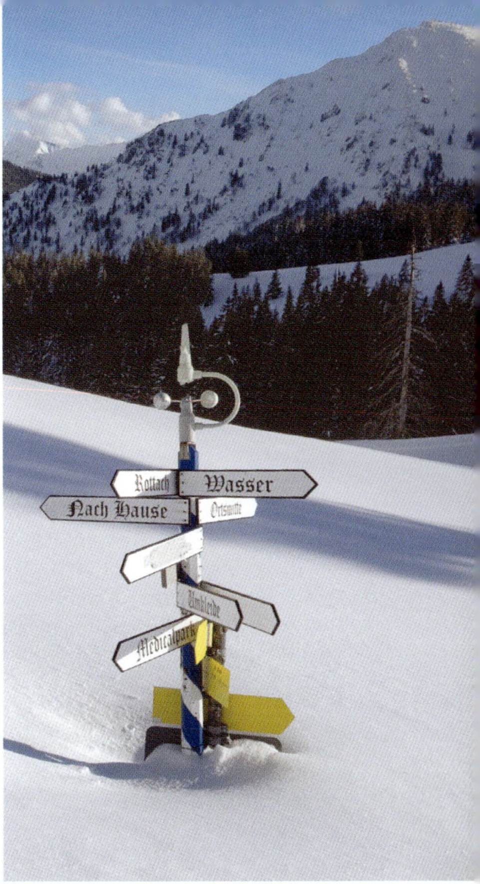

Schilder bei der Neuhüttenalm.

nach rechts abbiegen und nach Norden den Fockenstein-Südrücken hinaufsteigen. Die letzten Meter steil an Felsen vorbei bis zum Gipfel des **Fockensteins (4)** mit seinem schmiedeeisernen Kreuz.

Der Abstieg erfolgt auf dem Aufstiegsweg.

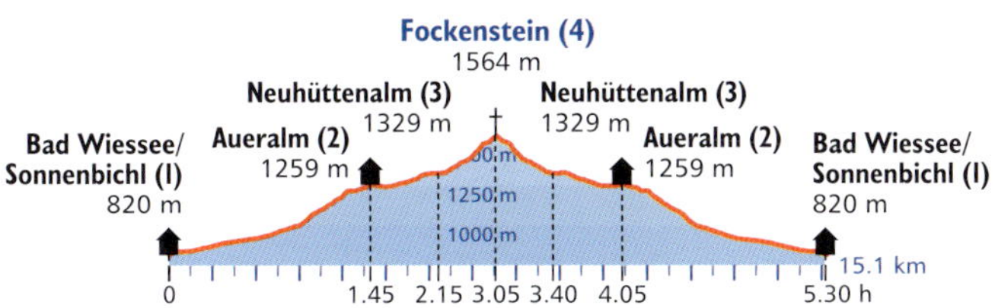

29 Schildenstein, 1613 m

Über die Königsalm

★★

Auf den Spuren der romantischen Touristen des 19. Jahrhunderts

Der Schildenstein ist der westliche Ausläufer der Blauberge, die das Tegernseer Tal nach Süden abschließen. Schon König Max I. Joseph von Bayern fand seine Erholung von dem hektischen Stadtleben in den Blaubergen. In dieser für ihn »heilen Welt« engagierte er sich vor allem für die Landwirtschaft. 1817 erwarb der König die Königsalm unterhalb des Schildenstein. Er ließ das sogenannte Kavaliershaus errichten. Im Erdgeschoss befand sich die Molkenkammer, die auf intensive Produktion eingerichtet war, im Obergeschoss ein Salon mit Aussicht auf die Bergwelt. Die historische Almhütte nebenan wurde 1723 erbaut. Mit 46 m Länge zählt sie zu den größten in den Bayerischen Alpen. Im 19. Jahrhundert entsprach sie dem romantischen Idealbild vom Leben in den Bergen. Schon zu dieser Zeit wollten die Kurgäste diese Traumszenerie sehen und machten Ausflüge herauf. Und nicht nur damals, auch heutzutage lohnt es sich hinaufzusteigen, gerade bei Schnee. Da ruhen die weiß überzuckerten Wiesen mit der Alm im Winterschlaf. Und wer die Ruhe und Einsamkeit sucht, findet auf dieser Tour ein erholsames Fleckchen Erde, selbst im 21. Jahrhundert.

KURZINFO

Talort: Kreuth, 772 m. Tourist-Information Kreuth, kreuth.de.

Ausgangspunkt: Parkplatz an der Weißach, 830 m. Ca. 4,5 km südlich von Kreuth nach der Bushaltestelle »Königsalm« links. Mit der Bahn von München nach Tegernsee, dann mit der Buslinie 9550 oder 9556 nach Kreuth Klamm.

Gehzeit: Parkplatz Weißach – Königsalm 1.20 Std., Königsalm – Schildenstein 1.55 Std., Schildenstein – Königsalm 1.15 Std., Königsalm – Parkplatz Weißach 1 Std.; Gesamtzeit 5.30 Std.

Höhenunterschied: Königsalm 295 Hm, Schildenstein zusätzlich 500 Hm; gesamt 795 Hm.

Anforderungen: Die Naturrodelbahn ist aus Sicherheitsgründen gegen jegliches Betreten und Befahren gesperrt. Daher führt die Wanderung erst einmal abseits der Bahn, aber ihrem Verlauf folgend durch den Wald. Dann führen oft Spuren weiter über Almwiesen in eine alpine Berglandschaft. Bei viel Schnee sind Schneeschuhe von Vorteil. Die letzten Meter auf den Schildenstein sind steil und bei Schnee nicht ganz einfach, daher am besten zu Fuß und bei geringer Schneelage.

Hangexposition: Nord, Südwest.

Lawinengefahr: Gering. Der Weg verläuft meist durch Wald und über einen Rücken.

Rodel: Im Januar und Februar stellt der Rodelclub jeden Freitagabend ab 19 Uhr die Rodelbahn der Öffentlichkeit zur Verfügung, rodelclub-kreuth.de.

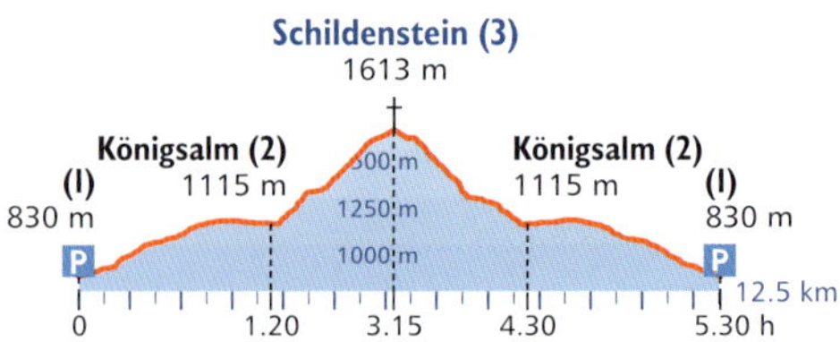

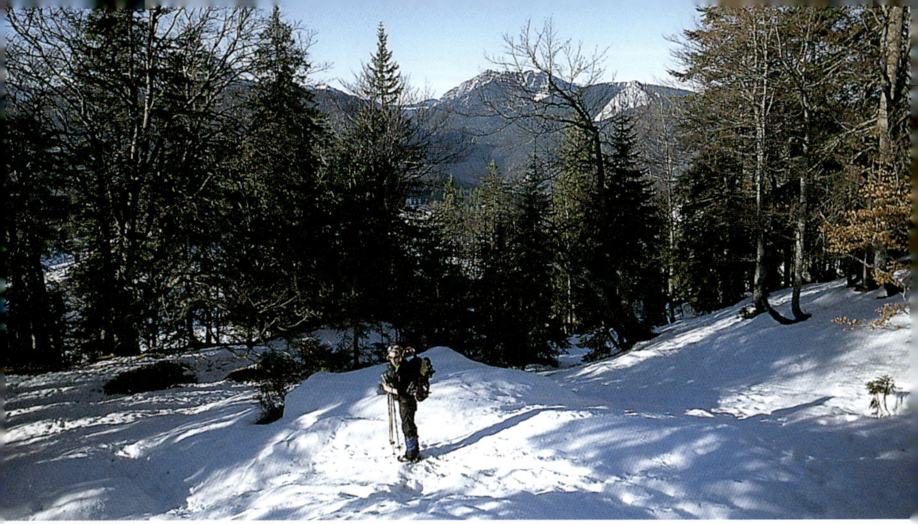

Beim Abstieg vom Schildenstein.

Vom **Parkplatz (1)** aus über die Brücke der **Weißach**. Dann rechts und 250 m später links weiter abseits der geräumten Rodelbahn. Die Rodelbahn wird für die Mitglieder des Rodelclubs in Kreuth präpariert. Unbedingt neben dieser gehen! Wir folgen dem Verlauf der Bahn in einigen Kehren durch den Wald bergauf. Gegen Ende hin nimmt die Steilheit ab, und wir erreichen die ersten Almwiesen. Dort halten wir uns nach Süden, überqueren die Wiesenfläche und ziehen dann eine Linkskurve zu einer Hütte auf 1125 m. An dieser vorbei und weiter Richtung Süden erreichen wir die **Königsalm (2)**, 1115 m. Wir gehen zwischen den beiden Almgebäuden hindurch und steigen zum Klammbach hinab. Jenseits wieder bergan und leicht links haltend hinauf zu einem Kamm. Auf diesem halten wir uns nach rechts (Süden) und kommen wieder in den Wald. Zwischen den Bäumen geht es nun steiler hinauf. Wir wenden uns nach Südosten und folgen weiter dem Kammverlauf. Dann erreichen wir den licht bewaldeten Sattel unterhalb des Schildensteins. Eine ausgedehnte Linkskurve bringt uns dem Ziel näher. Über den latschenbewachsenen Südwestgrat geht es schließlich auf einem verschneiten Steig hinauf zum Gipfel des **Schildensteins (3)**. Der Abstieg erfolgt auf dem Aufstiegsweg.

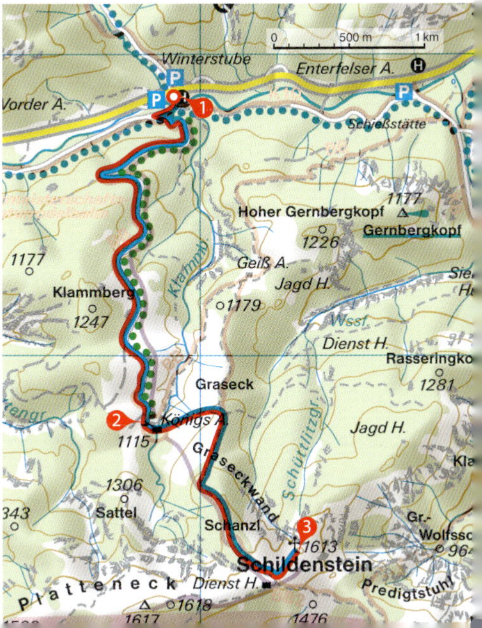

30 Setzberg, 1706 m

Von Kreuth

★

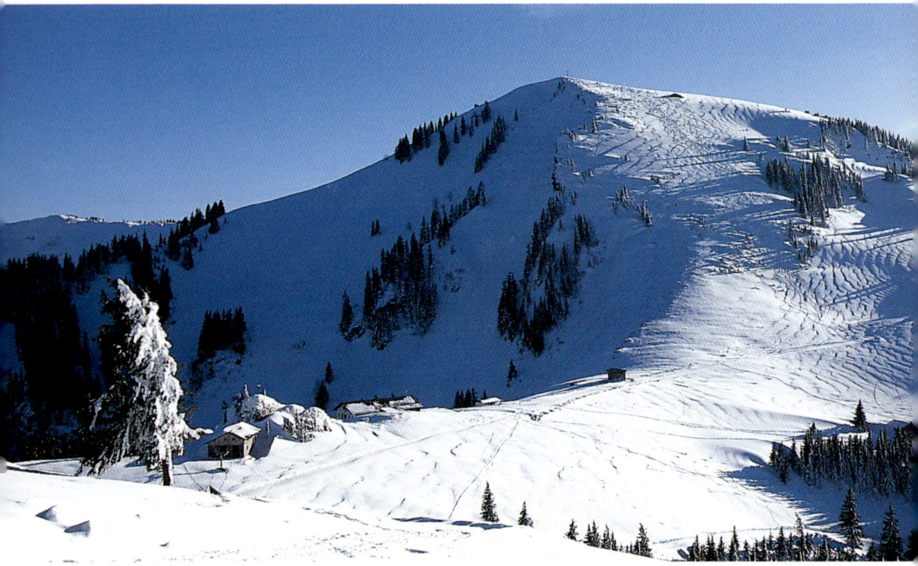

Der Setzberg mit seiner schattigen Nordostflanke.

Fitness in reiner Höhenluft

Mit Flechten bewachsene Bäume sind ein Zeichen für gute Luft. Kreuth, unser Ausgangspunkt, trägt seit 2018 den Titel »Bergsteigerdorf« und kann zu Recht mit seiner guten Luft werben. Diese Tour führt durch den Wald – mit vielen Flechten an den Bäumen – und ist etwas für all jene, die die seelische Erholung eines Waldspaziergangs zu schätzen wissen. Ohne Schneeschuhe und bei viel Schnee geht es zu Fuß bis ans Ende der Rodelbahn. Und das befindet sich mitten im Wald und bietet keine Einkehr und keine spektakuläre Aussicht. Dafür ist weniger los als auf dem gegenüberliegenden Hirschberg und der nebenan verlaufenden Rodelbahn vom Wallberg. Wer sich dem Rummel nähern will, der geht weiter – bei hoher Schneelage allerdings nur mit Schneeschuhen zu empfehlen. An der Selbstversorgerhütte der DAV-Sektion Freising vorbei in Richtung Wallberghaus. Spätestens hier ist Schluss mit der Einsamkeit, denn mit Bahn und Rodel ist die Hütte bequem zu erreichen. Wer darauf keine Lust hat, der macht einen großen Bogen um die Hütte und geht direkt hinauf auf den Setzberg, um den schönen Rundblick zu genießen. Zum Abschluss der Tour ist in Kreuth dann noch ein Abstecher zu der ältesten Leonhardskirche Bayerns (bereits 1184 erbaut) obligatorisch. Übrigens gehört die Gemeinde Kreuth zu den größten Deutschlands. Sie besteht aus 17 Orten zwischen Rottach-Egern und der Grenze nach Österreich.

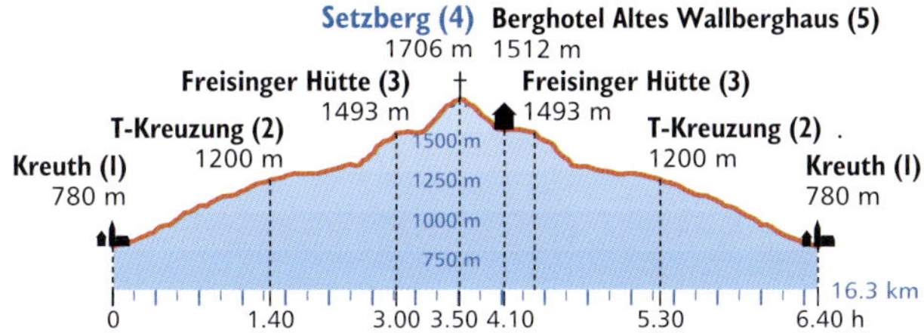

KURZINFO

Talort: Kreuth, 772 m. Tourist-Information Kreuth, kreuth.de.

Ausgangspunkt: Im Ort links über die Riedlerbrücke zum Parkplatz, 780 m. Mit der Bahn nach Tegernsee, vom Bahnhof mit der Buslinie 9550 oder 9556 nach Kreuth Klamm.

Gehzeit: Kreuth – Ende der Rodelbahn 1.40 Std., Ende der Rodelbahn – Setzberg 2.10 Std., Abstieg 2.50 Std.; Gesamtzeit 6.40 Std.

Höhenunterschied: Bis ans Ende der Rodelbahn 420 Hm, Setzberg zusätzlich 510 Hm; gesamt 930 Hm.

Anforderungen: Waldwanderung über eine geräumte Rodelbahn. Der Weiterweg auf den Setzberg ist nur selten gespurt und bei hoher Schneelage nur mit Schneeschuhen zu empfehlen.

Hangexposition: West, Südwest, Nordwest, Nord.

Lawinengefahr: Auf der Rodelbahn keine, dann mäßig. Auf- und Abstieg ab dem Wallberghaus auf den Setzberg nur bei sicheren Verhältnissen!

Einkehrmöglichkeit: Berghotel Altes Wallberghaus (Tel. +49 8022 7056979, wallberg-haus.de, Mo und Di Ruhetag, Übernachtungsmöglichkeit).

Kinder: Für Kinder bis zum Ende der Rodelbahn geeignet.

Rodel: Von der T-Kreuzung auf ca. 1200 m bis zum Parkplatz. Rodelverleih in Kreuth bei der »Sportwelt Kreuth«, Tel. +49 8029 402.

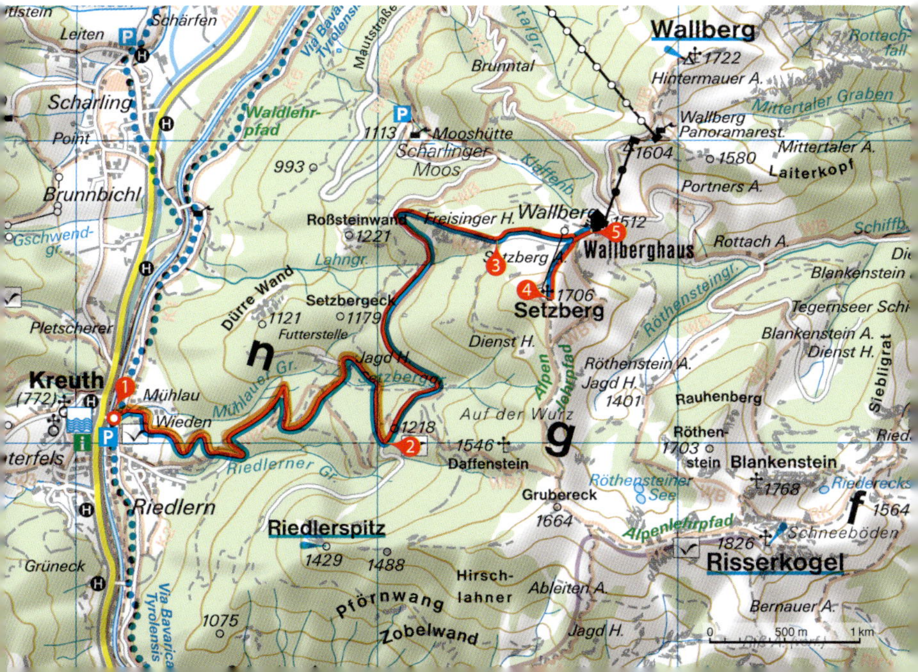

Vom Parkplatz in **Kreuth (1)** gehen wir bis zu der folgenden Straßengabelung. Dort halten wir uns rechts, links von uns liegt der Mühlauer Graben. Dann folgen wir dem Straßenverlauf in einer Rechts-links-Kurve. Nicht lange, und wir kommen in den Wald. Weiterhin den Serpentinen der geräumten Forststraße entlang, die in angenehmer Steigung durch den Bergwald führt. Auf ca. 1110 m gehen wir an einer kleinen Jagdhütte vorbei und halten uns rechts. Bald überqueren wir den Setzberggraben und kommen auf ca. 1200 m an eine **T-Kreuzung (2)**. Bis hierher ist die Straße meist geräumt. Wer nicht auf den Gipfel möchte, kehrt hier um. Für den Weiterweg deponieren wir, wenn wir einen dabei haben, den Rodel und gehen Richtung Setzberg.

Dazu halten wir uns an der T-Kreuzung links und folgen dem Verlauf der nun nicht mehr präparierten Forststraße. Dabei überqueren wir den Setzberggraben, später den Lahngraben und treffen dann auf die Abzweigung nach rechts zur Freisinger Hütte (Wegweiser »Setzberg, Wallberg«). Wir folgen dem roten Pfeil und halten uns immer in der Mitte des Rückens, der nun steiler bergan bis zur **Freisinger Hütte (3)**, 1493 m, führt.

Wir gelangen in freies Almgelände und gehen weiter Richtung Osten. Hinter der Setzbergalm verlockt das Berghotel Altes Wallberghaus zu einer Rast. Aber wer dranbleiben will, der sollte gleich nach rechts weitergehen, über den Nordhang hinauf zum Gipfel des **Setzbergs (4)**, 1706 m.

Nach getaner Arbeit und Gipfelgenuss steigen wir auf demselben Weg wieder hinab und gehen weiter zur verdienten Einkehr im **Berghotel Altes Wallberghaus (5)**, 1512 m. Auch der weitere Abstieg nach **Kreuth (1)** erfolgt über den Aufstiegsweg.

Nicht mehr lange, bis uns die wärmende Sonne erreicht.

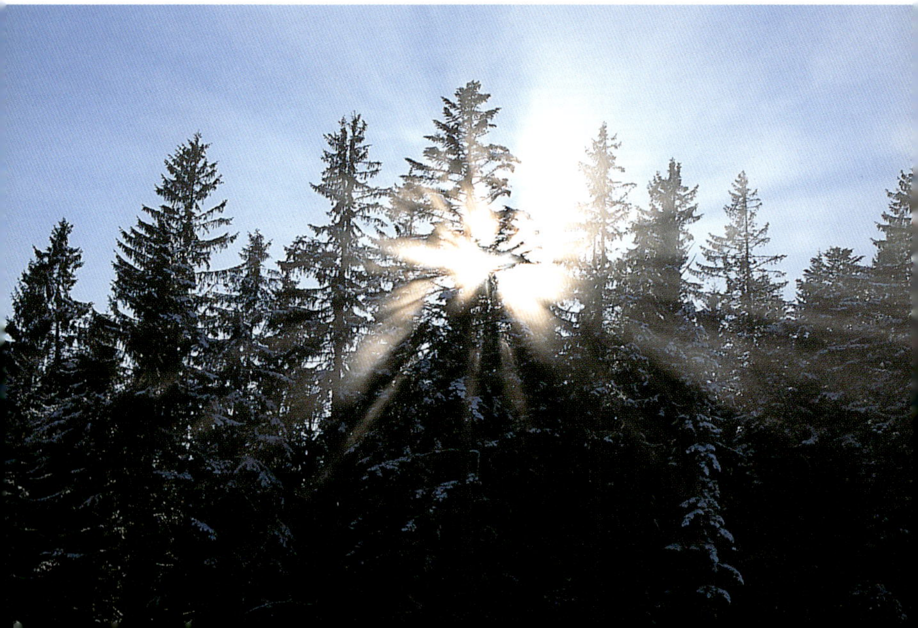

Wallberg-Runde, 1600 m

31

Ab der Talstation der Wallbergbahn

★

Zu Fuß auf den Hausberg Rottach-Egerns

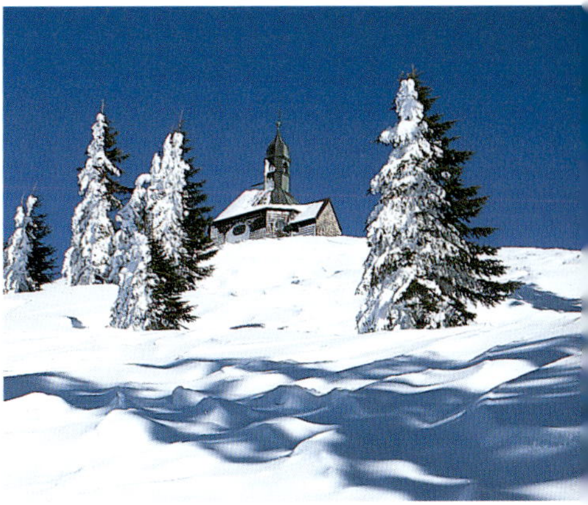

Die Heilig-Kreuz-Kirche, das sogenannte Wallbergkircherl.

Am Südende des Tegernsees ragt der breite, mächtige Bergrücken des Wallbergs empor. Direkt hinter Rottach-Egern bildet er die Begrenzung des Tegernseer Tals nach Süden. Diese Begrenzung ist aber nur visueller Art, denn im Tal führt die Straße über den Achenpass Richtung Österreich weiter. Bei viel Schnee wird der Pass gesperrt. Der Wallberg zählt wohl zu den meistbestiegenen Gipfeln der Tegernseer Berge. Ob das Wort Besteigung dabei der richtige Ausdruck ist, sei dahingestellt. Schließlich führt eine Seilbahn fast bis zum Gipfel hinauf. Da fällt es manchen Sonnenanbetern oder Gipfelhungrigen leicht, die Stempelsammlung zu erweitern. Nur wenige Schritte genügen zur ersten Einkehr mit Sonnenterrasse direkt an der Bergstation. Dazwischen ein paar mutige Skifahrer, die sich über die nicht präparierten steilen Pisten ins Tal hinab wagen. Als Skigebiet kann der Wallberg heutzutage nicht mehr mithalten. Trotzdem – die Aussicht von oben ist wunderschön. Selbst wer für den Aufstieg die Bahn benutzt, dem sei ein Spaziergang hinüber zum Kirchlein empfohlen, dessen Grundstein bereits 1907 gelegt wurde. Oder man geht noch weiter, am Wallberghaus vorbei auf den Setzberg. Dort oben ist die Aussicht fast noch schöner ...

Als Hausberg von Rottach-Egern fällt der Wallberg mit seinen Gegensätzen von Natur und Technik gar nicht auf. Der Doppelkurort vereint alte Bauernkultur mit städtischer Eleganz. Auf dem Friedhof liegen unter anderem Ludwig Thoma und Ludwig Ganghofer. Die zwei Repräsentanten bayerischer Literatur konnten persönlich nicht allzu gut miteinander. Doch alle Ungereimtheiten beiseite, es ist einfach schön hier.

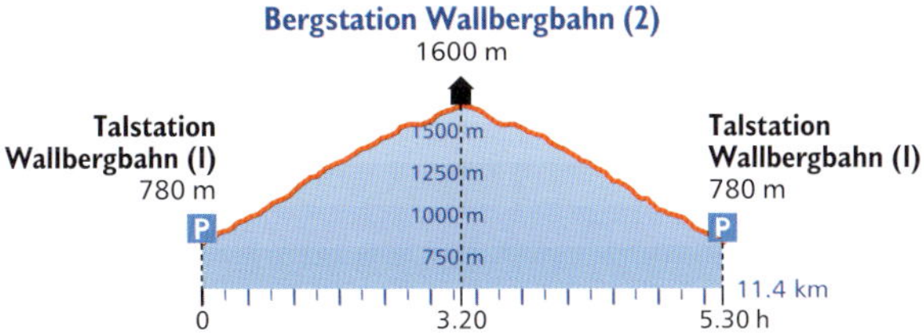

KURZINFO

Talort: Rottach-Egern, 731 m. Kuramt Rottach-Egern, rottach-egern.de.

Ausgangspunkt: Talstation der Wallbergbahn, 780 m. Nach Reitrain linker Hand der Beschilderung folgen. Mit der Bahn nach Tegernsee, dann mit der Buslinie 9550 oder 9556 zur Haltestelle Wallbergbahn.

Gehzeit: Talstation der Wallbergbahn – Bergstation 3.20 Std., Abstieg 2.10 Std.; Gesamtzeit 5.30 Std.

Höhenunterschied: Berghotel Altes Wallberghaus 720 Hm, Bergstation zusätzlich 100 Hm; gesamt 820 Hm.

Anforderungen: Der Weg wird meist von Einheimischen eingetreten. Für Ortsunkundige ist er ohne Spuren (bei Neuschnee) schlecht zu finden. In diesem Fall ist das Rodelvergnügen vorzuziehen.

Hangexposition: Nordwest, West.

Lawinengefahr: Mäßig. Im Wald wird ein kurzer Lawinenstrich gequert.

Einkehrmöglichkeit: Wallbergmoosalm (Tel. +49 8022 5638, wallbergmoosalm.de, Mo und Di bzw. Mi. Ruhetag), Berghotel Altes Wallberghaus (Tel. +49 8022 7056979, wallberg-haus.de, Mo und Di Ruhetag, Übernachtungsmöglichkeit), Restaurant an der Bergstation, Tel. +49 8022 6800, wallberg-restaurant.de.

Seilbahn: Wallbergbahn (Gondeln), Tel. +49 8022 705370, wallbergbahn.de.

Rodel: Rodeln kann man von der Wallbergbahn-Bergstation bis zur Talstation. Unterwegs sind es nur wenige Schritte zum Wallberghaus und später zur Wallbergmoosalm. An der Talstation können Rodel ausgeliehen werden.

Schneeschuhe: Schneeschuhgänger folgen vom Parkplatz Hufnagelstube erst der Rodelbahn. Dann weiter über die Forststraße nach Westen entlang des Schiffbaches bis zur Rottachalm. Nach rechts, steiler hinauf zur Portnersalm und in einer Links-rechts-Kurve zum Berghotel Altes Wallberghaus. 615 Hm, insgesamt ca. 4 Std. Hangexposition: Süd, Südost, Ost. Nur bei sicheren Lawinenverhältnissen!

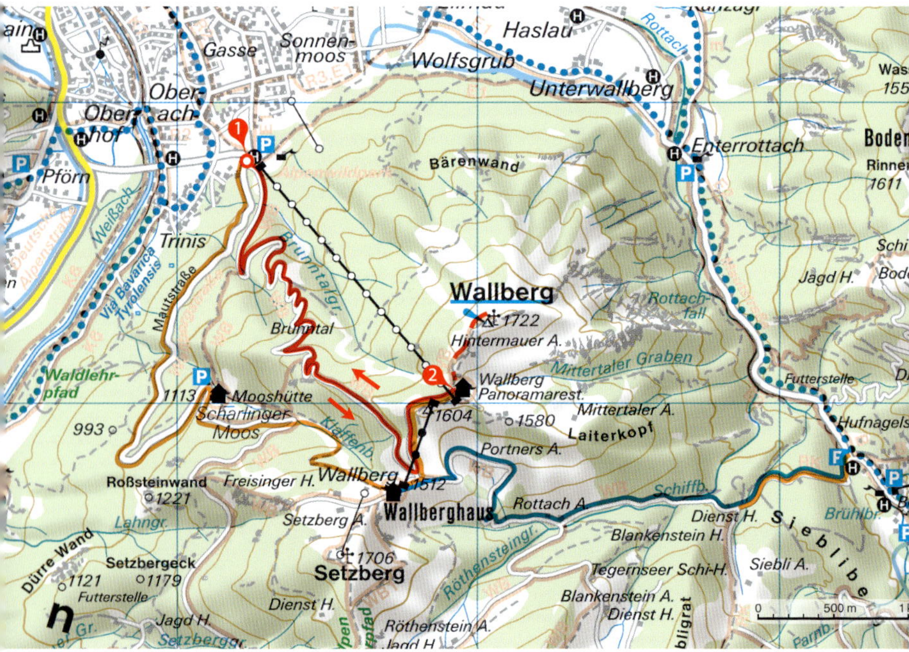

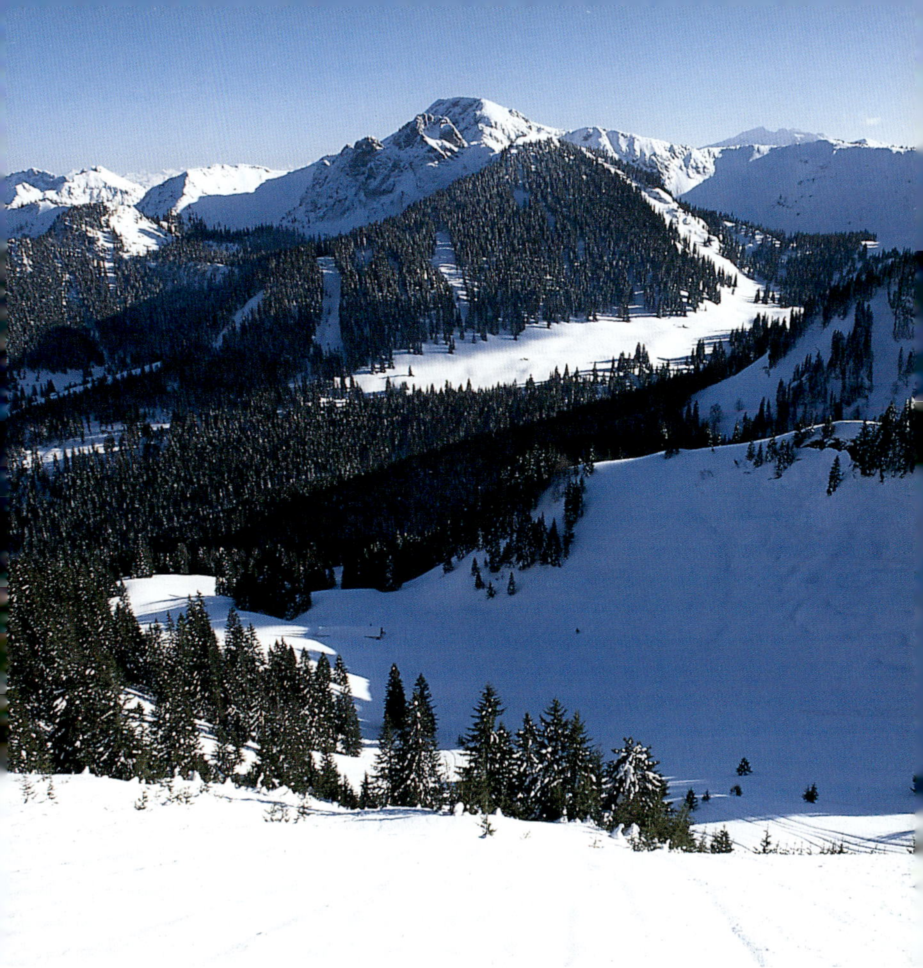

Ausblick am Wallberg Richtung Risserkogel und Plankenstein.

Von der **Talstation der Wallbergbahn (1)** führt uns, rechter Hand der Gondel und linker Hand der Rodelbahn, die Beschilderung in den Wald Richtung Berggaststätte Wallbergmoosalm. Wenig später überqueren wir die Varianten-Skiabfahrt. Vorsicht Skifahrer! Gegenüber der nicht präparierten Skipiste führt der Weg weiter durch den Wald. Wir kommen an eine Weggabelung (Lawinenstrich 100 m), an der die Beschilderung in beide Richtungen zum Wallberg weist. Wir gehen links und überqueren einen Bach. Dabei folgen wir dem verschneiten, jedoch meist ausgetretenen Sommerweg Richtung Nordosten. Wir erreichen den sogenannten Glaslhang, einen steilen Skihang. An dessen rechter Begrenzung geht es weiter bergan. Bald verlassen wir den Hang wieder nach rechts. An einigen schönen Aussichtsplätzen vorbei leitet der Weg in Serpentinen hinauf in Richtung Südosten.

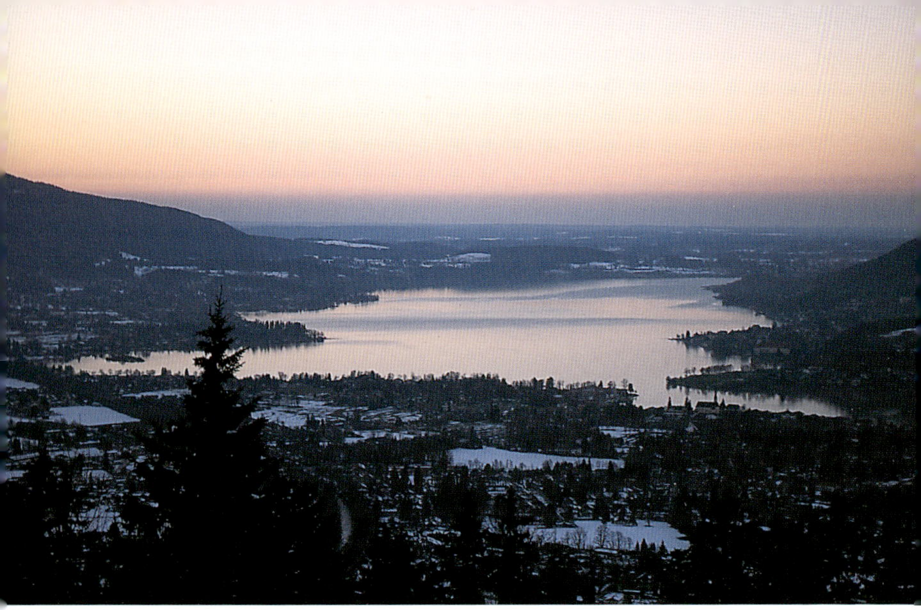

Der Tegernsee spiegelt die Farbe des Abendrotes.

Später, wenn die Beschilderung weiter zur Berggaststätte Wallbergmoosalm leitet, halten wir uns links. Mehr als die Hälfte des Weges ist nun bereits geschafft! Weiter geht es den Spuren nach durch den verschneiten Wald. Entlang eines Rückens, der sich rechter Hand der Bahn hinaufzieht, gehen wir nach Südosten. Der Wald wird lichter, und bald erreichen wir die freien Wiesen über dem weitläufigen Sattel zwischen Setzberg und Wallberg. Vor uns zieht die Rodelbahn hinab ins Tal und rechter Hand lockt das **Berghotel Altes Wallberghaus** mit seiner warmen Stube.

Doch wir halten uns links und steigen noch etwas weiter bergan. Am gespurten Fahrweg, den auch die Rodler benutzen, ist gegenseitige Rücksichtnahme angebracht, deshalb am Rand gehen! Oberhalb von uns liegt die Heilig-Kreuz-Kirche. Ein kleiner Abstecher lohnt sich. Immerhin wurde eigens zu deren Erbauung 1903 ein Verein gegründet. Bei guter Wetterlage reicht die Sicht von hier aus bis zur Zugspitze. Wenig später erreichen wir auch schon die **Bergstation der Wallbergbahn (2)** und das dazugehörige Panoramarestaurant auf 1600 m.

Noch gute hundert Höhenmeter sind es von hier bis auf den Gipfel des **Wallbergs** mit seinen 1722 m. Der Weg ist durch die Gleitschirm- und Drachenflieger, die von dort starten, oft eingetreten. Und ist einmal die Vorarbeit getan, dann sollte einem Gipfelglück auch nichts mehr im Wege stehen.

Der Abstieg erfolgt auf dem Anstiegsweg. Wer als Ausklang noch einen Abstecher zur Berggaststätte Wallbergmoosalm machen möchte (die Rodler kommen fast automatisch daran vorbei), der geht an der zweiten möglichen Abzweigung nicht ins Tal weiter, sondern folgt der Beschilderung Wallbergmoos und der dazugehörigen Stromleitung.

Neureuthaus, 1262 m

Von Tegernsee

★★

Der Klassiker über dem Tegernsee

Eine frisch verschneite Forststraße. Stille ringsherum. Langsam ziehe ich den Schlitten bergauf, dessen Kufen durch den lockeren Schnee gleiten. Ich halte inne und schaue zurück. Die ersten Sonnenstrahlen brechen sich in den Ästen der Bäume. Plötzlich etwas Hektisches. Ein Verfolger! Eine kleine Maus kämpft sich durch die Spuren der Kufen.
Manchmal gibt es Dinge, die gibt es eigentlich nicht ... An der Neureut ist meist der Bär los. Nicht umsonst, denn unser Ziel ist eine schöne Einkehr mit Aussicht. Montags ist hier aber Ruhetag. Da geht es dann auch an sonnigen Tagen deutlich ruhiger zu. Da trifft manch einer sogar auf kleine Verfolger, die sich hervortrauen. Die ehemals einsame Alm ist heutzutage der Klassiker oberhalb vom Tegernsee. Bei einer deftigen Brotzeit auf der großen Terrasse kann man hinabschauen auf das vielleicht blaueste Wasser des Freistaates Bayern. An dessen Ufern liegt das um das Jahr 747 gegründete Kloster, wenig später eines der bedeutendsten Kulturzentren des Alpenraumes. König Max I. erwarb 1817 die Reste des ehemaligen Klosters und wandelte es in eine Sommerresidenz um. Heutzutage erfreut sich die Öffentlichkeit beim Besuch des bekannten Bräustüberls der Herzoglichen Brauerei. Wir genießen aber – bevor wir später vielleicht »eine Maß mit Radi« im Bräustüberl bestellen – erstmal die Aussicht auf die Zacken von Blankenstein, Riederstein und Leonhardstein. Danach geht es rasant mit dem Rodel wieder ins Tal. Oder etwas gemütlicher zu Fuß, oder, je nach Schneelage, mit Schneeschuhen.

Die kleine Gedenkkapelle unterhalb des Neureuthauses.

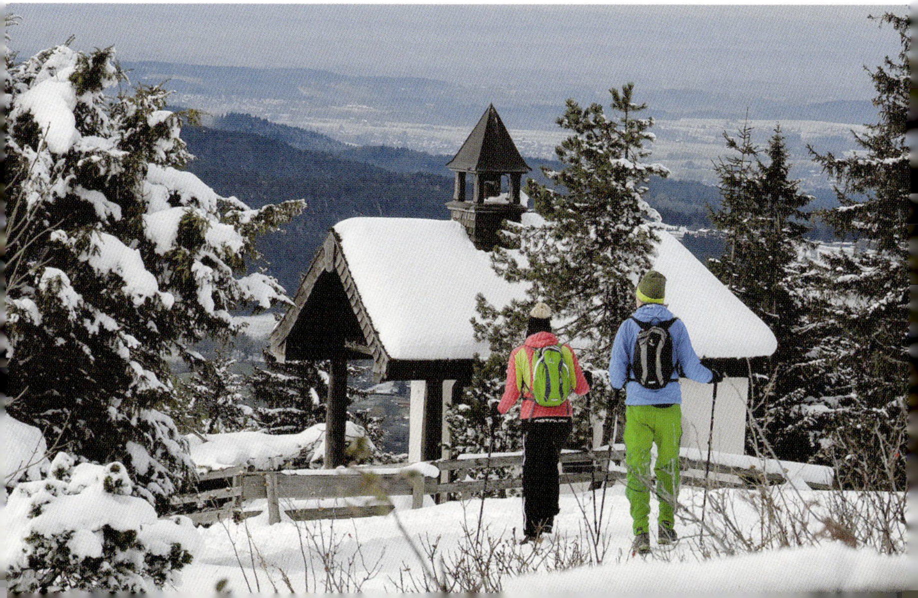

KURZINFO

Talort: Tegernsee, 747 m, Tourist-Information, tegernsee.de.
Ausgangspunkt: Gebührenpflichtiger Parkplatz hinter dem Gasthof Lieberhof, 900 m. In Tegernsee links in die Bahnhofstraße und weiter auf der Neureuthstraße vorbei am Gasthof bis zum Parkplatz. Mit der Bahn nach Tegernsee, dann zum Bahnhofplatz und links in die Neureuthstraße abbiegen. Dieser in 20 Min. bis zum Parkplatz folgen
Gehzeit: Tegernsee – Neureut 1.30 Std., Abstieg 1 Std.; Gesamtzeit 2.30 Std.
Höhenunterschied: 365 Hm.
Anforderungen: Ein leichter Anstieg über eine meist geräumte Rodelbahn. Die Schneeschuhroute ist bei wenig Schnee auch für Wanderer eine Alternative.
Lawinengefahr: Keine.
Einkehrmöglichkeit: Berggasthof Neureuthaus (Tel. +49 8022 4408, neureuth.com, Mo Ruhetag, außer Feiertag, dann Di Ruhetag).
Rodel: Der Anstiegsweg für Wanderer ist eine meist geräumte Rodelbahn.
Variante: Vom Neureuthaus der Beschilderung nach Osten zur Gindelalm folgen. Dann absteigen nach Hausham und mit dem Zug zurück. 50 Hm, ca. 2.30 Std. (s. Tour 33).

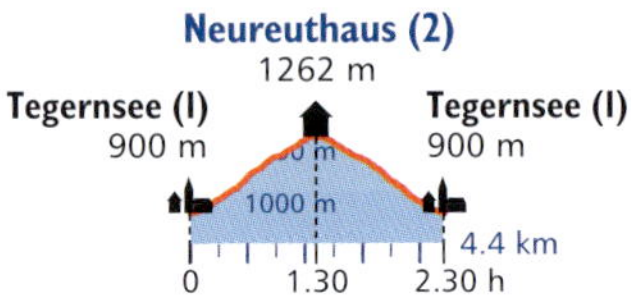

Vom Parkplatz in **Tegernsee (1)** aus die weiterführende Forststraße entlang. Da der Zustieg gleichzeitig als Rodelbahn genutzt wird, ist eine gegenseitige Rücksichtnahme angebracht. Kurz darauf an der Weggabelung links Richtung »Neureut«. Den nächsten Abzweig nach links ignorieren wir und gehen weiter geradeaus. Die Rodelbahn leitet uns kurvig weiter bergauf durch den Wald. Zur Linken sehen wir das dunkle **Neureuthaus (2)** zwischen den Bäumen hindurch, und wenig später erreichen wir das Gasthaus. Unterhalb davon liegt eine kleine Kapelle »Zum Gedenken der Gefallenen beider Weltkriege«. Die Neureut ist zwar kein Gipfel, aber ein lang gezogener Kamm, der glücklicherweise im oberen Teil waldfrei ist. Und genau deshalb auch ein schönes Ziel. Genießen wir also die Aussicht!
Der Abstieg erfolgt auf dem Aufstiegsweg.

Wanderer auf der verschneiten Forststraße Richtung Neureut.

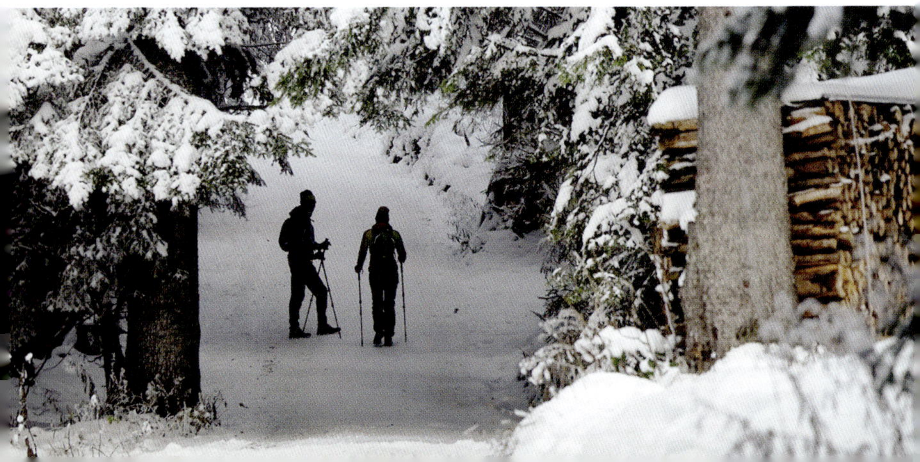

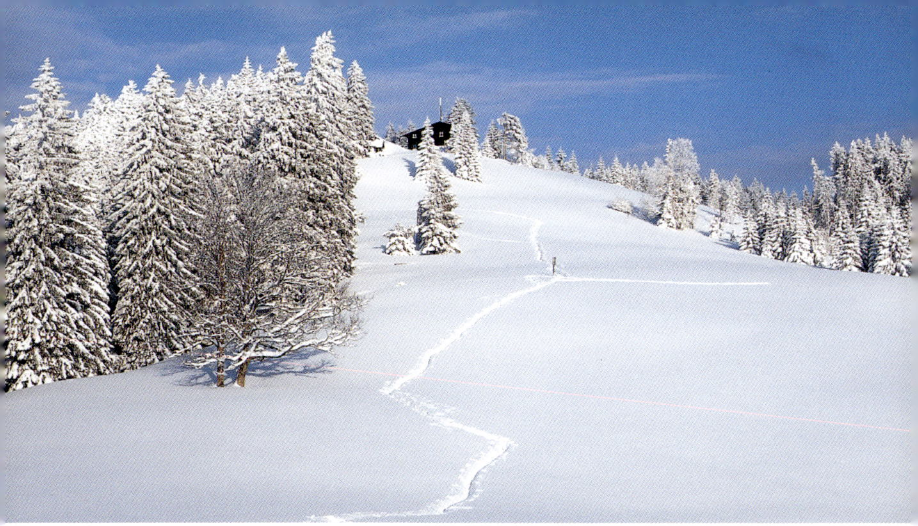

Ein dunkler Fleck in der weißen Winterlandschaft: das Neureuthaus.

Schneeschuhgänger folgen vom Parkplatz in **Tegernsee** nicht der Rodelbahn, sondern wählen den Aufstieg über den Westerhofweg (bei wenig Schnee auch ohne Schneeschuhe). Hierzu gehen wir die Neureuthstraße ein kurzes Stück zurück. Dann biegen wir rechts in die Olaf-Gulbransson-Straße ein. (Über diesen außergewöhnlichen Zeichner der Satire-Zeitschrift Simplicissimus gibt es übrigens im Kurgarten Tegernsee ein Museum.) Auf dieser bis zur Privatklinik Westerhof. Vor der Klinik rechts, die Straße verlassen und geradewegs über den schmalen, nicht geräumten Weg bergauf. Er mündet in eine Forststraße. Hier links, nach Nordwesten, dann folgen wir rechts der Beschilderung »Neureut über Westerhofweg«. Darauf nochmals rechts, anschließend eine Links- und eine Rechtskurve. Dann halten wir uns links und folgen den orangenen Punkten. Wir treffen auf einen Unterstand und gehen entsprechend der Beschilderung nach rechts Richtung Neureut. Eine Wegschneise weist uns durch den Wald bergan. Wir verlassen den Wald und erreichen rechter Hand einen freien, verschneiten Wiesenhang. Über diesen zu dem bereits sichtbaren **Neureuthaus** hinauf.

Der Abstieg erfolgt auf dem Aufstiegsweg.

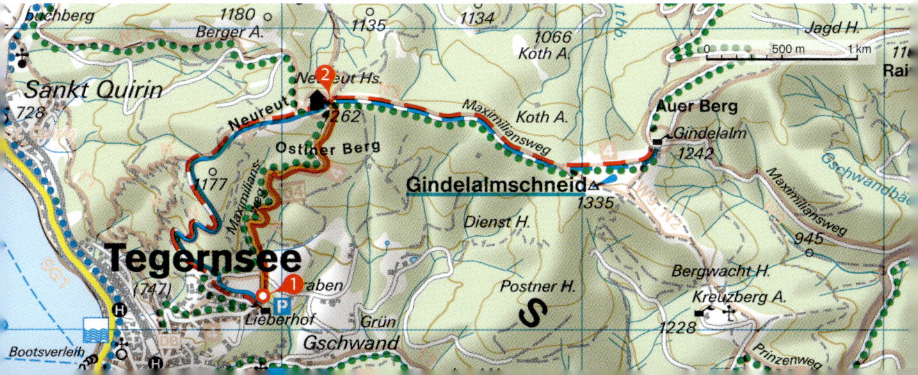

33 Huberspitz, 1052 m

Und Gindelalmschneid

★

Waldwanderung in den Bayerischen Voralpen

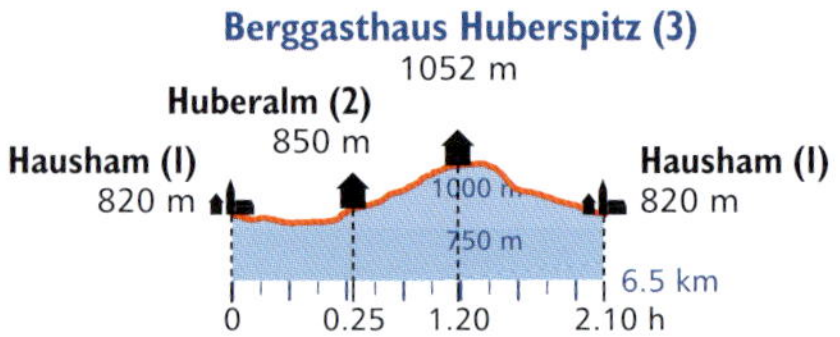

Zwischen Schliersee und Tegernsee zieht sich ein bewaldeter Bergrücken entlang. Die Gindelalmschneid ist die zweithöchste Erhebung auf diesem langen Rücken, die höchste ist die Baumgartenschneid. Mit Schneeschuhen ist es kein Problem, diesem Rücken zu folgen. Winterwanderer müssen da schon auf schneearme Winter warten, mit dem Huberspitz vorlieb nehmen oder ermüdende Spurarbeit leisten. Freunde der Einsamkeit kommen hier auf ihre Kosten und haben vielleicht das Glück, in unberührtem Schnee ihre Spuren zu setzen. Wer Wälder und sanfte Hügel mag, der findet hier ein ideales Terrain abseits der Hektik. Der Zivilisation entfliehen, bedeutet hier, von oben auf sie herabzuschauen und an der Neureut über dem Tegernsee wieder in den touristischen Rummel zurückzukehren. Von dem langen Rücken aus eröffnen sich immer wieder schöne Ausblicke auf Hausham.

Hausham ist ein ehemaliger Bergwerksort. Zwischen 1861 und 1966 wurde dort Braunkohle gefördert. Der Förderturm ist von der Straße aus nicht zu übersehen. Wer sich für die Arbeitsweise der Bergleute interessiert, sollte sich das Bergwerksmuseum im Kellergeschoss des Rathauses anschauen. Das Museum ist jeden ersten Samstag im Monat von 14 bis 16 Uhr geöffnet.

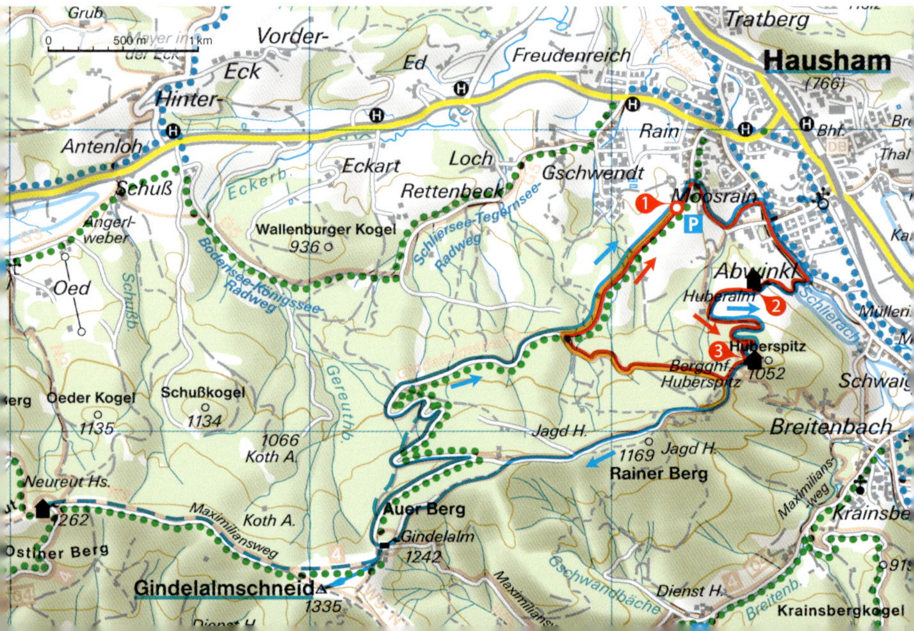

KURZINFO

Talort: Hausham, 766 m, Alpenregion Tegernsee Schliersee, tegernsee-schliersee.de/hausham.
Ausgangspunkt: Parkplatz Alpenstraße, 820 m. In Hausham Richtung Gmund und nach 500 m links in die Alpenstraße. Nach ca. 600 m Parkmöglichkeit. Von der Bahnstation Hausham (an der Bahnlinie München – Schliersee) mit dem Bus 9555 oder 9558 zur Haltestelle Hausham Abzweig Alpenstraße. Alternativ vom Bahnhof zu Fuß zur Dr.-Franz-Langecker-Straße, dieser folgen, dann rechts an der Naturfreundestraße bis zur Schlierach.
Gehzeit: Hausham – Huberspitz 1.20 Std., Huberspitz – Hausham 0.50 Std.; Gesamtzeit 2.10 Std. (mit Gindelalmschneid 4.10 Std.).
Höhenunterschied: 295 Hm (Gindelalm zusätzlich 190 Hm, Gindelalmschneid zusätzlich 95 Hm).
Anforderungen: Eine Waldwanderung über einen oft gespurten schmalen Weg auf den Huberspitz (kann stellenweise vereist sein!). Dann entweder auf einer geräumten Forststraße (Rodelpiste) zurück nach Hausham oder weiter Richtung Gindelalm. Für den Weiterweg sind allerdings meist Schneeschuhe erforderlich, ohne Spuren auch eine gute Karte und Orientierungssinn.
Hangexposition: Nord.
Lawinengefahr: Bei extremer Schneelage die freien Hänge unter dem Huberspitz und um die Gindelalm umgehen.
Einkehrmöglichkeit: Huberalm vor dem stillgelegten Huberspitzlift (Tel. +49 8026 9244840, +49 172 7089093, huabaoim.de, Fr bis So geöffnet), Berggasthaus Huberspitz (Tel. +49 8026 9296760, almbad.de, Fr bis So und feiertags geöffnet), Neureuthaus (Variante, Tel. +49 8022 4408, neureuth.com, Mo Ruhetag, außer Feiertag, dann Di Ruhetag).
Rodel: Rodler folgen der Forststraße vom Parkplatz weiter und halten sich am folgenden Abzweig links. Auf 1050 m führt links ein Abzweig zum Berggasthaus Huberspitz. Wer das Abfahrtsvergnügen verlängern will, folgt der Straße noch einige Meter (Richtung Gindelalm) bis zu einem Unterstand.
Variante: Schneeschuhgänger können hinter den Gindelalmen auf einem Abzweig nach Westen Richtung Neureut gehen. Wir treffen auf den E4 und folgen dem Rücken weiter durch den Wald bis zum bewirtschafteten Neureuthaus. Auf der Rodelbahn nach Tegernsee absteigen. Ca. 2 Std., 50 Hm (s. Tour 32). Mit dem Zug zurück nach Hausham.

Vom Parkplatz in **Hausham (1)** geht es erst mal wieder zurück. Wir biegen rechts ab in den Moosrainer Weg und darauf links in die Huberbergstraße. An der T-Kreuzung rechts und an der Schlierach entlang. Vor dem Huberspitzlift verlassen wir den Bach rechts über die kleine Brücke und gehen auf der Straße bis zur **Huberalm (2)** hinauf. Am Gasthaus nach Westen weiter. Die Richtung beibehaltend queren wir unterhalb eines verschneiten Wiesenhanges, der vom Huberspitz herabzieht. Wir erreichen den Wald, überqueren einen kleinen Bach und halten uns links. Der Weg führt nun steiler bergan. Nach einer Linkskurve erreichen wir einen kleinen Unterstand und folgen dem Weg weiter durch den Wald. Zwischen den Bäumen eröffnet sich ein schöner Blick auf Hausham. Wir gehen nun oberhalb des verschneiten Wiesenhanges weiter. In weitläufigen Kurven führt der Weg bergan. Fast oben auf dem Huberspitz, 1052 m, angekommen, treffen wir zuerst auf ein Privathaus. An diesem auf der kleinen Straße vorbei und weiter bis zum **Berggasthaus Huberspitz (3)**.
Hinter dem Berggasthaus treffen wir auf die Forststraße nach Hausham. Rechts auf dieser hinab. Am folgenden Abzweig wieder rechts und weiter bis zum Parkplatz in **Hausham (1)**. Da die Straße auch

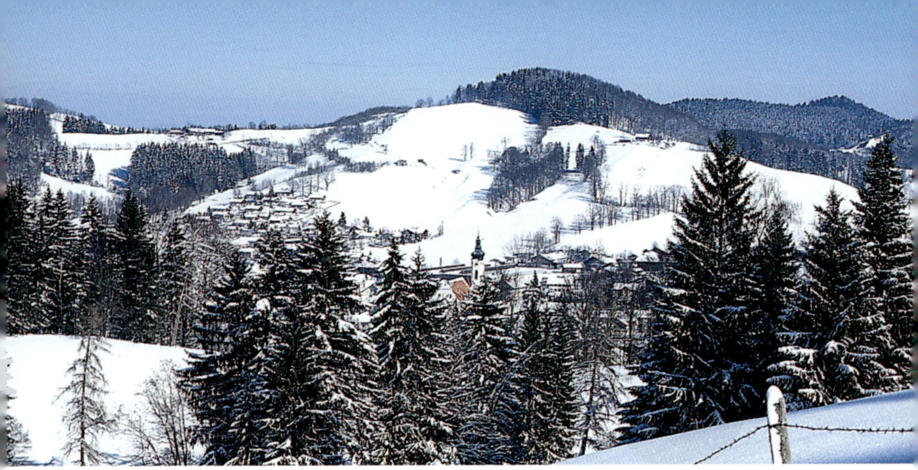

Blick auf Hausham.

von Anliegern und Rodlern genutzt wird, ist Vorsicht geboten.
Schneeschuhgänger gehen vom Huberspitzstüberl über den Höhenzug weiter zur Gindelalm. Dazu erst noch zu Fuß auf der geräumten Straße hinter dem Huberspitzstüberl linker Hand bergan bis zum wie eine Bushaltestelle aussehenden Unterstand. Die geräumte Straße ist hier zu Ende, und die Schneeschuhe kommen zum Einsatz. Wenn noch keine Spuren da sind, ist eine gute Karte und Orientierungssinn notwendig. Vor dem Unterstand rechts in den tieferen Schnee abzweigen Richtung »Gindelalm«. Wir folgen geradewegs der Wegschneise durch den Wald. An einer Weggabelung geht es in beide Richtungen zur Gindelalm. Wir gehen geradeaus weiter bergauf und halten uns dabei immer am höchsten Punkt des schwach ausgeprägten Rückens. Dann kommen wir an ein paar kleinen Hütten vorbei, ziehen von hier aus einen weiten Linksbogen und erreichen die freie Fläche der **Gindelalm**. Unterhalb von uns liegen die Almhütten.
Wer Lust hat, geht an den Hütten vorbei noch weiter zum höchsten Punkt, der sogenannten **Gindelalmschneid**, 1335 m.
Von den Almen aus schlagen wir die nicht geräumte Straße nach Norden ein. Sie führt durch den Wald in Kurven bergab. Diese Kurven können abgekürzt werden. Leider sind die Abkürzungen nicht markiert. Wer einen klaren Weg bevorzugt, sollte sich daher besser an den Straßenverlauf halten. Ansonsten können wir gleich zu Beginn einem Geländer folgen, das linker Hand bergab in den Wald weist. Leicht rechts haltend kann so die erste ausgedehnte Straßenkurve abgekürzt werden. Wir treffen an der folgenden Kurve wieder auf die Straße. Gleich darauf führt nach links eine weitere Abkürzung. Genauso leicht nach rechts haltend, treffen wir wieder auf die Straße, die ihre nächste Kurve zieht. Wir folgen kurz der Linkskurve, dann kann rechter Hand eine Abkürzung eingeschlagen werden – der Stockerweg. An der folgenden Weggabelung halten wir uns rechts. Wir treffen dann auf die Rodelbahn bzw. auf die Straße, die zum Huberspitzstüberl führt. Auf dieser bergab zurück zum Parkplatz in **Hausham**.

Baumgartenschneid, 1444 m

Von Schwaighof über den Riederstein

★★★

Auf den Hausberg von Ludwig Thoma

Bis zu Beginn des 19. Jahrhunderts war es noch ruhig um den Tegernsee. Fernab von wichtigen Handelsstraßen, Städten und Burgen war die landschaftliche Schönheit vollkommen. Dann entdeckten Künstler wie Ludwig Thoma, Ludwig Ganghofer und Olaf Gulbransson das Tal, die vielen »Fremden« nicht zu vergessen. Heutzutage gibt es wahrscheinlich bald mehr Ferien- und Zweitwohnsitze als Ortsansässige, und die Einheimischen sind – je nach Saison – in der Minderheit. Kein Wunder: Es ist ja auch besonders schön hier. Den allerschönsten Ausblick von oben hat man, so heißt es, von der Baumgartenschneid. Der Heimatdichter Ludwig Thoma ist auch schon oft und gerne auf den Baumgarten gestiegen, allerdings zum Jagen und nicht zum Bergsteigen. Sein Haus steht in der Nähe unseres Ausgangspunktes: Die Riedersteinstraße zurück und die erste Möglichkeit links in die »Tuften«.

All diejenigen, die noch mehr Ausblicke genießen wollen, steigen auch auf den markanten Felszacken oberhalb des Galaun: den Riederstein. Von Weitem erscheint die Besteigung dieses schroffen Felsklapfs unmöglich. Doch entgegen jeder Erwartung fristet die kleine Kapelle ganz oben kein einsames Dasein. Von »hinten« führen Treppen zu dem schönen Aussichtsbalkon mit Bank. Ein Diener des Schlosses in Tegernsee errichtete 1841/42 die Kapelle. Damals konnten etwa drei Personen darin sitzen.

Auf der dritten Station dieser Wanderung heißt es dann: Platz nehmen. Denn da wartet noch eine gemütliche Einkehr auf durchgefrorene und (oder) durstige Wanderer. Wer nicht bereits im Aufstieg hängengeblieben ist, hat es spätestens nach Ludwig Thomas' Hausberg verdient.

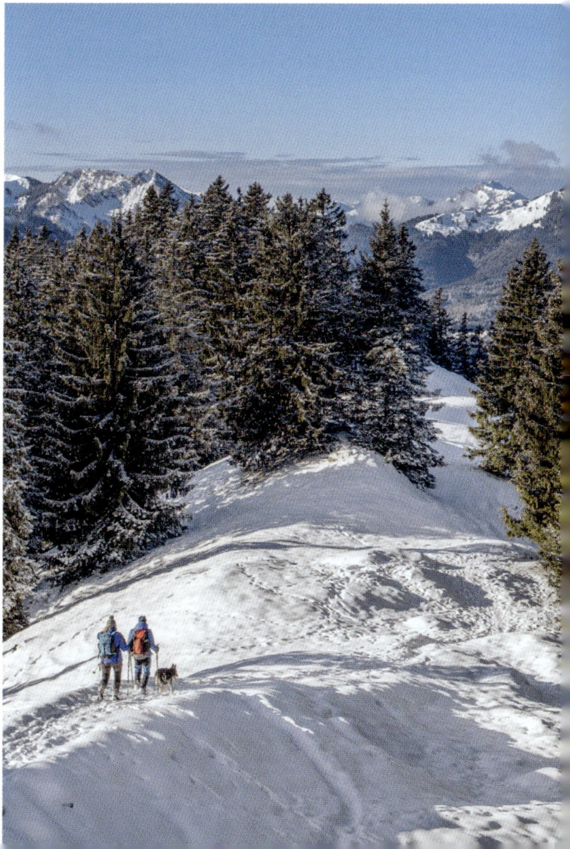

Abstieg vom Gipfel der Baumgartenschneid.

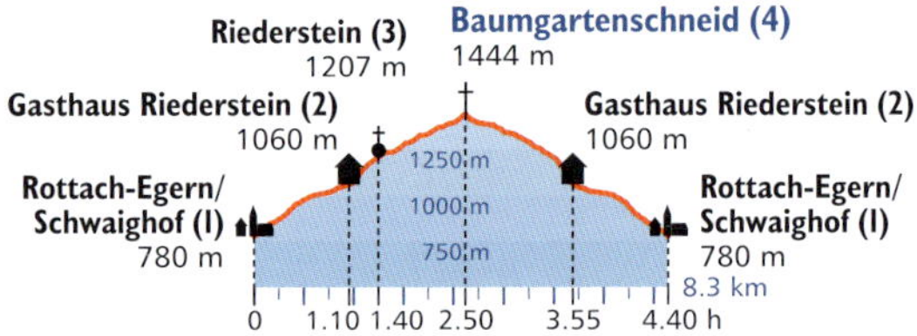

KURZINFO

Talort: Tegernsee, 747 m, Tourist-Information Tegernsee, tegernsee.de.
Ausgangspunkt: Ortsteil Schwaighof zwischen Tegernsee und Rottach-Egern, 780 m. Am Ortsausgang von Tegernsee links ab Richtung Schwaighof, die Riedersteinstraße entlang. Kostenpflichtiger Parkplatz am Straßenende. Von der Bahnstation Tegernsee mit dem Bus 9550, 9556, 9557, 9559, 9560 zur Haltestelle Schwaighof. Nun in die Riedersteinstraße abzweigen und dieser bergan folgen bis zum Parkplatz.
Gehzeit: Schwaighof – Galaun 1.10 Std., Galaun – Riederstein 0.30 Std., Riederstein – Baumgartenschneid 1.10 Std., Abstieg 1.50 Std.; Gesamtzeit 4.40 Std.
Höhenunterschied: Galaun 280 Hm, Riederstein zusätzlich 150 Hm, Baumgartenschneid zusätzlich 285 Hm; gesamt 715 Hm.
Anforderungen: Bis zum Gasthaus Riederstein am Galaun gelangt man über eine meist geräumte Rodelbahn. Für den Auf- und Abstieg ist daher gegenseitige Rücksichtnahme angesagt. Der Weiterweg zum Riederstein und zur Baumgartenschneid ist oft gespurt, hat aber steilere Abschnitte, die bei vereistem Schnee sehr rutschig werden.
Hangexposition: Süd.
Lawinengefahr: Gering. Der Weg führt nach dem Berggasthaus erst durch den Wald und wenn man zur Baumgartenschneid hinauf auf dem Rücken bleibt, besteht keine Gefahr. Wenn viel Schnee liegt, sollte der Weiterweg vom Riederstein zur Baumgartenschneid nur bei sicheren Verhältnissen begangen werden.
Einkehrmöglichkeit: Berggasthaus Riederstein am Galaun (Tel. +49 8022 273022, berggasthaus-riederstein-am-galaun.de, Di und Mi Ruhetag).
Kinder: Bis zum Gasthaus Riederstein am Galaun geeignet.
Rodel: Bis zum Gasthaus Riederstein eine meist geräumte Rodelbahn. Diese ist jedoch schnell eisig und apert aus.

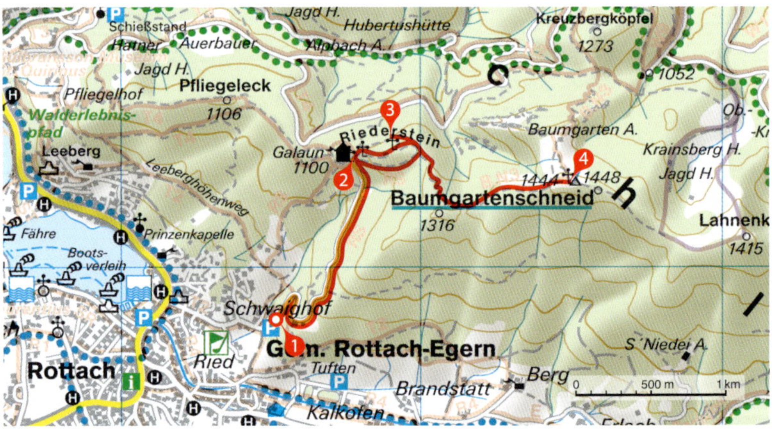

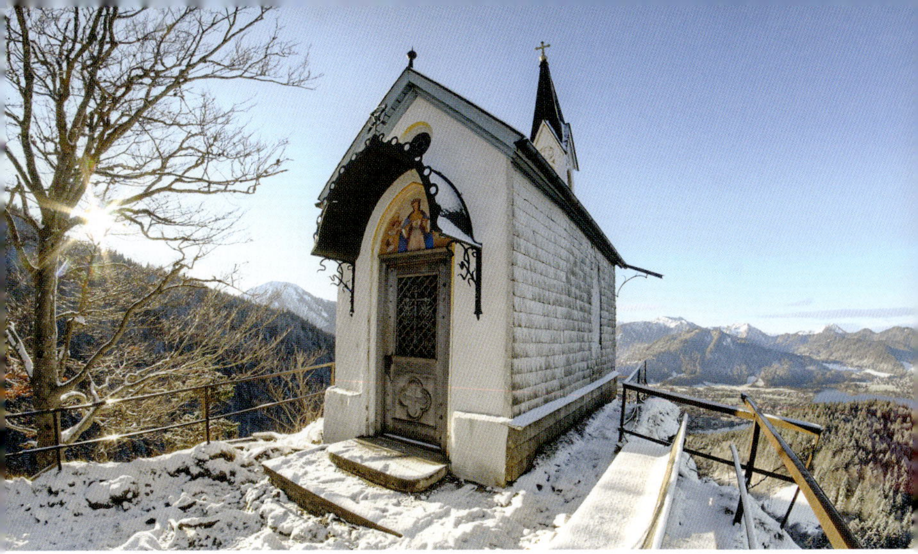

Die neugotische Kapelle auf dem Felssporn des Riedersteins. An ihrer Rückseite bietet sich ein herrlicher Blick auf den Tegernsee.

Vom Parkplatz in **Schwaighof (1)** folgen wir der Beschilderung »Riederstein, Baumgartenschneid«. Beim nächsten Abzweig wandern wir geradeaus weiter durch den Wald. zunächst steil – wir ignorieren einen weiteren Abzweig nach rechts –, dann etwas gemäßigter hinauf. Wir folgen dem Hauptweg und achten auf entgegenkommende Rodler. Die Forststraße führt direkt zum **Gasthaus Riederstein (2)** am Galaun, 1060 m. Hier endet die Rodelbahn, und für mitgebrachte Schlitten muss ein Plätzchen gefunden werden.

Kurz vor dem Gasthaus führt ein Abzweig rechter Hand bergauf Richtung Riederstein. Wenige Meter später sind wir an einer Gabelung. Wir folgen linker Hand den vielen Treppen entlang des Kreuzwegs hinauf zum Kircherl auf dem **Riederstein (3)**, 1207 m. (An der Gabelung rechts führt ein flacherer Weg in einer Linkskurve unterhalb des Riedersteins direkt weiter zur Baumgartenschneid; bei eisigen Verhältnissen ist diese Variante empfehlenswert. Die beiden Wege treffen hinter dem Riederstein wieder zusammen.)

Wir steigen vom Riederstein die Treppen wieder hinab und folgen dann dem Weg über den schwach ausgeprägten Rücken nach Osten. Bald mündet der flachere vom Galaun hochkommende Weg ein. Nun führen die Spuren weiter zur Baumgartenschneid. Der Wegverlauf durch den Wald ist rot-weiß markiert. Wir folgen den Spuren die teilweise in Kurven, dann wieder am Hang querend hinauf. Durch den Wald ist die Aussicht nur spärlich und der Weg erscheint noch weit. Doch dann geht es schneller als gedacht. Der Wald wird lichter und geradewegs dem vor uns liegenden freien Kamm folgend erreichen wir das Gipfelkreuz der **Baumgartenschneid (4)**.

Der Abstieg erfolgt größtenteils auf dem Aufstiegsweg. An der Verzweigung vor dem Riederstein nehmen wir allerdings den flacheren Weg hinab zum Gasthaus Riederstein.

35 Bodenschneidhaus, 1365 m

Und Bodenschneid, von Schliersee ★

Bei guten Verhältnissen auf die Bodenschneid

Das Bodenschneidhaus steht – gerade im Winter – im Schatten des Treibens am Spitzingsee. Dabei ist die gemütliche Hütte eine der wenigen AV-Häuser, die auch im Winter Besucher willkommen heißt. Aber die Namen der von der Hütte aus erreichbaren Gipfel, wie der Rainerkopf und die Bodenschneid, sagen den wenigsten etwas – da klingt die Rotwand am Spitzing schon anders. Die Aussicht vom Gipfel der Bodenschneid ist trotzdem schön. Vom Oberland bis ins Karwendel reicht der Blick. Und neben schönen Blicken ist hier die Ruhe und Einsamkeit der Bergwelt erhalten geblieben. Die Hütte ist allerdings kein Geheimtipp mehr. Ein paar entfliehen dem Rummel am Spitzingsee und wandern von der Oberen Firstalm zum Bodenschneidhaus. Einige ziehen den Schlitten von Neuhaus aus herauf. Und manche kommen vom Schliersee oder Tegernsee, die beide fast um die Ecke liegen. Das Ufer des Schliersees ist nicht ganz so bebaut wie das vom Tegernsee. Es geht auch ländlicher und ruhiger zu. Daher heißt der Schliersee heutzutage noch immer der »Bauernsee«. Der Tegernsee dagegen wird als »Herrensee« bezeichnet.

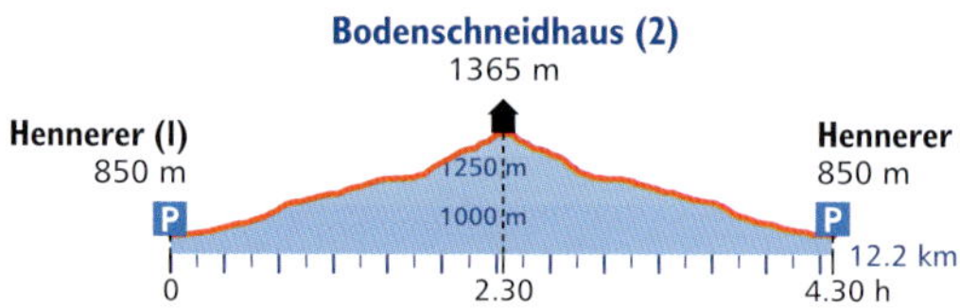

KURZINFO

Talort: Schliersee, 784 m, Gäste-Information Schliersee, schliersee.de, spitzingsee.de.

Ausgangspunkt: Wanderparkplatz bei Hennerer (Au), 850 m. In Schliersee bei der Kirche St. Martin rechts Richtung Breitenbach in die Breitenbachstraße. Nach einer kleinen Brücke erreichen wir zur Linken den Parkplatz. Von der Bahnstation Schliersee (an der Bahnlinie München – Bayrischzell) der Bahnhofstraße folgen, dann links in die Miesbacher Straße und nochmals links in die Breitenbachstraße. Diese geht über in die Hennererstraße und führt zum Ausgangspunkt (45 Min.).

Gehzeit: Wanderparkplatz – Bodenschneidhaus 2.30 Std., Bodenschneidhaus – Wanderparkplatz 2.00 Std.; Gesamtzeit 4.30 Std. (mit Bodenschneid 6.30 Std.).

Höhenunterschied: Bodenschneidhaus 515 Hm (Bodenschneid zusätzlich 305 Hm).

Anforderungen: Geruhsame Wanderung über eine meist geräumte Forststraße, die erst im letzten Drittel steiler wird. Für den Weiterweg auf die Bodenschneid ist (meist) Spurarbeit angesagt. Da der Nordhang zum Gipfel steil ist, muss die Lawinensituation eingeschätzt werden können.

Hangexposition: Nordost, Nord.

Lawinengefahr: Bis zur Hütte gering. Für den Abstecher von der Hütte zum Bodenschneidgipfel sind absolut sichere Verhältnisse nötig! Am besten beim Hüttenwirt erkundigen.

Einkehrmöglichkeit: Bodenschneidhaus (DAV, Tel. +49 8026 4692, +49 172 3735798, bodenschneidhaus.de, Übernachtungsmöglichkeit), Hennererhof (Hofladen und Bauerncafé, Tel. +49 8026 9229964, Fr bis So geöffnet, hennerer.com).

Schneeschuhe: Das Bodenschneidhaus ist ein attraktives Schneeschuhziel, wenn die Wege von Schliersee herauf nicht geräumt sind oder bei Nichtbewirtschaftung, denn da wird die Forststraße nicht geräumt. Da lohnt für die Tourenplanung ein vorheriger Anruf bei der Hütte. Wer die Forstwege verlassen will, kann bei sicheren Verhältnissen Richtung Wasserspitz, Rainerkopf oder Bodenschneid gehen oder die Bodenschneid überschreiten und zur Oberen Firstalm absteigen.

Rodel: Normalerweise ist der Aufstiegsweg geräumt, sodass es sich lohnt, den Rodel mitzunehmen. Nach Neuhaus kann ebenfalls gerodelt werden (Variante).

Variante: Wer Neuhaus als Ausgangsort wählt, benötigt für den Aufstieg zur Hütte 1.30 Std. Anfahrt: In Neuhaus entlang der Hauptstraße Richtung Bayrischzell, rechts abzweigen nach Josefstal und auf der Dürnbachstraße Richtung »Forst, Winterstube« zum Wanderparkplatz.

Bei mäßiger Schneelage von Kühzagl (östlich von Rottach-Egern) herauf. Nach Nordosten am Kühzaglbach entlang, hinter der Lichtung der Kühzaglalm zu einem Sattel und weiter auf der Forststraße bis zur Hütte. Stellenweise eisig und steil (2.15 Std.).

Vom Wanderparkplatz bei **Hennerer (1)** gehen wir wieder zu der kleinen Brücke zurück, um nach dieser der Beschilderung zur Bodenschneid folgend rechter Hand in die Forststraße abzuzweigen. Wir überqueren den Breitenbach und gehen auf der Forststraße entlang des Baches durch den Wald. An der freien Almfläche der Krainsberger Alm mündet von rechts der Lahner-Höhenweg ein. Weiter auf der Forststraße. Links ein Abzweig nach Neuhaus, dann rechter Hand ein Abzweig über Kühzagl nach Rottach-Egern, Tegernsee. Wir bleiben auf dem Weg SB5 zur Bodenschneid. An einer Gabelung halten wir uns geradeaus. Der Weg führt nun steiler durch den Wald, und wir erreichen die Almfläche der

Ausblick »von oben« auf das Bodenschneidhaus.

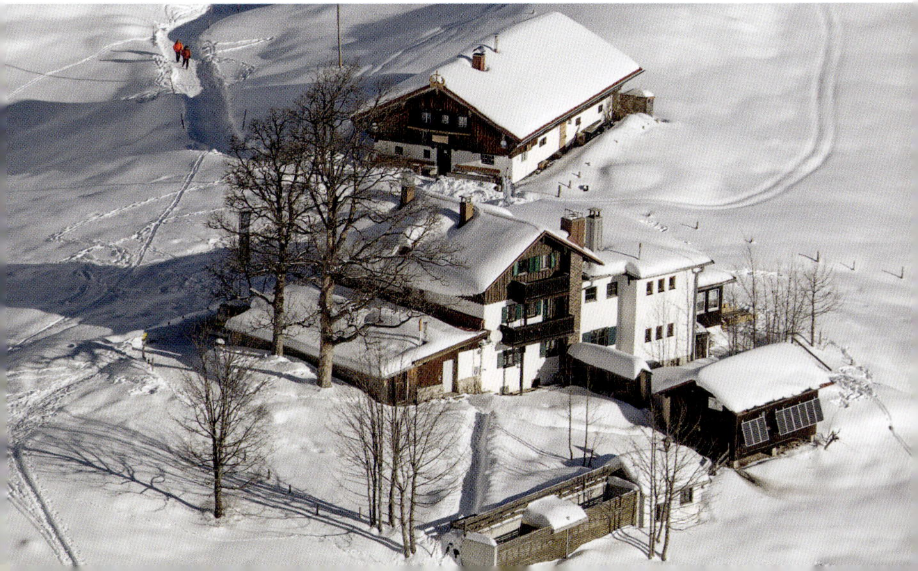

Raineralm. Zur Rechten Rainerkopf und Wasserspitz. Die Strommasten ziehen in Richtung des noch hinter einigen Kuppen versteckten **Bodenschneidhauses (2)**, das wir jedoch bald erreichen.

Hinter der Hütte führen die Schilder weiter zur Bodenschneid auf 1669 m. Wenn es die Lawinenlage erlaubt, gehen wir, am einfachsten mit Schneeschuhen, nach Südwesten in Serpentinen in den Sattel zwischen Bodenschneid und Rinnerspitz (steil!). Weiter nach links und zwischen Latschen und einem kurzen Felsabsatz zum Gipfel der **Bodenschneid**, 1669 m.

Der Abstieg erfolgt über den Aufstiegsweg (am besten mit einem Rodel).

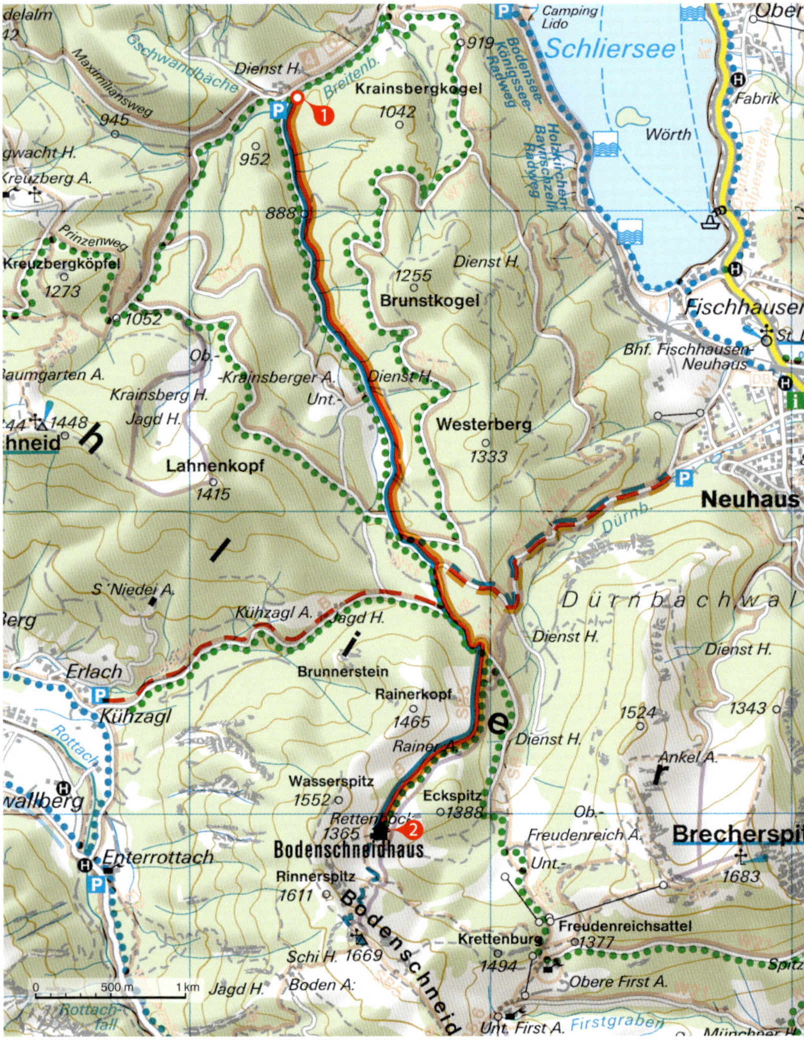

Obere Firstalm, 1369 m

Und Brecherspitze (Westgipfel), 1630 m

★★

Ein Treffpunkt, von dem es auch in einsamere Ecken geht

Für Wintersportler aller Art ist hier etwas geboten. Zu Fuß, mit dem Rodel, per Ski …, das Idealgebiet für Familien mit unterschiedlichen Interessen. Mittags trifft man sich dann auf der Sonnenterrasse der Oberen Firstalm und jeder kann von seinen Erlebnissen berichten. Der Treffpunkt ist ideal. Auf der einen Seite das Skigebiet, auf der anderen einsame, verschneite Gipfel. Als Zustieg eine geräumte Rodelbahn – die Möglichkeiten lassen jedes Herz höher schlagen. Dementsprechend viel Publikum ist hier oben. Bekannt ist die Alm durch den traditionellen Firstalmfasching, der jedes Jahr am Faschingssonntag stattfindet. Wer den Rummel auf der Alm nicht mag, der zweigt nach Westen ab, Richtung Bodenschneid. Es reichen bereits wenige Meter, um dem Trubel zu entfliehen. Wer sich nicht auskennt, muss da eher froh sein, ein paar Spuren im Schnee anzutreffen, um den Gipfel zu finden. Einfacher geht es hinauf auf die Brecherspitze. Diese liegt im Nordosten von der Firstalm, und dazu reicht es, der noch bestehenden Waldschneise von der ehemaligen Skipiste bergan zu folgen. Der Sommergipfel der Brecherspitze ist allerdings nur Ambitionierten mit alpiner Erfahrung zu empfehlen. Der lang gestreckte Verbindungsgrat zwischen West- und Hauptgipfel ist schmal und gesichert. Aber der Westgipfel auf 1630 m bietet auch einen schönen Blick.

Die beliebte Obere Firstalm ist ein Treffpunkt für alle: Skifahrer, Wanderer, Rodler.

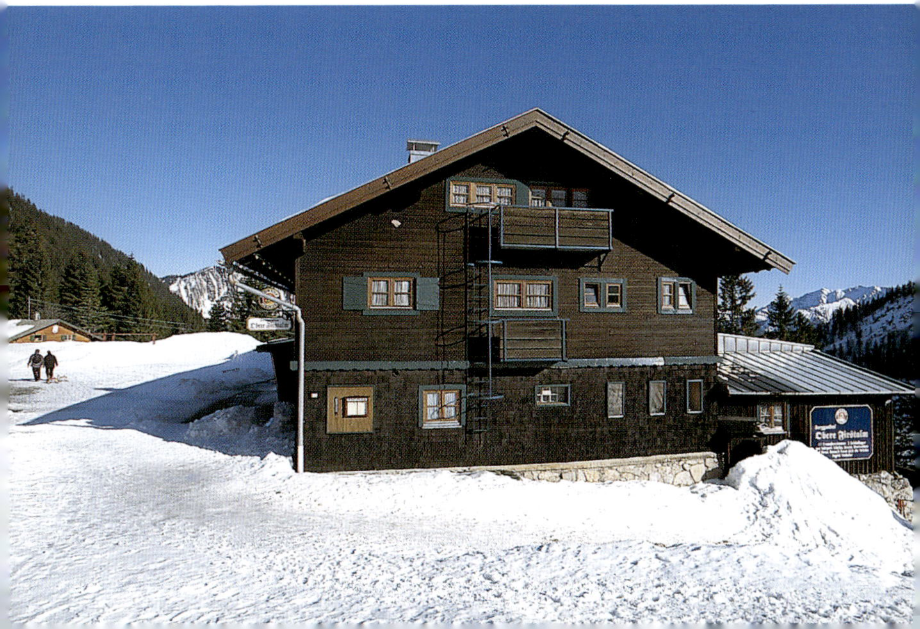

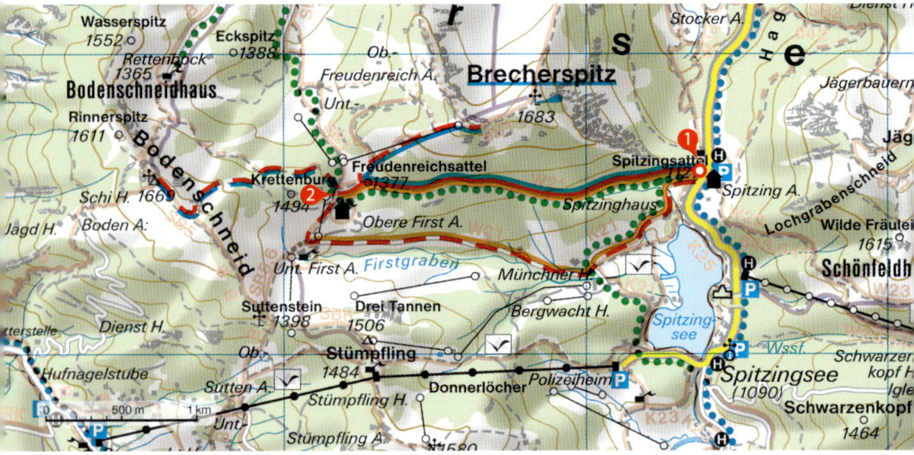

KURZINFO

Talort: Fischhausen-Neuhaus, 801 m. Gäste-Information Schliersee, schliersee.de.

Ausgangspunkt: Spitzingsattel, 1127 m, kostenpflichtige Parkmöglichkeit noch vor dem See linker Hand. Von der Bahnstation Fischhausen-Neuhaus (an der Bahnlinie München – Bayrischzell) mit dem Bus 9562 zur Haltestelle Spitzingsattel.

Gehzeit: Spitzingsattel – Obere Firstalm 1.05 Std., Abstieg 0.45 Std.; Gesamtzeit 1.50 Std. (mit Westgipfel der Brecherspitze 3.30 Std.).

Höhenunterschied: Obere Firstalm 265 Hm (Westgipfel der Brecherspitze zusätzlich 260 Hm).

Anforderungen: Bis zur Oberen Firstalm problemloser Anstieg über die Rodelbahn, dann kommt es sehr auf die Schneelage an. Auf den Westgipfel der Brecherspitze werden eventuell Schneeschuhe benötigt. Für den Hauptgipfel der Brecherspitze sind Trittsicherheit und alpine Erfahrung erforderlich.

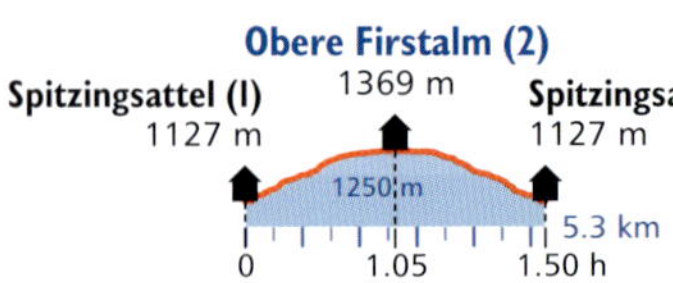

Hangexposition: West, Südwest.

Lawinengefahr: Zur Oberen Firstalm keine, auf die Brecherspitze gering.

Einkehrmöglichkeit: Am Spitzingsattel, Obere Firstalm, (Tel. +49 8026 7302, firstalm.de, mondscheinrodeln.de, Übernachtungsmöglichkeit).

Kinder: Bis zur Firstalm geeignet.

Rodel: Geräumte Rodelbahn von der Oberen (Rodelverleih) und der Unteren Firstalm zum Spitzingsattel.

Varianten: Von der Oberen zur Unteren Firstalm absteigen und über den sogenannten Kratzerweg–Stümpflingweg zum Spitzingsattel zurück.

Bodenschneid, 1669 m, je nach Schneelage mit Schneeschuhen. Nur bei sicheren Lawinenverhältnissen! Steiler, vom Gipfel herabziehender Nordosthang (310 Hm, Gesamtgehzeit 2.30 Std.). Ohne Spuren für Ortsunkundige schwer zu finden. Rechts vor der Oberen Firstalm verlassen wir die Rodelbahn und kommen in den Wald. Kaum Höhe gewinnend wenden wir uns nach Westen. Ein grober Anhaltspunkt ist der Felsriegel der Krottenburg, der von der Alm aus sichtbar ist. Diesen umrunden wir in einem Linksbogen. An einem Abzweig halten wir uns links (geradeaus der Sommerweg zum Bodenschneidhaus). Erst durch Wald, dann über lichtes Gelände und die letzten Meter durch eine Rinne steiler hinauf auf den Kamm der Bodenschneid. Auf ihm rechts weiter zum Gipfel.

Gegenüber vom Parkplatz am **Spitzingsattel (1)** zweigt die schmale Straße zur Oberen Firstalm ab. Wir folgen ihr bergan durch den Wald. Achtung, Rodler! Auf 1369 m erreichen wir die **Obere Firstalm (2)**.

Zur Brecherspitze gehen wir am Rodelbahnende nicht linker Hand zur Alm, sondern nach rechts weiter. Nördlich der Firstalm verzweigt sich dann der Weg. Wir gehen rechts (geradeaus kommen wir zur Bodenschneid) und steigen durch die Waldschneise der ehemaligen Skipiste am rechten Rand Richtung Nordosten bergan. Im oberen Teil folgen wir dem Hangverlauf nach Osten und erreichen den **Westgipfel der Brecherspitze**, deutlich erkennbar an den Messstationen des Lawinenwarndienstes. Der schmale und teilweise gesicherte Grat bis zum Hauptgipfel sollte – gerade im Winter – nur von alpin Erfahrenen betreten werden.

Der Abstieg erfolgt auf dem Aufstiegsweg.

Der lang gestreckte Grat auf den Hauptgipfel der Brecherspitze.

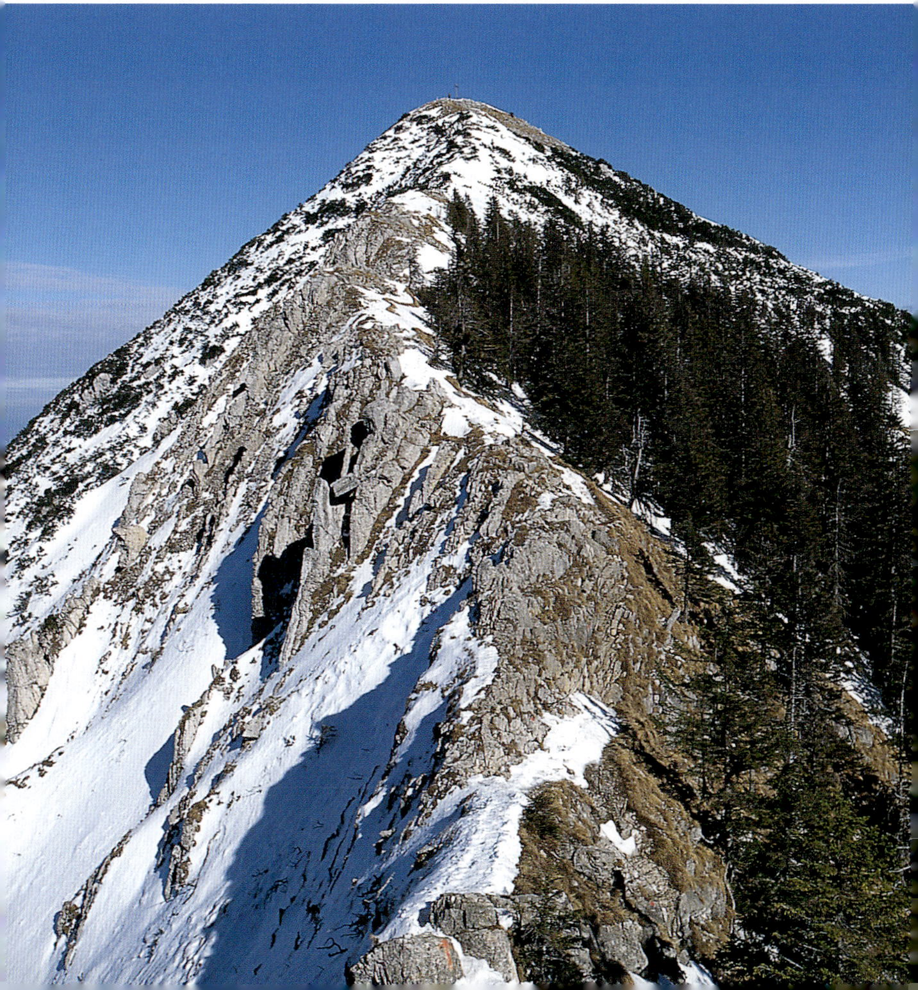

37 Rotwand, 1884 m

Von Spitzingsee über das Rotwandhaus

★★

Der klassische Münchner Hausberg

Jedem Münchner Bergsteiger ist die Rotwand ein Begriff. Wenn da einmal von einer anderen Rotwand die Rede ist, können schon amüsante Situationen entstehen. Und Rotwände gibt es viele, sei es in den Villgratner Bergen, den Lechtaler Alpen, dem Mangfallgebirge, den Dolomiten ... In den bayerischen Köpfen existiert auf alle Fälle diese eine, schließlich war fast jeder schon einmal hier oben, sei es im Sommer zu Fuß oder im Winter mit Ski über die klassische »Rotwand Reibn«. Aber im Winter einmal ohne Bretter hier hinaufzugehen, lohnt sich. Denn der Gipfel ist auch mit Schnee ein attraktives Wanderziel – allein schon durch das bewirtschaftete Rotwandhaus. Die Hütte ist ein Vorzeigeobjekt in puncto Umweltfreundlichkeit. Der Strom hier oben wird durch Solar-, Wind- und Dieselgeneratoren erzeugt. Wie viel Prozent gerade woher bezogen werden, zeigt eine Schautafel im Hausflur. Die Hütte wurde bereits in den Jahren 1906/07 von der Sektion Turner-Alpen-Kränzchen erbaut und hat trotz der heute vorherrschenden modernen Technik ihren alten Charme behalten. Von hier ist es nicht mehr weit auf den gleichnamigen Gipfel, der mit seinen 1884 Metern immerhin der höchste Berg im Landkreis Miesbach ist. Das schöne Gipfelpanorama wird neben dem Kreuz auf einer Tafel erklärt.

Lohnender Ausblick von der Rotwand. Im Süden liegt das Rotwandhaus, dahinter die Krenspitze und im Hintergrund der formschöne Großvenediger.

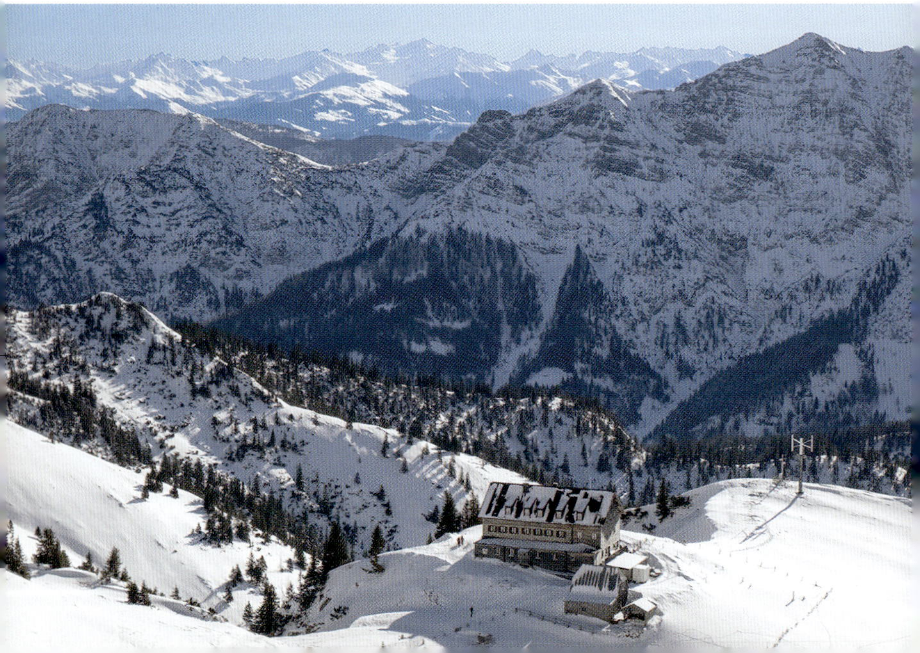

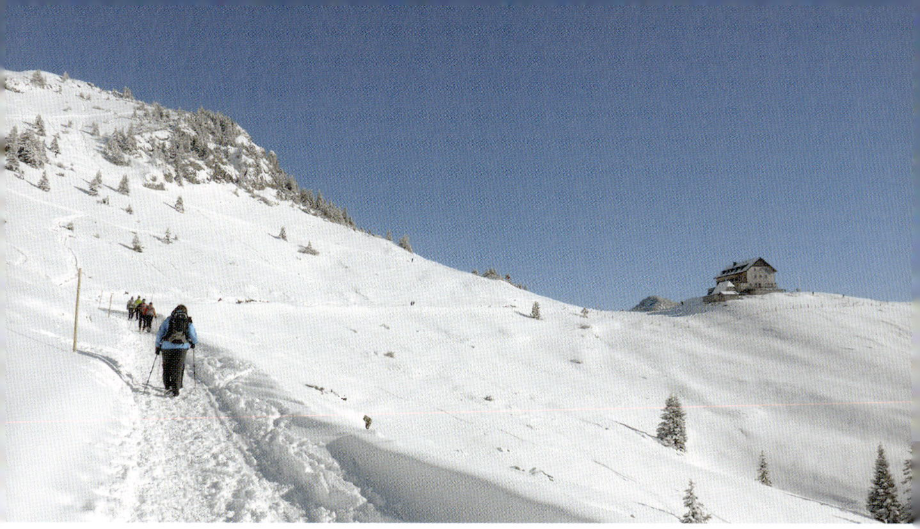

Die letzten Meter auf dem Fahrweg zum Rotwandhaus.

KURZINFO

Talort: Fischhausen-Neuhaus, 801 m. Gäste-Information Schliersee, schliersee.de, spitzingsee.de.
Ausgangspunkt: Spitzingsee, 1090 m, Kostenpflichtige Parkmöglichkeiten vor der Kirche. Von der Bahnstation Fischhausen-Neuhaus (an der Bahnlinie München – Bayrischzell) mit dem Bus 9562 zur Haltestelle Spitzingsee Kirche.
Gehzeit: Spitzingsee – Rotwandhaus 2.45 Std., Rotwandhaus – Rotwand 0.30 Std., Abstieg 2.15 Std.; Gesamtzeit 5.30 Std.
Höhenunterschied: Rotwandhaus 690 Hm, Rotwand zusätzlich 120 Hm; gesamt 810 Hm.
Anforderungen: Bis zum Rotwandhaus wird der Weg meist vom Hüttenwirt präpariert. Auf den Gipfel können je nach Schneelage Schneeschuhe hilfreich sein.
Hangexposition: Süd, Südwest.
Lawinengefahr: Mäßig, nach Neuschneefällen groß durch die freien herabziehenden Hänge beim Klammstein und der Rotwand. Bei Lawinengefahr von der Kuppe hinter der Wildfeldalm den Spuren durch die Mulde folgen.
Einkehrmöglichkeit: Rotwandhaus (DAV, Tel. +43 664 1645290 und +49 8026 3959880, rotwandhaus.de, Übernachtungsmöglichkeit).
Rodel: Hier ist zwar keine offizielle Rodelbahn, aber wenn der Schnee ausreicht und nicht zu weich und tief ist, kann man vom Rotwandhaus gut hinabrodeln.
Variante: Wer es gemütlicher mag, der folgt von Spitzingsee der Straße geradeaus in die Valepp bis zum Forsthaus (zurzeit geschlossen). Bei Lawinengefahr gesperrt. Gehzeit hin und zurück ungefähr 2.30 Std.

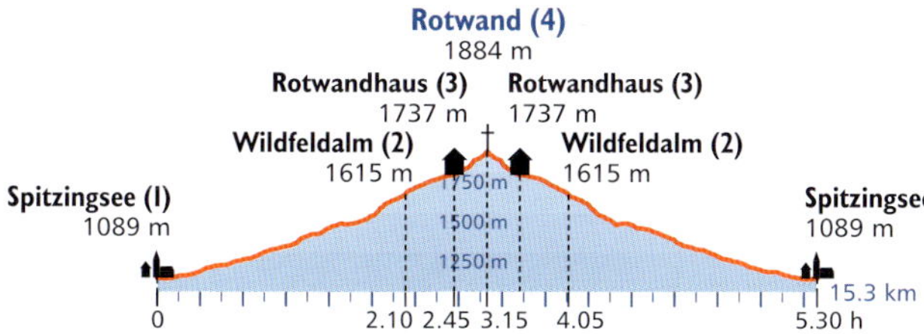

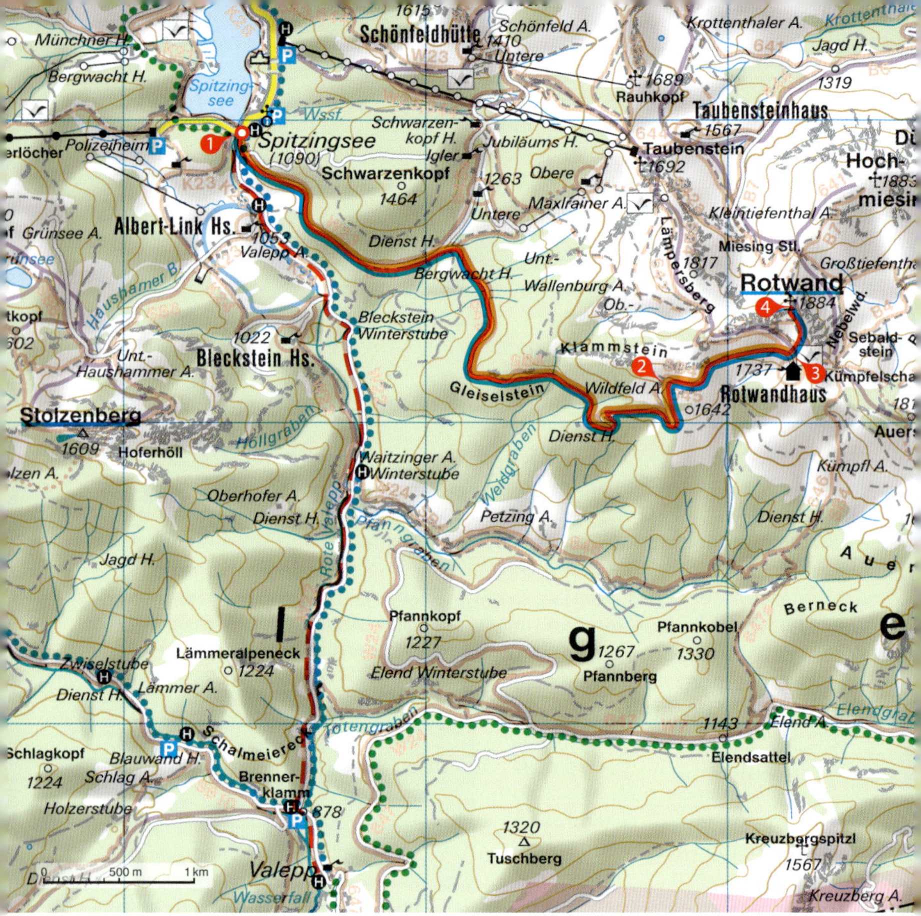

Nach der Kirche in **Spitzingsee (1)** gehen wir links in die kleine Privatstraße (Schranke) in Richtung Valepp. Kurz darauf halten wir uns links Richtung Rotwand und folgen dem Straßenverlauf durch den Wald. Rechts von uns ragt der Stolzenberg empor. Nach der Maxlrainer Diensthütte biegen wir rechts ab. Weiter geht es durch den Wald. In einer ausgedehnten Linkskurve passieren wir den Gleiselsteinhang und genießen den Blick auf das Hintere Sonnwendjoch im Südosten. Mit zunehmender Höhe wird der Weg steiler und wir gelangen auf freie Almwiesen. Unter dem Klammstein geht es vorbei an der **Wildfeldalm (2)**, dann erreichen wir eine Kuppe. Hinter dieser taucht das Rotwandhaus auf. Zur Linken einige Meter höher das Gipfelkreuz der Rotwand. Wir folgen dem Fahrweg, nun nur noch leicht bergauf, bis wir endlich das **Rotwandhaus (3)**, 1737 m, erreichen (bei Lawinengefahr von der Kuppe entlang der Spuren geradeaus durch die Mulde, zuerst hinab, dann noch einige Meter steil bergauf).

An der Hütte links weiter geht es hinauf zu dem bereits sichtbaren Gipfelkreuz der **Rotwand (4)**.

Der Abstieg erfolgt auf dem Aufstiegsweg.

Breitenstein, 1622 m

Von Birkenstein über die Kesselalm

★★

Der seinem Namen Ebenbürtige

Das ist der Gipfel des breiten Steins – er trägt seinen Namen ja nicht umsonst. Durch seine unauffällige Form wird er aus der Ferne von niemandem beachtet. Er steht im Schatten seines mächtigen Nachbarn, des immerhin 216 Meter höheren Wendelsteins. Dafür ist das Haupt des Breitensteins nicht verschandelt, und anstelle der Bahn müssen die eigenen Beine für den Aufstieg herhalten. Und wenn der Breitenstein von Weitem vielleicht einen Konkurrenten hat, von Nahem sieht die Sache schon ganz anders aus: die Gipfelschau auf den gegenüberliegenden Wendelstein, die Sicht auf die letzten Gebirgsausläufer und die schönen Dörfer. Nicht zu vergessen die Kesselalm, in der die vom Aufstieg müden Beine neue Kraft sammeln können. Unser Anstiegsweg hat eine interessante Geschichte. Die Rodelbahn gibt es schon seit 1914. Bereits vor dieser Zeit wurden die durch die Holzabfuhr entstandenen Schneebahnen als Rodelstrecken benutzt. Alljährlich findet in Erinnerung an die alte Rodeltradition Ende Januar / Anfang Februar das bekannte Kesselalm-Rodelrennen statt.
Und dann gibt es noch etwas gleich am Ausgangspunkt in Birkenstein zu sehen: das Wallfahrtskirchlein Mariä Himmelfahrt. 1710 wurde die zweigeschossige Marienwallfahrtskirche von Johann Mayr erbaut. Deren Rokoko-Ausstattung und die über und über mit Engeln und Votivtafeln bedeckten Wände sind durchaus einen Besuch wert.

Über der Kesselalm öffnet sich der Blick ins Alpenvorland.

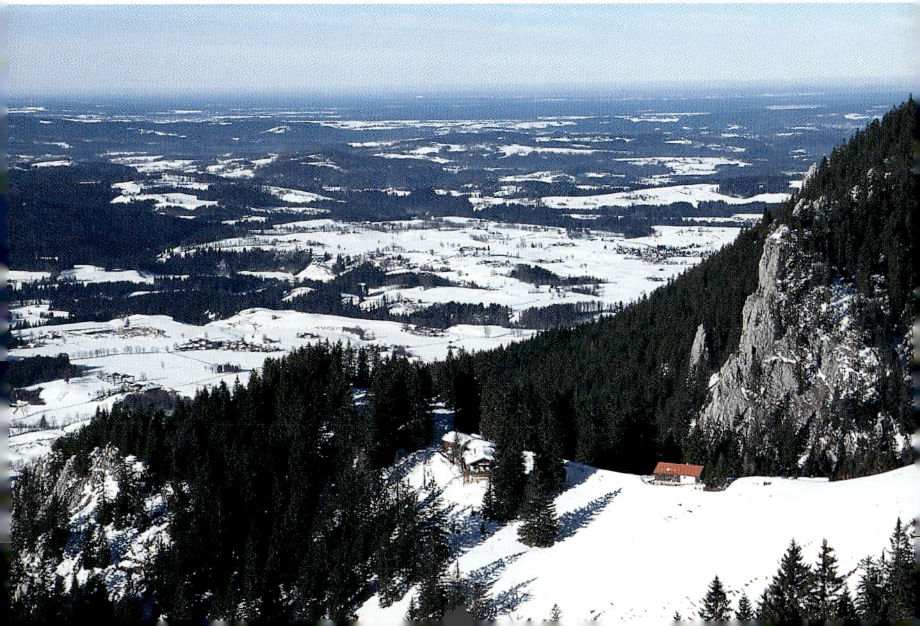

KURZINFO

Talort: Fischbachau, 772 m. Tourist-Information Fischbachau, fischbachau.de.
Ausgangspunkt: Wallfahrtskirche in Birkenstein, 853 m. Wanderparkplatz am Dorfende. Von Miesbach oder Fischbachau mit dem Bus. Von der Bahnstation Fischbachau (an der Bahnlinie München – Bayrischzell) mit dem Bus 9552 zur Haltestelle Birkenstein.
Gehzeit: Birkenstein – Kesselalm 1.30 Std., Kesselalm – Breitenstein 1.15 Std., Abstieg 1.55 Std.; Gesamtzeit 4.40 Std.
Höhenunterschied: Kesselalm 430 Hm, Breitenstein zusätzlich 340 Hm; gesamt 770 Hm.
Anforderungen: Bis auf die Kesselalm gut zu begehende Rodelbahn. Der Weiterweg auf den Breitenstein hängt von der Schneelage ab, gegebenenfalls können Schneeschuhe sehr hilfreich sein.
Hangexposition: Süd, Südwest, West.
Lawinengefahr: Mäßig.
Einkehrmöglichkeit: Kesselalm (Tel. +49 8028 2602, kesselalm.com, Mo, Di und Do Ruhetag, bei Schlechtwetter vorher anrufen).
Schneeschuhe: Schneeschuhgänger können auch vom Café Winklstüberl zwischen Fischbachau und Hundham den Skitourengehern folgend nach Südosten auf den Westgipfel des Breitenstein, 1575 m, steigen. Wer von dort weiter zum Ostgipfel, 1622 m, will, hält sich an die grünen Markierungen des DAV. 825 Hm, Gesamtgehzeit 5.00 Std., Hangexposition West, Nordwest, mäßige Lawinengefahr.
Variante: Über die Kothalm auf den Schweinsberg. Hierzu von der Kesselalm geradewegs den Hang hinauf und dann rechts haltend bis zur Kothalm (mit roten Pfeilen markiert). Von der Kothalm in einer Linkskurve Richtung Aiblinger Hütte. Den roten Pfeilen durch lichten Wald folgend nach Nordosten in einen breiten Sattel. Nun links hinauf und über einen Rücken auf den Südgipfel des Schweinsberg, 1511 m. Ab der Kesselalm 230 Hm, Gehzeit hin und zurück 1.30 Std., Hangexposition: Ost, geringe Lawinengefahr.
Rodel: Der Anstieg bis zur Kesselalm ist als Rodelstrecke präpariert.

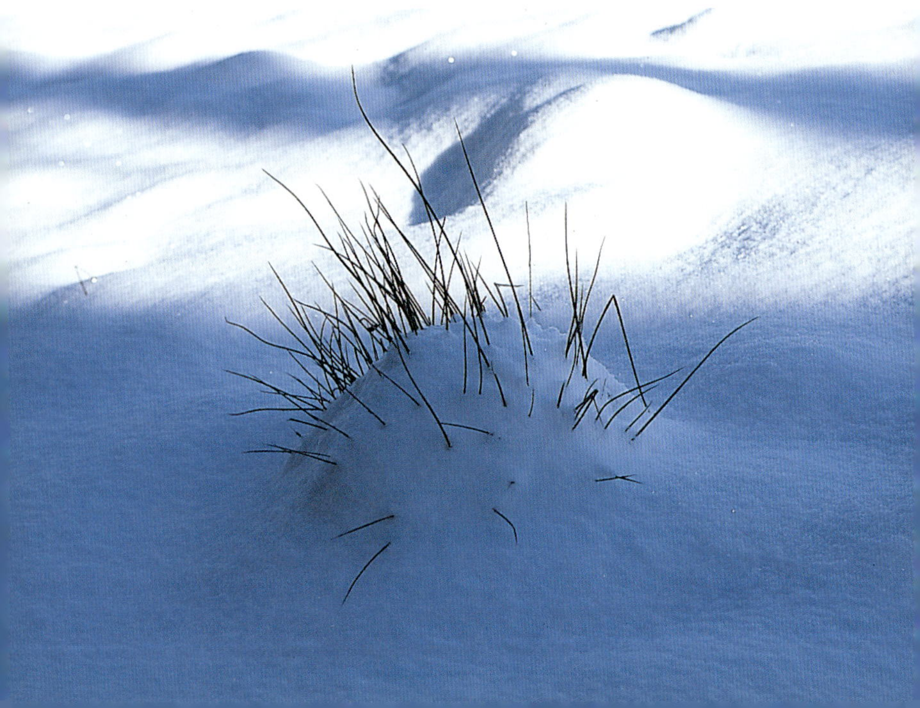

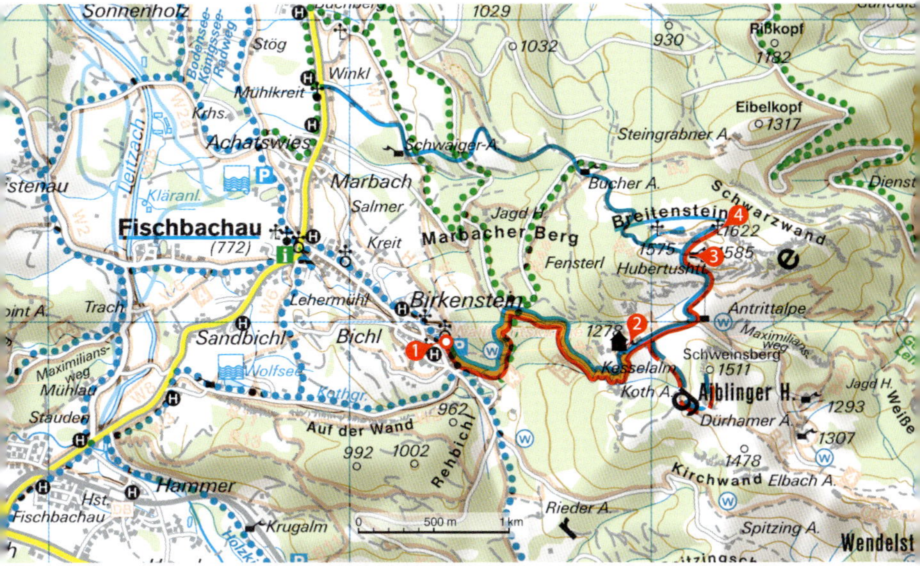

Beim Wallfahrtskircherl in **Birkenstein (1)** führt ein geräumter Forstweg in den Wald, der gleichzeitig als Rodelpiste genutzt wird. Wir folgen der Beschilderung zum Breitenstein und den orangen Markierungen entlang des Forstweges erst mäßig, dann etwas steiler in Serpentinen durch den Wald. Bei einem Abzweig auf ca. 1010 m halten wir uns rechts. Der Rodelbahn folgend erreichen wir schneebedeckte Wiesen und kommen zur **Kesselalm (2)**, 1278 m. Wer weiter zum Breitenstein will, geht an der Hütte rechts vorbei und quert über den Hang weiter nach Nordost, Richtung Schweinsbergsattel. Noch kurz vor dem zwischen Breitenstein und Schweinsberg liegenden Sattel halten wir uns links und gehen in nördlicher Richtung weiter. Markant für unseren Wegverlauf ist die im Sattel beginnende, zur Hubertushütte führende Materialseilbahn. Bergan erreichen wir lichten Wald und kommen zur **Hubertushütte (3)**. Nach Nordost und dann steiler geht es in Serpentinen bis auf den Ostgipfel des **Breitensteins (4)** hinauf. Wer dem niedrigeren Westgipfel, 1575 m, auch noch einen Besuch abstatten möchte, folgt den Markierungen des DAV. Diese gelten sowohl für Winterwanderer als auch für Skitourengeher.
Der Abstieg erfolgt auf dem Aufstiegsweg.

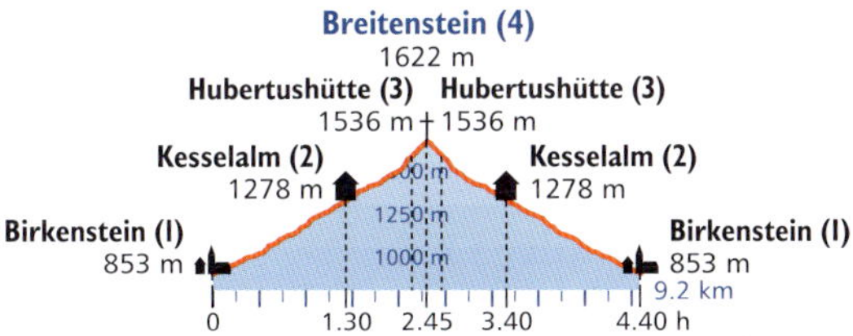

39 Wendelstein und Wildalpjoch, 1720 m

Von der Passhöhe Sudelfeld

★★

Frühjahrsgipfelsammeleien für Trittsichere

Einen Vorteil haben die ganzen Masten auf dem Wendelstein: Er ist schon von Weitem erkennbar. Bereits von der Nürnberger Autobahn kann man den Wendelstein als markanten Berg hinter München ausmachen. Funk- und Fernsehanlagen, Windgenerator, Solaranlage, eine Wetterstation und eines der ältesten Sonnenobservatorien (heute als Sternwarte genutzt). Für die Besucher ist auch gesorgt: mit einer Gondel- und Zahnradbahn, der Wendelsteinkapelle, einem Wirtshaus, einer Aussichtsplattform ... Hier oben wird einiges geboten. Ganz auf den Gipfel kommen wir im Winter nicht, der Steig ist gesperrt. Aber das Treiben und die Aussichtspunkte ein paar Meter darunter lohnen allemal, wenn man sich nicht von den ganzen Bauobjekten stören lässt. Wer genügend Geduld mitbringt, hat gute Chancen, Bekanntschaft mit ein paar Bergdohlen zu machen, die hier oben hungrig auf einige Happen warten. Wenn die Skilifte außer Betrieb sind, ist es bereits ein paar Meter abseits des Gipfelplateaus recht einsam. Wer sich am Trubel stört, sollte sich der schönen Rundsicht widmen. Und schließlich ist es ja auch schön, diesen charakteristischen Gipfel einmal aus eigener Kraft zu besteigen.

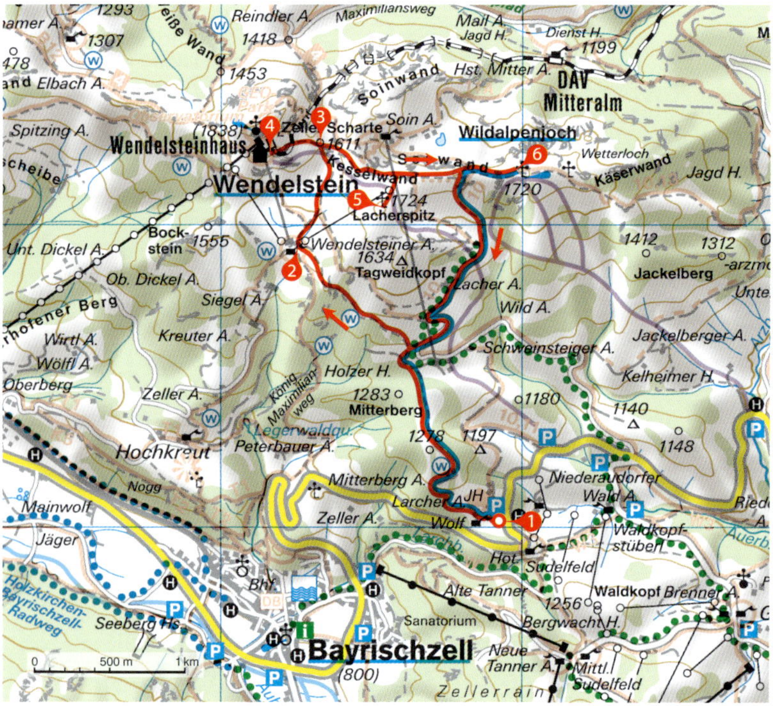

KURZINFO

Talort: Bayrischzell, 800 m. Tourist-Info Bayrischzell, bayrischzell.de.

Ausgangspunkt: Passhöhe Sudelfeld, 1123 m. Kurz hinter dem Passhöhenschild ist linker Hand der Parkplatz unterhalb der Jugendherberge, 1100 m. Von der Bahnstation Bayrischzell (Zugverbindung von München) mit dem Skibus Linie »Alpin« zur Haltestelle Unteres Sudelfeld Jugendherberge, sudelfeld.de/anfahrt-und-parken/.

Gehzeit: Sudelfeld – Wendelsteinhaus 2.35 Std., Wendelsteinhaus – Wildalpjoch 1.05 Std., Wildalpjoch – Sudelfeld 2.20 Std.; Gesamtzeit 6 Std.

Höhenunterschied: Wendelsteinhaus 620 Hm, Wildalpjoch zusätzlich 200 Hm; gesamt 820 Hm.

Anforderungen: Ohne Spuren ist der Weg auf den Wendelstein schwer zu finden, dann sollte eher das Wildalpjoch unser Ziel sein. Die Wegführung auf dieses ist offensichtlicher. Der Aufstieg auf den Wendelstein führt erst noch über nicht geräumte Forstwege, dann schmal an einem Hang nach oben und trifft auf das Skigebiet. Teilweise am Pistenrand auf den Wendelstein. Am besten im Frühjahr, wenn der Skibetrieb eingestellt ist.

Hangexposition: Süd, Südost, Ost.

Lawinengefahr: Groß. Nicht nach Neuschneefällen! Einige Gräben im Aufstieg zu den Wendelsteiner Almen. Im Abstieg vom Wildalpjoch freie herabziehende Hänge um das Lacherkar.

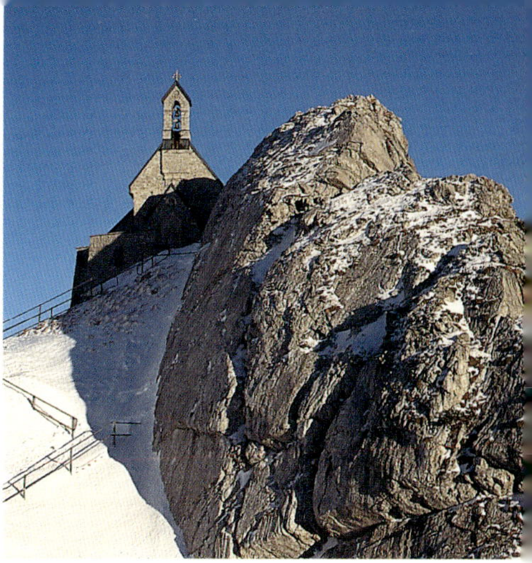

Das Wendelsteinkircherl.

Einkehrmöglichkeit: Wendelsteinhaus (Tel. +49 8023 404, wendelsteinbahn.de/wendelsteinhaus).

Seilbahn: Wendelsteinbahnen (Gondel- und Zahnradbahn), Tel. +49 8023 782 (Gondel), Tel. +49 8034 308-110 (Zahnradbahn) und Tel. +49 8034 308-111 (Schneetelefon), wendelsteinbahn.de.

Schneeschuhe: Schneeschuhgänger folgen im Aufstieg dem beschriebenen Abstiegsweg auf das Wildalpjoch. Die letzten Meter auf den Gipfel zu Fuß.

Vom Parkplatz an der **Sudelfeldstraße (1)** aus folgen wir der Beschilderung »Jugendherberge« und »Wendelstein über Larcher- und Wendelsteineralm« über die kleine Straße und biegen gleich darauf hinter der Larcheralm – der Beschilderung folgend – links ab. Bergan führt uns der Pfad über die Almwiesen. Wir kommen an einem Hof vorbei und folgen den Spuren im Schnee. Hinter einem Brunnen auf einer Weide halten wir uns links und erreichen den Wald. Nach einem kurzen be-

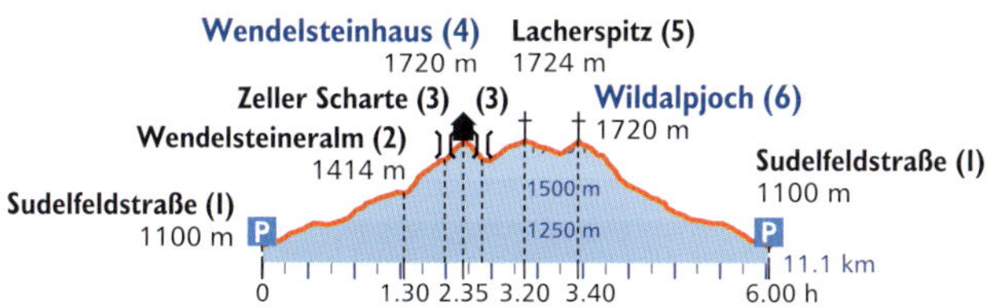

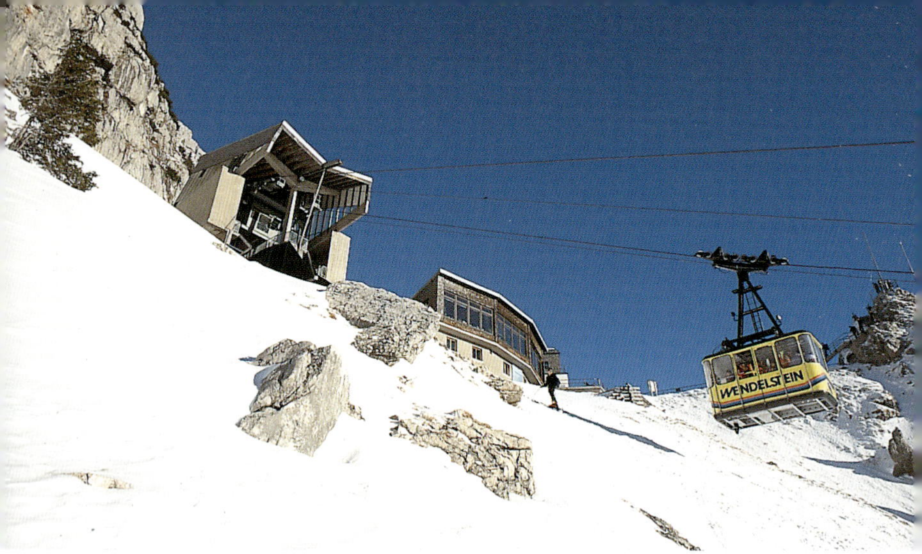

Die Bergstation der »Wendelstein-Luftseilbahn«.

waldeten Stück befindet sich auf der rechten Seite eine Materialseilbahn. Wir gehen jedoch geradewegs weiter und stoßen auf eine Fahrstraße, die zu dieser hinunterführt. Die entgegengesetzte Richtung einschlagend treffen wir auf ein Schild, das geradeaus über die Wendelsteineralm zum Wendelstein weist, rechts, dem Straßenverlauf folgend, zum Wildalpjoch. Wir folgen der Beschilderung zum Wendelstein und gelangen wieder in den Wald. Einen Hang querend geht es jetzt durch lichten Wald bergan. Wir erreichen einen leichten Kammverlauf. Nun zeigt sich der Wendelstein mit seinen markanten Masten. Die Richtung beibehaltend queren wir in die Hänge, die vom Kamm herabziehen. Dabei kommen wir ins Skigebiet und zur **Wendelsteineralm (2)**.

Nun halten wir uns rechts und folgen den Hängen des Pistengeländes bergan. Nach einer Kuppe sehen wir unser nächstes Ziel, die **Zeller Scharte (3)**. Hinter dieser erreichen wir einen Kessel und halten uns links hinauf zum **Wendelsteinhaus (4)**, 1720 m. Dabei queren wir die Zahnradbahn, die von Brannenburg heraufführt. Bitte auf die herabfahrenden Skifahrer Rücksicht nehmen!

Zurück in die **Zeller Scharte (3)** und geradewegs weiter, dem Verlauf des Felsriegels, der Kesselwand, folgend. Wir erreichen die Bergstation des Lacherliftes. Wer noch fidel und trittsicher ist, hält sich rechts auf den Gipfel des **Lacherspitz (5)**, 1724 m. Ansonsten links an der Bergstation vorbei und über den Kammverlauf geradewegs weiter bis zum **Wildalpjoch (6)**, 1720 m.

Vom Gipfel wieder zurück auf demselben Weg bis in den tiefsten Einschnitt (Schild »Flugbetrieb – Durchgang auf eigene Gefahr!«). Hier links bergab erst nach Süden und dann nach Südosten. Wir erreichen die Lacheralm und die hier heraufführende Straße. Auf dieser abwärts, dann auf der uns bereits bekannten Aufstiegsroute zurück zur **Sudelfeldstraße (1)**.

Trainsjoch, 1707 m

40

Über die Trockenbachalmen

★★★

Auf der Sonnenseite zum Gipfel

An heißen Sommertagen ist die Tour auf das Trainsjoch eine Qual. Aber wir haben Winter und freuen uns über die Südhänge und die wärmenden Sonnenstrahlen. Dank der Sonneneinstrahlung sind die Hänge schnell schneefrei. Eine ideale Frühjahrstour für alle, die nicht immer bis zu den Knien im Neuschnee stecken müssen. Aber Vorsicht: Wer zu früh morgens startet, sollte sich auf harte oder gar eisige Verhältnisse einstellen und die Grödel griffbereit haben! Falls doch mal zu viel Schnee liegt, so gehen wir hinauf bis zur Mariandlalm und kehren gemütlich ein. Bis zur Mariandlalm, auch Obere Trockenbachalm genannt, gehts fast immer. Wenn jedoch der Schnee an den Südhängen geschmolzen ist, sollte das Trainsjoch unbedingt in Angriff genommen werden. Denn die Aussicht auf den Zahmen und Wilden Kaiser sowie auf den Alpenhauptkamm ist einfach kaiserlich. Der Name des Trainsjoch stammt ja auch von einem römischen Kaiser mit dem Namen Trajan.

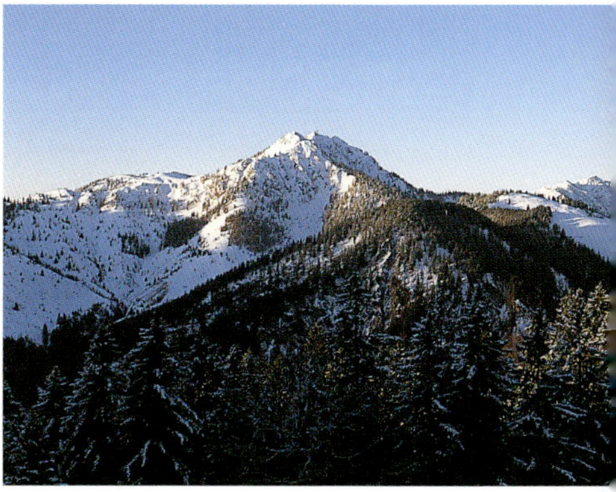

Das Trainsjoch von Nordosten.

KURZINFO

Talort: Bayrischzell, 800 m. Tourist-Info Bayrischzell, bayrischzell.de.
Ausgangspunkt: Parkplatz südlich vom Grenzübergang am Ursprungpass, 840 m. Von der Bahnstation Bayrischzell (Bahnverbindung von München) mit dem Skibus, Linie »Langlauf«, nach Ursprungtal/Bäckeralm, sudelfeld.de/anfahrt-und-parken. Von hier dem Straßenverlauf ca. 1,3 km nach Süden zum Ausgangspunkt folgen.
Gehzeit: Parkplatz – Mariandlalm 1.30 Std., Mariandlalm – Trainsjoch 1.50 Std., Trainsjoch – Mariandlalm 1.20 Std., Mariandlalm – Parkplatz 1 Std.; Gesamtzeit 5.40 Std.
Höhenunterschied: Mariandlalm 410 Hm, Trainsjoch zusätzlich 460 Hm, gesamt 870 Hm.

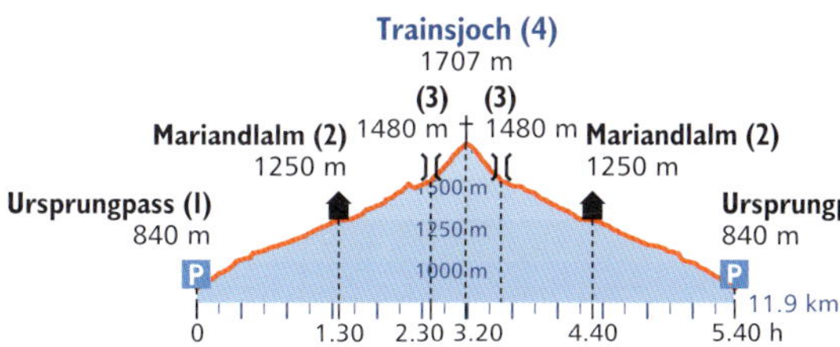

Anforderungen: Der meist geräumte Weg bis zur Mariandlalm wird auch als Rodelbahn genutzt. Der Weiterweg ist nur bei wenig Schnee möglich.
Hangexposition: Süd, Südost, Südwest.
Lawinengefahr: Mäßig. Auf den freien Grashängen besteht die Gefahr von Nassschneelawinen.
Einkehrmöglichkeit: Mariandlalm (Tel. +43 664 3504417, mariandlalm.at, bei Schönwetter geöffnet, Mo, Di und Do Ruhetag, Übernachtungsmöglichkeit bei Voranmeldung).
Kinder: Bis zur Mariandlalm geeignet.
Rodel: Von der Mariandlalm zum Parkplatz.
Schneeschuhe: Schneeschuhgänger verlassen, den Spuren der Skitourengeher folgend, an der Unteren Trockenbachalm den Wirtschaftsweg und folgen dem Trockenbach nach rechts (Osten). Wir gehen durch den markanten Graben rechts des Baches bergan bis zum breiten Sattel zwischen Trainsjoch und Ascherjoch (Semmelkopf). Nun links zum Trainsjoch oder rechts zum Ascherjoch (Semmelkopf). Gesamtgehzeit Trainsjoch 5 Std., Ascherjoch (Semmelkopf) 4.30 Std. Hangexposition: Nordwest, Südwest. Sichere Lawinenverhältnisse sind notwendig!
Variante: Vom Sattel aus nach rechts (Süden) auf den gegenüberliegenden »Hügel«, das Ascherjoch (Semmelkopf), 1558 m, 0.15 Std.

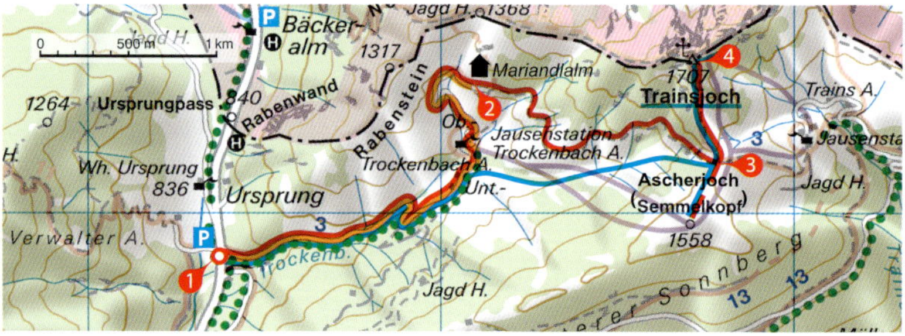

Vom Parkplatz südlich des **Ursprungpasses (1)** folgen wir dem Rodelweg ins Trockenbachtal erst mäßig ansteigend, dann etwas steiler durch den Wald. Rechts von uns liegt das Bachbett des Trockenbachs. Dem Wirtschaftsweg folgend verlassen wir den Wald und erreichen die Almweiden der Unteren Trockenbachalm, 1000 m. Von dort aus sehen wir hinauf zur höchstgelegenen Alm, der Oberen Trockenbachalm oder **Mariandlalm (2)**, 1250 m. Noch einige Serpentinen und eine große Schleife, dann haben wir die gemütliche Einkehr erreicht. Wenn die Sonne bereits genug Wärme gebracht hat, um den Schnee zu schmelzen, geht es weiter. Es fällt zwar nicht leicht, an der schönen Sonnenterrasse vorbeizugehen, aber die ist bei unserer Rückkehr ja auch noch da.

Von der Mariandlalm folgen wir dem Steig nach Osten. Wir queren die herabziehenden Südhänge und gehen einige Gräben aus. In der langen ansteigenden Querung erreichen wir den **Sattel (3)** zwischen Trainsjoch und Ascherjoch. Dort halten wir uns links und gehen zwischen Latschen und Schrofengelände hinauf bis zum Gipfel. Die letzten Meter steil, dann steht einer gemütlichen Gipfelrast auf dem **Trainsjoch (4)** nichts mehr im Wege.

Der Abstieg erfolgt auf dem Aufstiegsweg.

Brünnstein, 1619 m

41

Aus der Mühlau über das Brünnsteinhaus

★★

Rassige Rodelabfahrt

Zackige Felsen, inmitten einer Vorgebirgslandschaft, sind das Markenzeichen des Brünnsteins. Und neben einem schönen Blick, u. a. auf das Kaisergebirge, gibt es hier oben fast zahme Steinböcke zu sehen. Unter dem Gipfel steht seit 1894 das Brünnsteinhaus, dessen Bau durch das Engagement des königlichen Bezirksarztes Dr. Julius Mayer angeregt wurde. Er war damals Vorsitzender der Sektion Rosenheim. Die Hütte besitzt ein Jubiläumsbuch, und wer Lust und Muße hat, der findet darin alte Textauszüge, die das damalige Treiben schildern: »1899 legte dann die Sektion Rosenheim jeden Winter eine Rodelbahn an, auf der bis zum Ersten Weltkrieg zahlreiche Rennen und Meisterschaften ausgetragen wurden. Für die 6 km lange und teilweise enorm steile Naturbahn brauchten die sportiven Fahrer 6–10 Minuten. Bei den Amateuren ging es weniger schnell, zumal einige Stürze einzurechnen waren. Nach dem strapaziösen Aufstieg von gut 3 Stunden und etlichen Halben im Brünnsteinhaus kein Wunder. Bis zu 180 Schlitten standen im Depot bereit, und bis zu 300 Rodler zählte man an einem schönen Wintersonntag auf der Bahn. Darunter zahlreiche Damen im langen Rock, der bei der Abfahrt unten zugebunden wurde. Noch in den 30er Jahren hielt sich am Brünnstein der Rodelsport an erster Stelle unter den Wintervergnügungen.«

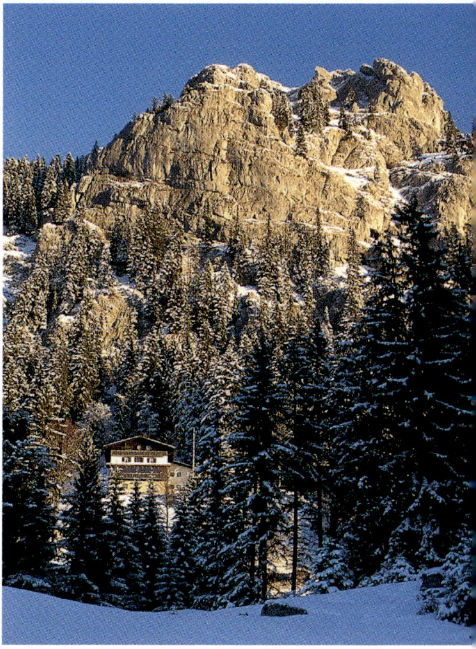

Das Brünnsteinhaus, dahinter ragt das felsige Massiv des Brünnsteins empor.

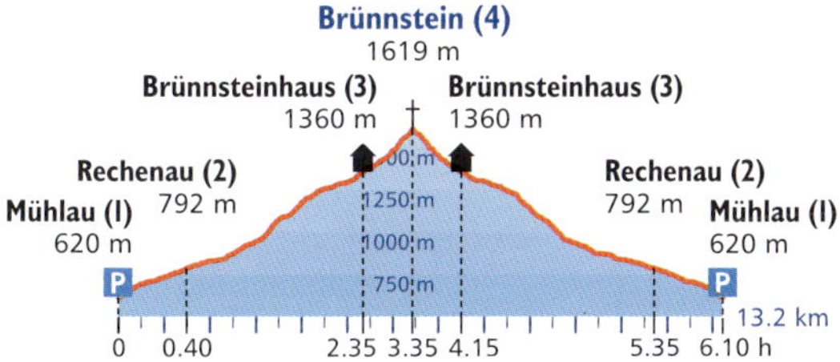

KURZINFO

Talort: Oberaudorf, 482 m. Tourist Information Oberaudorf, tourismus-oberaudorf.de.

Ausgangspunkt: Mühlau, 620 m. Von der Ortsmitte Oberaudorf Richtung Kiefersfelden, etwa 200 m nach dem Burgtor rechts nach Mühlau. An einer Bushaltestelle rechts Richtung Brünnstein. Kurz darauf Wanderparkplatz.

Gehzeit: Mühlau – Brünnsteinhaus 2.35 Std., Brünnsteinhaus – Brünnstein 1 Std., Abstieg 2.35 Std.; Gesamtzeit 6.10 Std.

Höhenunterschied: Brünnsteinhaus 740 Hm, Brünnstein zusätzlich 260 Hm; gesamt 1000 Hm.

Anforderungen: Von Mühlau auf der Rodelbahn zum Brünnsteinhaus. Ein langes Stück führt dabei steil durch den Wald hinauf. Der Weiterweg auf den Brünnstein ist nur bei geringer Schneelage und dann trittsicheren Wanderern zu empfehlen.

Hangexposition: Südwest.

Lawinengefahr: Gering.

Einkehrmöglichkeit: Brünnsteinhaus (DAV, Tel. +49 8033 1431, bruennsteinhaus.de, Übernachtungsmöglichkeit).

Kinder: Wegen der steilen Rodelbahn nur für ältere Kinder geeignet.

Schneeschuhe: Schneeschuhgänger starten beim Gasthaus Rosengasse. Über die Gassenleite geht es zur Seeonalm und weiter über die Himmelmoosalm nach Osten bis zum Brünnsteinhaus. 345 Hm, Gehzeit hin und zurück 5 Std. Bei Neuschnee bzw. größerer Lawinengefahr können die steilen Hänge der Gassenleite umgangen werden, indem bei der Bergwachthütte (noch vor der Rosengasse) gestartet wird. Hangexposition: Nordwest, Nord, Nordost, Ost. Mäßige, nach Neuschnee mit viel Windverfrachtung große Lawinengefahr. Von der Hütte aus auf der Route wie die Wanderer zum Gipfel.

Rodel: Geräumte, stellenweise steile Rodelbahn vom Brünnsteinhaus (Rodelverleih) nach Mühlau.

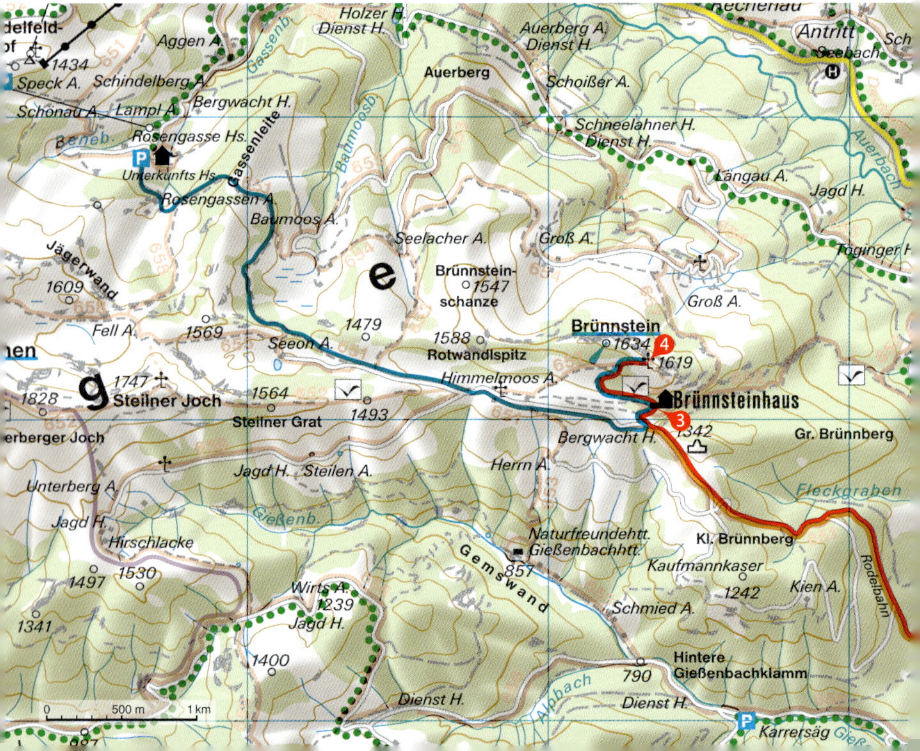

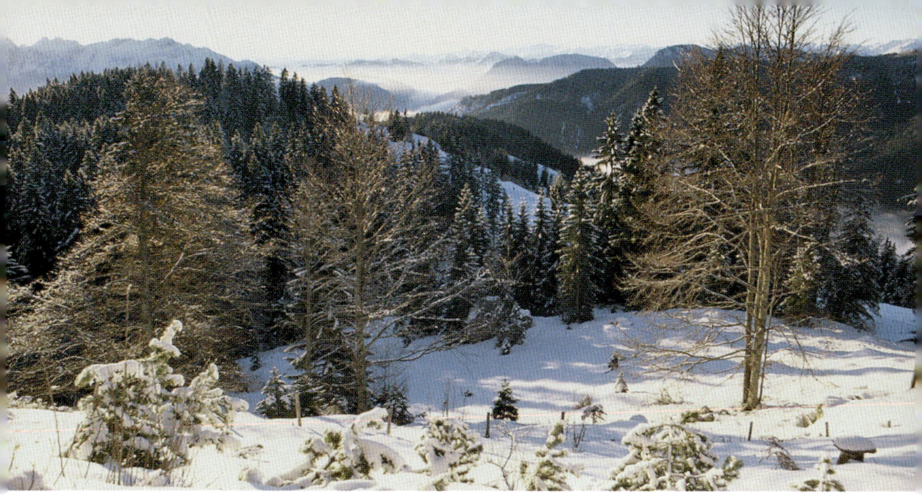

Ausblick beim Brünnsteinhaus Richtung Österreich.

Vom Parkplatz in **Mühlau (1)** aus folgen wir der Beschilderung geradewegs Richtung Brünnstein. Wir verlassen die Straße auf den Weg, der links entlang des Reschmühlbaches durch den Wald führt. Alternativ gehen wir weiter auf der Straße, die rechts vom Reschmühlbach verläuft. Der Weg trifft wieder auf die Straße, der wir weiter nach Richtung Rechenau folgen. Im Hintergrund das tolle Panorama des Kaiser. In **Rechenau (2)** halten wir uns bei den Remisen zu unserer Linken links und kommen in den Wald. Kurz darauf folgen wir der Beschilderung nach rechts. An einer kleinen Lichtung halten wir uns nochmals rechts. Weiter geht es bergauf durch den Wald. Der Anstieg wird flacher und wir erreichen freies Gelände. Erstmals eröffnet sich der Blick ins Gebirge. Die Hütte wird erst kurz vor Erreichen sichtbar. An einer Bergwachthütte vorbei – hier mündet von links der Weg von der Rosengasse ein – sind es nur noch wenige Meter bis zum **Brünnsteinhaus (3)**, 1360 m. Von hier aus lässt sich dann gemütlich der Ausblick auf die Bayerischen Voralpen, das Kaisergebirge und den Alpenhauptkamm genießen. Sogar den Großvenediger kann man bei klarem Wetter sehen. In der Hütte hängt ein großes Panoramafoto, auf dem alle Gipfel erklärt werden.

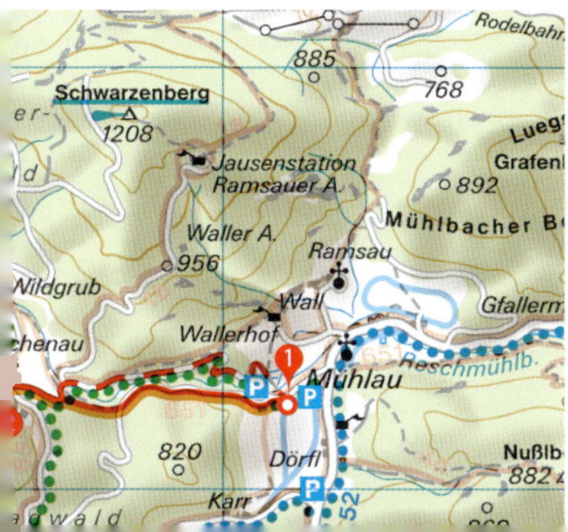

Ganz Wilde gehen bei guten Verhältnissen über den Klettersteig bis auf den Gipfel des Brünnsteins. Auch der Normalweg ist nicht ohne und sollte nur bei guten Verhältnissen gegangen werden. Dazu von der Hütte aus nach Westen und in einem Rechtsbogen auf den Gipfel des **Brünnsteins (4)**. Die letzten Meter sind gesichert.

Der Abstieg erfolgt auf dem Aufstiegsweg.

BAU EINER SCHNEEHÖHLE

Der Schnee scheint uns zwar immer nass und kalt, aber er kann, richtig eingesetzt, auch sehr gut vor Wind und Kälte schützen. Sei es aus einer Notsituation heraus oder aber auch freiwillig: Der Bau einer Schneehöhle hat etwas Besonderes, ob man nun darin übernachtet oder nicht. Vor allem bei größeren Gruppen ist der Spaßfaktor für Jung und Alt garantiert. Die einzigen Voraussetzungen sind: eine Schaufel, genügend Schnee und ein lawinensicherer Standort. Ideal sind dafür Triebschneeansammlungen.

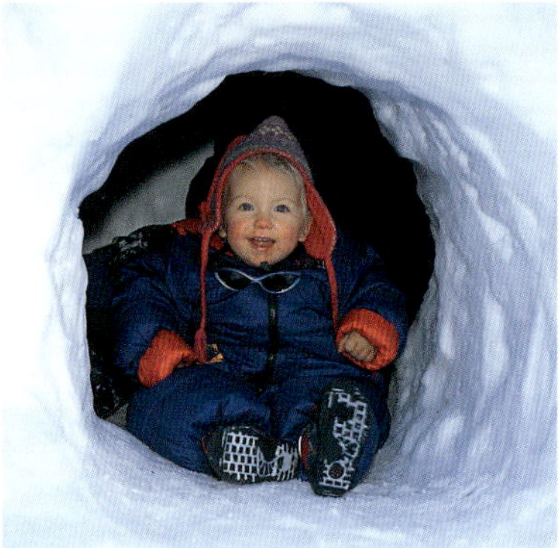

Bevor wir loslegen, sollten wir einplanen, dass der Eingang tiefer als die eigentliche Höhle liegen sollte. So kann sich ein Kältegraben bilden, und die warme Luft hält sich in der Höhle. Zuerst graben wir nun ein kleines Loch, das gerade für einen Durchschlupf reicht. Dieses Loch wird der spätere Türrahmen für die »Haustür«. Je nach Schneebeschaffenheit graben wir daraufhin schräg nach oben einen Tunnel weiter. Gerade so, dass für uns ausreichend Platz ist, um nach oben hineinzukriechen.

Je nach vorhandener Schneetiefe fangen wir dann etwas erhöht an, die eigentliche Höhle bzw. den Hohlraum zu schaufeln. Ideal ist es, wenn deren Boden ungefähr an der oberen Linie des Eingangsloches beginnt. Beim Gestalten des Innenraumes sollte darauf geachtet werden, dass die Außenwände dick genug bleiben (je nach Schneebeschaffenheit 30 bis 50 cm). Ansonsten bekommt unser Schutzraum ein unerwünschtes Fenster und wird instabil. Darauf sollten wir verzichten. Je größer und höher der Innenraum ist, desto komfortabler ist der Aufenthalt (aber desto kühler die Temperatur). Die Größe ist natürlich vorranging abhängig von der Gruppengröße und der zur Verfügung stehenden Schneemenge. Es wird am wärmsten, wenn der Eingang mit einer »Haustür« aus Rucksäcken, Schnee oder Ähnlichem einigermaßen verschlossen wird. Mit einem Skistock stechen wir für die nötige Luftzufuhr ein kleines Loch nach außen.

Dann geht es an die Feinarbeit in der Höhle. Beim Bau von »Regalen« und »Ablagen« sind der Fantasie keine Grenzen gesetzt. Die Innenwand sollte sorgfältig geglättet werden und rund zu den Rändern herabziehen. An Kanten oder Riefen tropft sonst Kondenswasser in die Höhle. Eine gut gebaute Schneehöhle ist eine recht gemütliche Behausung, in der auch bei den frostigsten Außentemperaturen das Thermometer nicht weit unter die Null-Grad-Grenze sinkt. Wird in der Schneehöhle gekocht oder brennen Kerzen, sind schnell auch Temperaturen von plus zwei bis plus fünf Grad drin. Außerdem ist es windstill. Mit einem guten Schlafsack und einer Isomatte eher ein Vergnügen als ein Abenteuer. Gute Nacht!

Heuberg, 1338 m

Über die Daffnerwaldalm

★★

Zu urigen Almen und wunderschöner Aussicht

Klein, aber fein ist der glückliche Heuberg. Klein ist er mit seinen 1338 Metern. Fein, weil gleich zwei Almen unterhalb des Gipfels für das leibliche Wohl sorgen. Und Glück hat dieser Wiesenbuckel mit seiner Lage: Direkt über dem Inntal ragt er in die Höhe und bietet eine außergewöhnliche Aussicht. Der Wilde Kaiser wird zwar vom Zahmen fast verdeckt, aber dafür sieht das darunterliegende Inntal aus wie eine Miniaturlandschaft. Genauestens kann jeder von hier oben dem Inn zuschauen, wie er die Berge in Richtung Donau verlässt. Direkt gegenüber liegt der unverkennbare Wendelstein mit seinen emporragenden Masten. Nebenan, im Norden, befindet sich die 29 Meter höhere Wasserwand, die allerdings nur über einen Klettersteig im Sommer bezwungen werden kann. Im Aufstieg lohnt sich ein Abstecher zu dem Wallfahrtskirchlein Mariä Heimsuchung, eine der letzten bewohnten Eremiteien. Diese entstand, weil hier ein mährischer Tuchmachergeselle aufgrund eines in großer Not abgelegten Gelübdes Einsiedler wurde. Dieser ließ sich in Rom taufen und bekam von einem römischen Kardinal ein Madonnenbild. Das Bild wurde bald für seine Wunderwirkung bekannt und eine Kapelle gebaut. Die heutige Kapelle wurde anno 1719/20 von einheimischen Baumeistern am selben Ort errichtet.

Almhütte der Daffnerwaldalm im letzten Abendlicht.

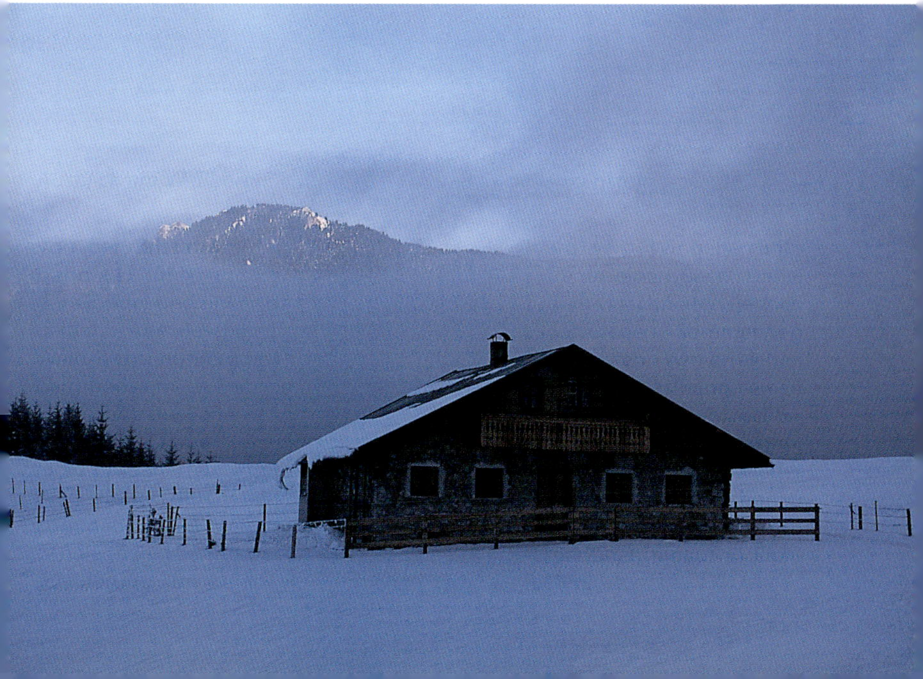

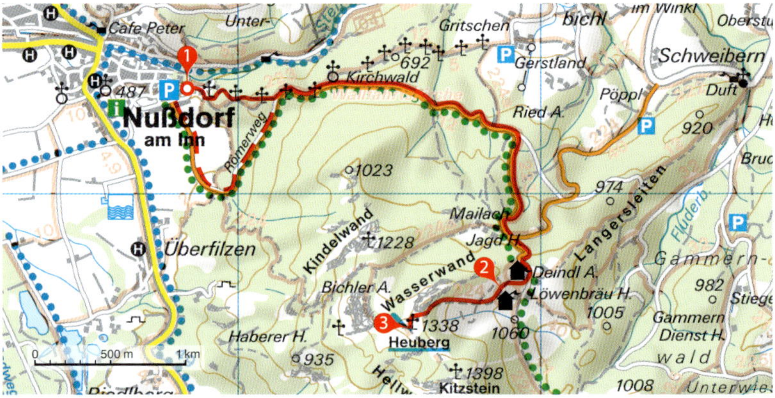

KURZINFO

Talort: Nußdorf, 487 m. Verkehrsamt Nußdorf am Inn, nussdorf.de.

Ausgangspunkt: Beginn des Kirchwaldes, 487 m. In Nußdorf an der Hauptkreuzung rechts, links in die Dorfstraße, an der Kirche vorbei und rechts in den Winkelwiesweg. Die nächste Möglichkeit links in den Heubergweg. Vor dem Sackgassenschild rechts und am Straßenrand parken. Mit der Bahn bis Raubling. Von der Haltestelle Raubling, Kufsteiner Str./ Bahnhof, mit dem Bus 9490 nach Nußdorf am Inn.

Gehzeit: Nußdorf – Laglerhütte 2.05 Std., Laglerhütte – Heuberg 1.05 Std., Abstieg 2.20 Std.; Gesamtzeit 5.30 Std.

Höhenunterschied: Almen 565 Hm, Heuberg zusätzlich 290 Hm; gesamt 855 Hm.

Anforderungen: Auf dem Kreuzweg durch den Kirchwald schmaler, stufiger, oft gespurter Weg. Weiter über eine meist geräumte Forststraße, die auch als Rodelstrecke benutzt wird. Von den Almen führen oft Spuren steil hinauf zum Heuberg.

Hangexposition: Osten.

Lawinengefahr: Bis zu den Almen keine, von den Almen auf den Heuberg groß.

Einkehrmöglichkeit: Deindlalm (Tel. +49 171 4215310, deindlalm.de, Mo Ruhetag, außer in den Ferien), Laglerhütte (Tel. +49 8032 8737, +49 172 6021388, laglerhof-nussdorf.de, Do bis So und feiertags geöffnet). Bei beiden Hütten Übernachtungsmöglichkeit nach Voranmeldung.

Rodel: Von den Almen über die Straße bis Nußdorf. Eine schneesicherere Alternative ist die Rodelstrecke nach Schweibern hinunter, die rechts vom Wanderweg abgeht. Zum Ausgangspunkt von Grainbach Richtung Schweibern. Noch vor dem Weiler links ist der Heuberg-Parkplatz (300 Hm, Aufstiegszeit 1 Std.).

Variante: Bei viel Schnee eventuell von Nußdorf aus – anstelle des stufigen Kreuzweges – der Straße (Rodelstrecke) folgen.

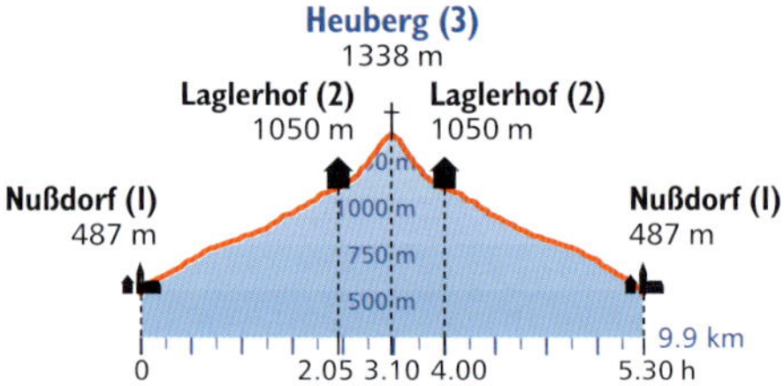

Wir folgen in **Nußdorf (1)** dem Heubergweg geradewegs in die Sackgasse. Bei der nächsten Möglichkeit biegen wir rechts ab Richtung »Kirchwald«. Wenn wir den Wald erreicht haben, gehen wir gleich darauf links auf einem schmalen Weg weiter. Entlang eines Kreuzweges führt uns die Spur über einige Stufen bergan. Von rechts trifft ein Weg mit dem Steig zusammen und wenig später erreichen wir die Straße, die von Nußdorf heraufführt. Dieser folgen wir links. Danach führt links ein Abzweig zu dem Wallfahrtskirchlein Mariä Heimsuchung. Wir gehen geradewegs weiter Richtung »Heuberg, Daffner Alm«. Durch den teils lichten, teils dichten Wald schlängelt sich die Straße weiter bergan. Links zweigt die Rodelstrecke nach Schweibern ab. Wir ignorieren den Abzweig und gehen weiter bergan. Darauf erreichen wir eine freie Almfläche, die sogenannte Daffnerwaldalm, mit mehreren Almhütten. Rechts die **Deindlalm**. Vor der letzten Almhütte, der **Laglerhütte (2)**, 1050 m, geht es rechts zum Heuberg. Über den Osthang steil hinauf, rechts oberhalb von uns der Gipfel der Wasserwand und links der Kitzstein. Dann durch lichten Wald vorbei an den Felsen der Wasserwand auf den Gipfel des **Heuberg (3)**.

Der Abstieg erfolgt auf dem Aufstiegsweg.

Die Wallfahrtskirche Mariä Heimsuchung.

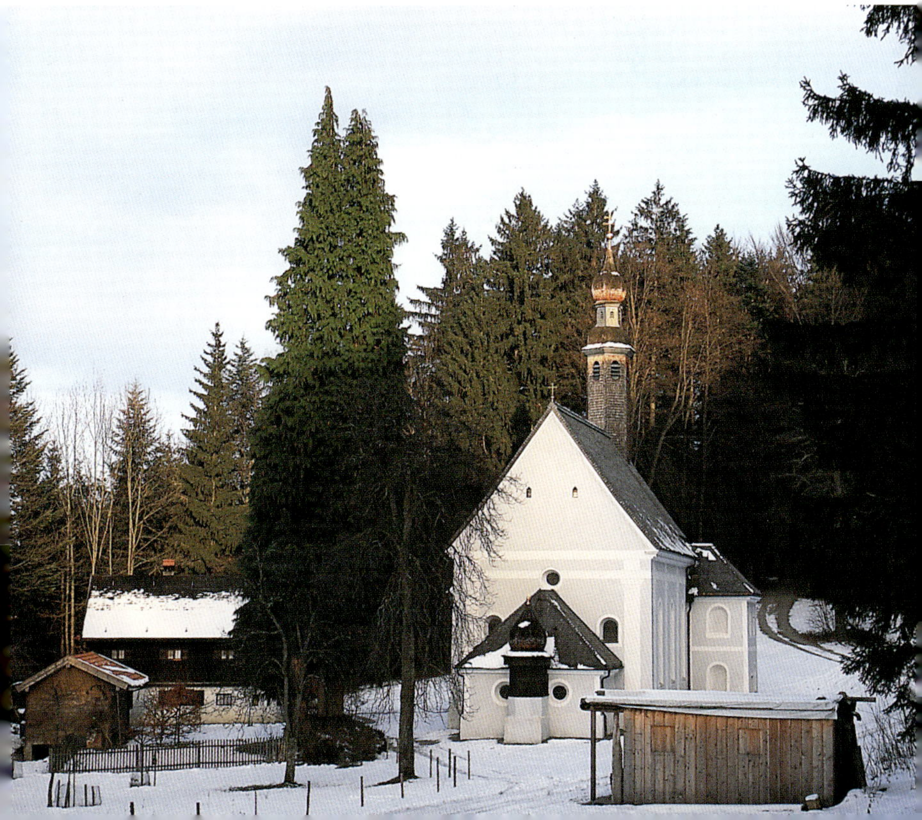

43 Hochries, 1568 m

Aus der Spatenau

★★★

Zum Vorboten des Chiemgaus

Die erste Erhebung, die Hochries, ragt (von Westen kommend) direkt hinter dem »platten Land« empor. Zwar sieht sie von Weitem eher wie ein flacher Hügel aus, aber immerhin ist dieser Hügel gute 1000 Meter höher als das Inntal. Durch den Wegverlauf über Rücken und Kamm bietet sich uns bereits beim Aufstieg eine herrliche Aussicht. Direkt auf dem Gipfel befindet sich das gleichnamige Haus. Von oben schaut man ohne Hindernisse ins flache Alpenvorland und kann sich von dem anstrengenden Gipfelsturm entspannen. Heute leben die Bewohner der Gemeinde Samerberg hauptsächlich vom Fremdenverkehr. Zu Zeiten, als die Innschifffahrt noch florierte, drehte sich alles um den Inn. Und wer nicht von der Schifffahrt lebte, züchtete Pferde, die als Lasttiere Salz und alles Mögliche nach Norden und über den Alpenhauptkamm nach Süden transportierten. Die getragene Last bezeichnete man als Saum und die Männer, die dieses gefährliche Gewerbe ausübten, als Säumer oder im Volksmund Samer. So kam es zu dem Namen Samerberg. Und auch der zweite Teil des Namens kommt nicht von ungefähr. Die höchste Erhebung ist in Steinkirchen auf 815 Meter bei dem Hof Oberleiten und sogar mit einem Kreuz gekennzeichnet. Samerberg steht bis heute als Überbegriff für die Region mit ihren 78 Ortsteilen. Den Hauptsitz hat die Gemeinde im Ort Törwang.

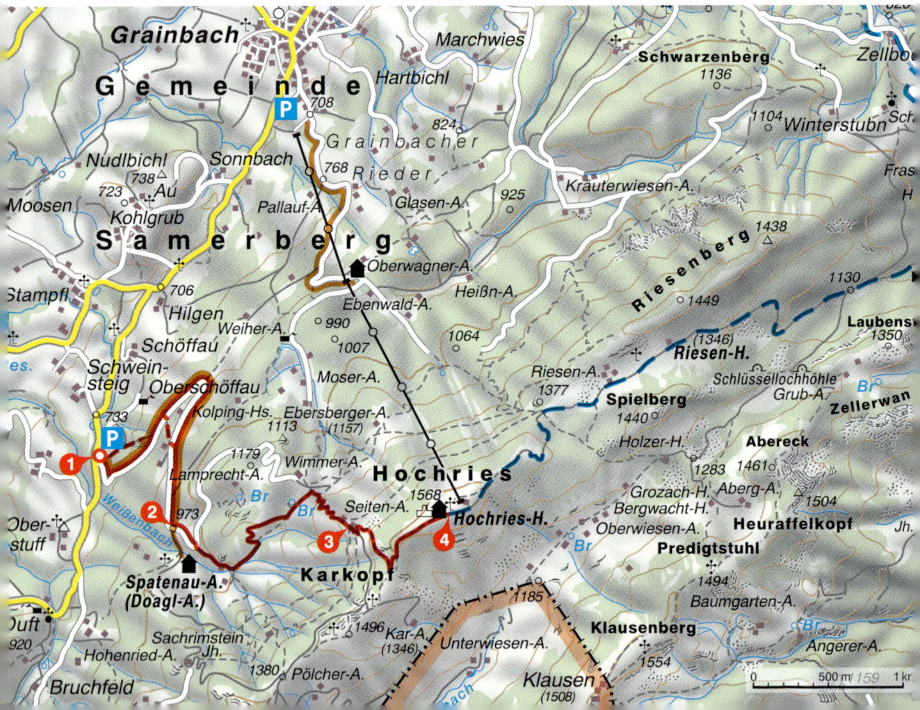

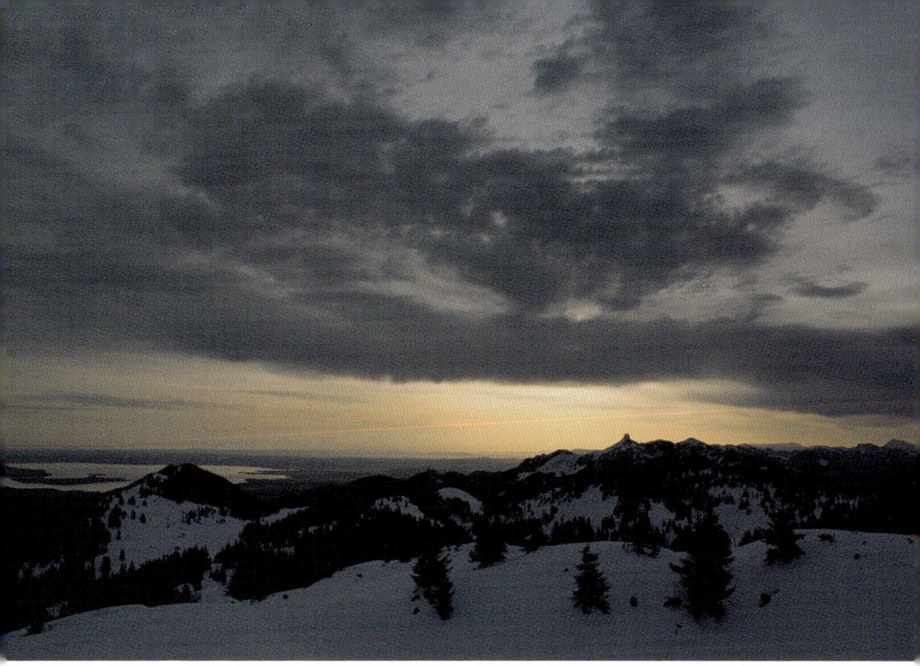

Ausblick vom Hochrieshaus nach Nordosten. Der Chiemsee ist unverkennbar.

KURZINFO

Talort: Grainbach, 700 m, Gäste-Information Samerberg, samerberg.de.
Ausgangspunkt: Parkplatz Spatenau bei Unterstuff, 760 m. In Grainbach Richtung Duft / Duftbräu. An Schöffau vorbei weiter zum Wanderparkplatz Spatenau. Von der Bahnstation Rosenheim fährt der Bus 9493 bis Grainbach. Von dort sind es gute 3 km zum Wanderparkplatz. Alternativ mit Rosi-mobil zur Haltestelle Nr. 1960, Schweinsteig Ort, oder 1950, Unterstuff.
Gehzeit: Parkplatz Spatenau – Hochries 3.05 Std., Abstieg 2.10 Std.; Gesamtzeit 5.15 Std.
Höhenunterschied: 810 Hm.
Anforderungen: Lohnenswerte, abwechslungsreiche Wanderung. Zuerst entlang eines meist geräumten Forstweges bis zur Doaglalm (Spatenaualm). Der Weiterweg ist oft gespurt.
Hangexposition: Südwest.
Lawinengefahr: Mäßig. Nach Neuschneefällen ist vom Weiterweg ab der Doaglalm (Spatenaualm) abzuraten.
Einkehrmöglichkeit: Doaglalm (Spatenaualm, Tel. +49 8032 8219, doaglalm.de, Sa/So geöffnet), Hochrieshütte (DAV, Tel. +49 8032 8210, hochrieshuette.de, in den Ferien täglich geöffnet, sonst Fr bis So, im Januar und Februar ggf. Betriebsurlaub, Übernachtungsmöglichkeit).
Kinder: Bis zur Doaglalm (Spatenaualm) geeignet.
Rodel: Von der Doaglalm (Spatenaualm), 980 m (Aufstieg 1 Std.).
Von der Mittelstation der Hochriesbahn (Bahn im Winter geschlossen) kann zur Talstation gerodelt werden (Aufstieg 0.45 Std.).
Variante: Passen die Verhältnisse, bietet sich eine kleine Durchquerung an: von der Hochries über die Riesenhütte nach Frasdorf. Je nach Schneeverhältnissen geht es dabei bis zur Frasdorfer Hütte am besten mit Schneeschuhen. Hangexposition: Nordost, mäßige Lawinengefahr. Bis zur Riesenhütte 0.45 Std. (s. Tour 44).

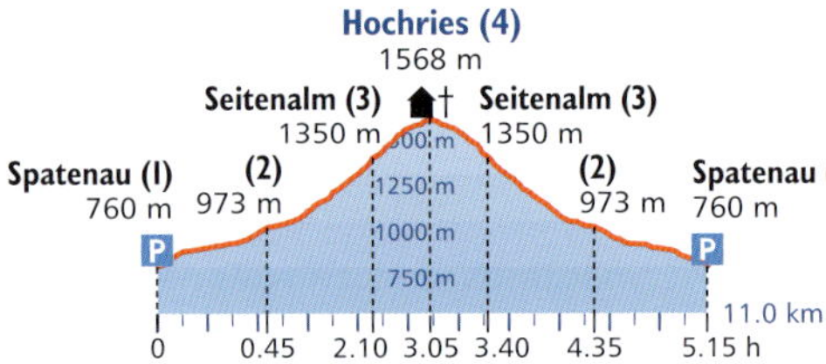

Vom Wanderparkplatz bei **Unterstuff (1)** folgen wir links der Straße zur Hochries. Bei wenig Schnee kann auch die Abkürzung, die im rechten Winkel links vom Wanderparkplatz abführt, genommen werden. Wir folgen der Linkskurve, dann können wir, wenn gespurt ist, an einer Abzweigung nach rechts eine ausgedehnte Rechtskurve der Straße abkürzen. Dem Straßenverlauf folgend geht es steiler bergan. Rechts besteht die Möglichkeit, einen Abstecher zur **Doaglalm (2)**, auch Spatenaualm, zu wählen.

Wir aber folgen geradewegs dem Wegverlauf bis zu einer Almhütte. Nach dieser halten wir uns links. Zuerst am Waldrand und dann entweder auf dem Fahrweg oder, je nach Schneelage, diesen abkürzend direkt querfeldein weiter. In Richtung Nordosten erreichen wir so einen freien Rücken. Diesem folgen wir rechter Hand in Serpentinen bis zur **Seitenalm (3)**, 1350 m.

Nach den Häusern halten wir uns links, um in einem Rechtsbogen nach Südost den Hang bergan zu queren. Dabei erreichen wir wieder bewaldetes Gelände. Nach links haltend kommen wir in einen Sattel. Rechts geht es zum Karkopf und Feichteneck, wir aber folgen links dem Kammverlauf bis zum Gipfel der **Hochries (4)**.

Der Abstieg erfolgt auf dem Aufstiegsweg.

Abstieg von der Hochries Richtung Seitenalm.

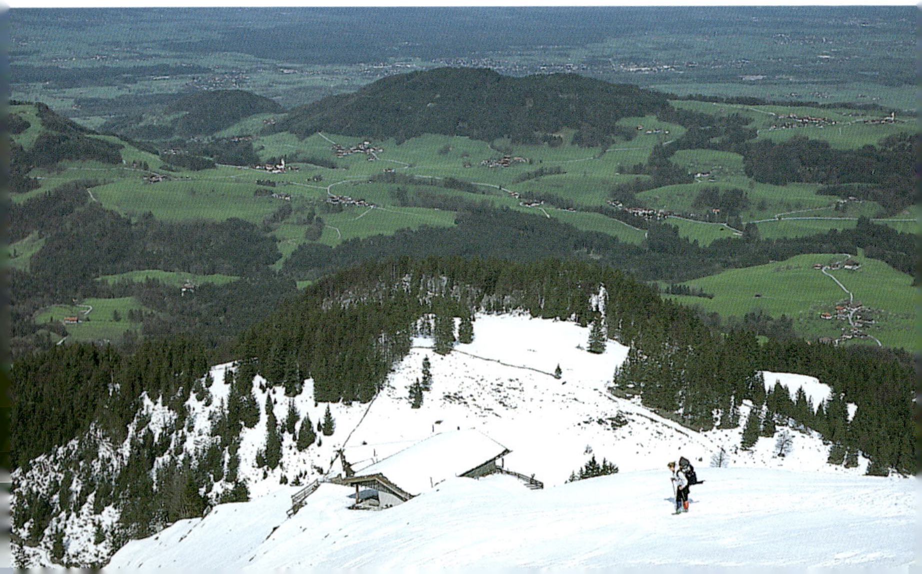

Riesenberg, 1449 m

44

Von Frasdorf über die Riesenhütte

★

Auf den Rücken des Riesen

Der Name des Berges klingt fast einschüchternd. Dabei bezeichnet er den Bergrücken, der sich östlich der Hochries entlangzieht. Die Wanderung lohnt sich, denn wir tauchen ein in eine schöne Voralpenlandschaft mit runden Buckeln. Riesig ist hier die Ruhe. Keine Straßenanbindung, kein Bachrauschen und nicht einmal Nachbarn. Selbst die Hochries befindet sich in angemessener Entfernung. Manchmal führen im Winter von der Hütte aus Fuß- oder Skispuren hinauf. Doch zu Fuß gehen wir besser von der Spatenau aus auf diesen benachbarten Gipfel (siehe Tour 43). Wer gerne auf Entdeckungstour geht, dem sei der hinter der Hütte liegende Riesenberg empfohlen. Eine andere Möglichkeit ist, den Spielberg zu umrunden und am Ende den Laubenstein zu besteigen! Und alle, die im Gelände mit der Karte sicher umzugehen wissen, können auch im Winter ohne Weiteres eine schöne Mehrtagestour zusammenstellen mit Übernachtung zum Beispiel auf dem Hochrieshaus, dem Spitzsteinhaus und der Priener Hütte. Ein sicheres Beurteilungsvermögen der vorherrschenden Lawinensituation ist für solche Touren notwendig! Übrigens gibt es gar keinen Riesen in der Gegend, denn der Name kommt von »Ries«, der Bezeichnung für eine Schneise, über die Holzstämme ins Tal befördert wurden, als es noch keine Straßen gab.

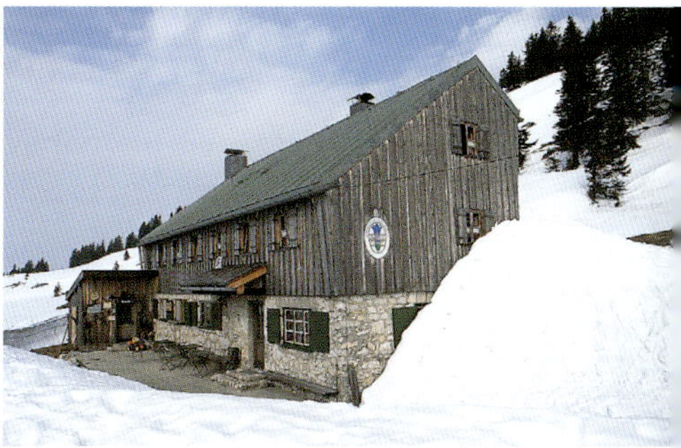

Die Riesenhütte muss generalsaniert werden.

KURZINFO

Talort: Frasdorf, 598 m, Tourist-Info Frasdorf, frasdorf.de.

Ausgangspunkt: Wanderparkplatz Lederstube, ca. 650 m. In Frasdorf links der Beschilderung folgen. Ab den Bahnstationen Rosenheim oder Aschau mit der Buslinie 9494 bzw. 9496 nach Frasdorf Bahnhof. In Frasdorf nach Süden zur Hauptstraße, dann links abzweigen in die Westerndorfer Straße und nochmals links in die Lederstubenstraße bis zum Parkplatz (ca. 1 km, 15 Min.). Alternativ mit Rosi-mobil zur Haltestelle Nr. 1504, Parkplatz Lederstube.

Gehzeit: Parkplatz – Frasdorfer Hütte 1.30 Std., Frasdorfer Hütte – Riesenhütte 1.40 Std., Riesenhütte – Riesenberg 0.25 Std., Abstieg 2.45 Std.; Gesamtzeit 6.20 Std.

Höhenunterschied: Frasdorfer Hütte 300 Hm, Riesenhütte zusätzlich 395 Hm, Riesenberg zusätzlich 105 Hm; gesamt 800 Hm.

Anforderungen: Bis zur Frasdorfer Hütte ist es über die meist geräumte Rodelbahn angenehm zu gehen. Der Weiterweg zur Riesenhütte kann, je nach Schneelage, zu Fuß recht mühsam sein. Auf den Riesenberg sind Schneeschuhe

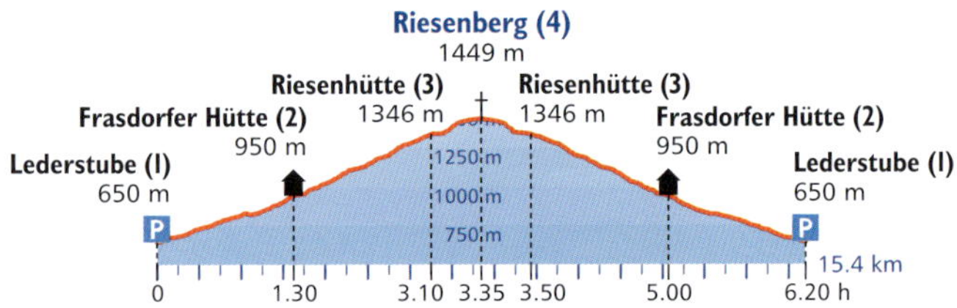

eine Hilfe.
Hangexposition: Südost.
Lawinengefahr: Gering. Freie Hänge können bei geschickter Routenwahl umgangen werden.
Einkehrmöglichkeit: Stubn in der Frasdorfer Hütte, stubn.co, Do und Fr abends geöffnet, Sa und So auch mittags, Übernachtungsmöglichkeit); Riesenhütte (DAV, zurzeit wegen anstehender Generalsanierung geschlossen, Wiedereröffnung unbestimmt).
Schneeschuhe: Um die Riesenhütte einige Schneeschuhziele.
Rodel: Von der Riesenhütte zum Parkplatz Lederstube.
Variante: Von der Riesenhütte (mit Schneeschuhen) um den Spielberg herum, an der Holzerhütte vorbei und nach Nordosten zum Aufstiegsweg. Bis zur Frasdorfer Hütte 1.30 Std., Hangexposition: Süd, Südost, Nord, mäßige Lawinengefahr.

Vom Wanderparkplatz bei **Frasdorf (1)** gehen wir auf der Straße weiter und folgen dann linker Hand dem Abzweig in Richtung »Frasdorfer Hütte, Riesenhütte«. Die Forststraße führt uns an der Ebnater Ache entlang durch den Wald. Diese wird mehrmals überquert. An einer ersten Gabelung halten wir uns rechts, an der nächsten links und folgen dabei immer der Beschilderung zur Frasdorfer Hütte. Der Weg führt leicht bergab, und wir treffen auf schöne Bergahorne. Rechter Hand steht das urige Bauernhaus Zellboden. Dann kommen wir zur Rauchalm. Wer auf der Forststraße weitergehen möchte und wer einen Rodel dabei hat, folgt der vor der Rauchalm abknickenden Forststraße weiter bis zur Frasdorfer Hütte. Die anderen gehen geradeaus an der Alm vorbei, geradewegs weiter in den Wald und dann rechts haltend zur **Frasdorfer Hütte (2)**, 950 m.

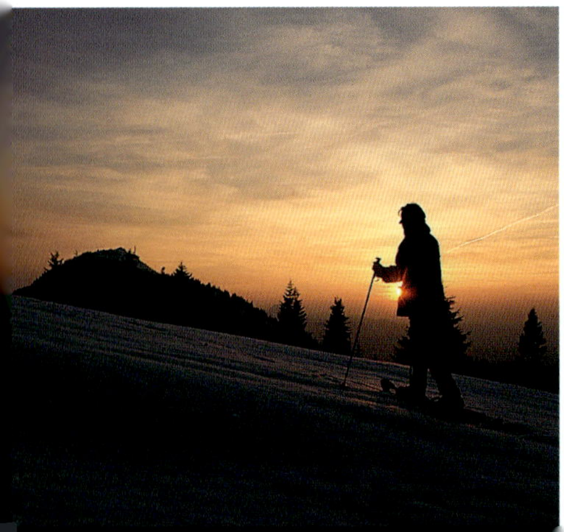

Von der Hütte gehen wir geradewegs nach Süden Richtung Riesenhütte weiter. Wir ziehen eine Linkskurve, kommen wieder in den Wald und folgen der Wegschneise in südwestliche Richtung. Auf ca. 1200 m gehen wir eine scharfe Rechtskurve durch den Wald. Nach einem darauf folgenden Linksschlenker orientieren wir uns an den Telefonmasten, die bis zur **Riesenhütte (3)**, 1345 m, führen.
Im Norden der Hütte befindet sich der Riesenberg. Die Besteigung des

Der Umwelt zuliebe: Im Hochwinter sollte nach 16 Uhr auf eine Begehung von Gipfeln, Rücken und Graten verzichtet werden.

Höhenrückens mit dem unscheinbaren Gipfel bietet immerhin ein Gipfelkreuz mit schöner Aussicht. Schneeschuhbesitzer sind nun bei weichem Schnee eindeutig im Vorteil. Dazu ein kurzes Stück Richtung Hochries, um dann an der geeignetsten Stelle hinauf auf den Rücken des **Riesenbergs (4)** zu gelangen. Gleich hinter dem Gipfelkreuz, 1449 m, dem höchsten Punkt, befindet sich ein ausgewiesenes Wald- und Wildschongebiet. Daher bitte nicht weitergehen.

Der Abstieg erfolgt auf dem Aufstiegsweg.

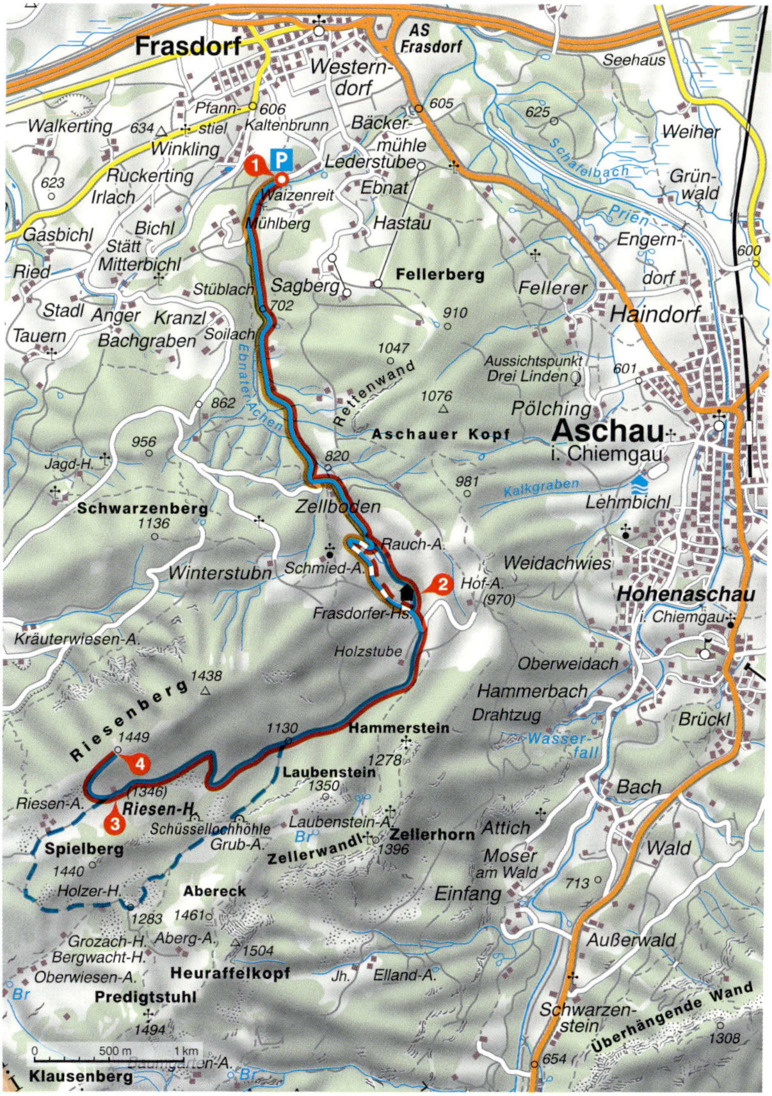

45 Zinnenberg, 1565 m

Von Hainbach

★★

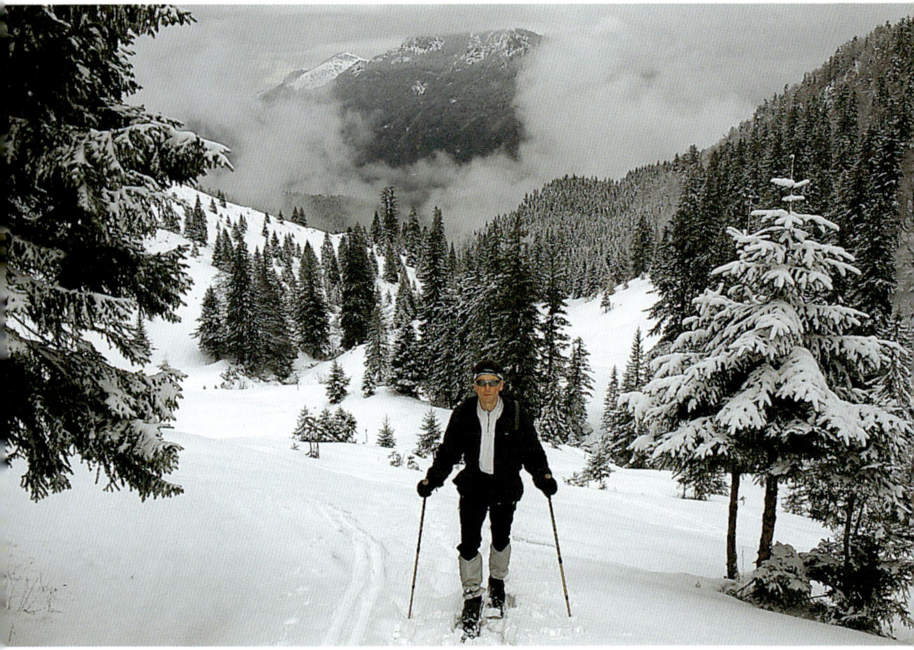

Unterwegs zum Zinnenberg – selbst graue Tage bieten tolle Erlebnisse.

Für störrische Winterwanderer

»Die Normalen« kommen mit Tourenski herauf, »die Modernen« mit Schneeschuhen. Und dann gibt es noch ein paar »störrische Winterwanderer, die den Weg hierher schaffen ...«. So der Spruch eines ehemaligen Klausenhütten-Besuchers. Wenn viel Schnee liegt, muss man schon störrisch sein, um bis zur Hütte und zum Zinnenberg zu kommen. Da ist dann schwere Spurarbeit angesagt. Moderne Schneeschuhgeher sind in solchen Situationen eindeutig im Vorteil. Früher lohnten sich die Schweißtropfen, denn die Klausenhütte war eine Chiemgauer Institution mit Charme. Da keine Forststraße heraufführt, lag die Versorgung beim Hüttenwirt. Bis zu dreimal die Woche trug er einen 35 kg schweren Rucksack auf die Hütte. Leider ist das Haus seit 2007 geschlossen und verfällt von Jahr zu Jahr immer mehr.

Nur wenige Meter trennen die Hütte von der Grenzlinie zwischen Tirol und dem Chiemgau. Und nur wenige Meter sind es bis auf den Gipfel, den Zinnenberg. Bei entsprechender Sicht wartet dort als Belohnung eine Rundschau ins Inntal, zu den Bayerischen Alpen, den Stubaier und Zillertaler Alpen, in die Tauern und auf die Zacken des Kaisergebirges.

KURZINFO

Talort: Aschau im Chiemgau, 615 m. Tourist Info Aschau, aschau.de.
Ausgangspunkt: Wanderparkplatz zwischen Hainbach und Stein, 665 m. Ab der Bahnstation Aschau mit der Buslinie 9502 zur Haltestelle Stein (b. Aschau), Neuhäusl. Alternativ mit Rosi-mobil zur Haltestelle Nr. 1049, Neuhäusl.
Gehzeit: Parkplatz – Klausenhütte 3.20 Std., Klausenhütte – Zinnenberg 0.20 Std., Abstieg 2.30 Std.; Gesamtzeit 6.10 Std.
Höhenunterschied: Klausenhütte 845 Hm, Zinnenberg zusätzlich 60 Hm; gesamt 905 Hm.
Anforderungen: Erst dichter, dann lichter Wald; zum Schluss freie Hänge. Die abwechslungsreiche Wanderung erfordert meist Spurarbeit. Vor allem bei

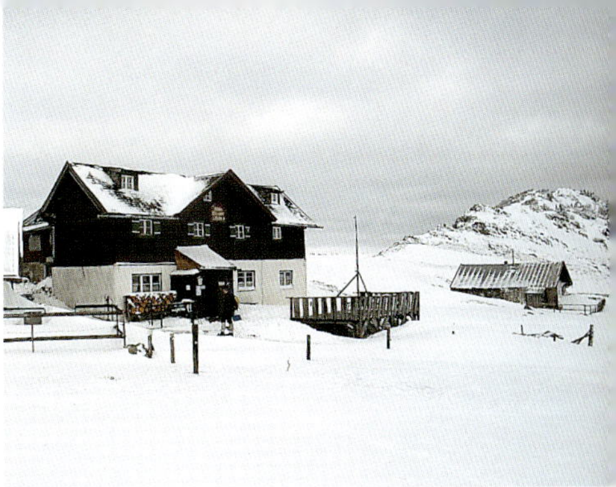

Die Klausenhütte mit dem Klausenberg rechts.

viel Schnee sind Schneeschuhe eine große Hilfe.
Hangexposition: Südost, Nordost.
Lawinengefahr: Groß. In der Waldregion wird ein Hang gequert, der lawinengefährdet sein kann.

Vom **Wanderparkplatz (1)** bei Hainbach über die Brücke der Prien und dann rechter Hand der Beschilderung zum Klausenberg folgen. An der nächsten Weggabelung rechts und 50 m später links weiter durch den Wald. Wir treffen auf eine Forststraße und gehen gegenüber weiter, um diese abzukürzen. (Liegt zu viel Schnee, folgen wir rechts dem Verlauf der Forststraße.) Wir gewinnen an Höhe und haben dabei immer wieder die Möglichkeit, die Kurven der Forststraße abzukürzen. Auf ca. 1140 m folgen wir geradewegs der Beschilderung zum Klausen und kommen auf eine freie Fläche. Nachdem wir den Hang gequert haben, folgen wir der Wegschneise weiter durch lichten Wald. Auf 1200 m rechts ein Abzweig Richtung Ellandalm. Leicht links weiter. Rechts von uns der Schoßbach, oberhalb die Baumgartenalm. Wir erreichen freie Almwiesen.

Über uns ragt der Predigtstuhl empor. Wir überqueren den Bach, treffen auf den von Hammerbach heraufführenden Weg und halten uns links. Der Weg verläuft unterhalb des Kammes, der zwischen Predigtstuhl und Klausenberg verläuft. Wir gehen nach Südwesten, lassen den Schoßbach links liegen und folgen dem Weg unterhalb des vom Klausen herabziehenden Hanges weiter.

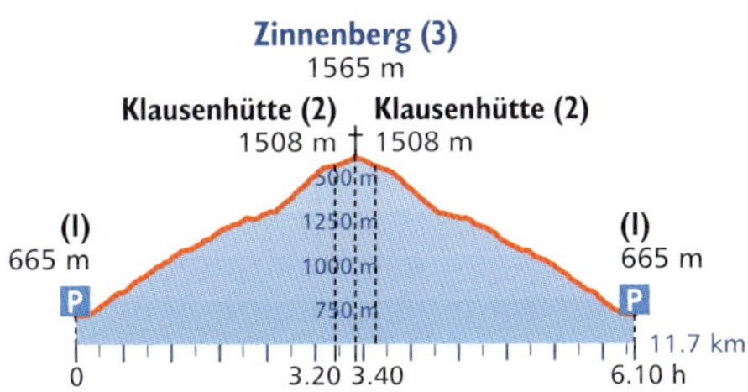

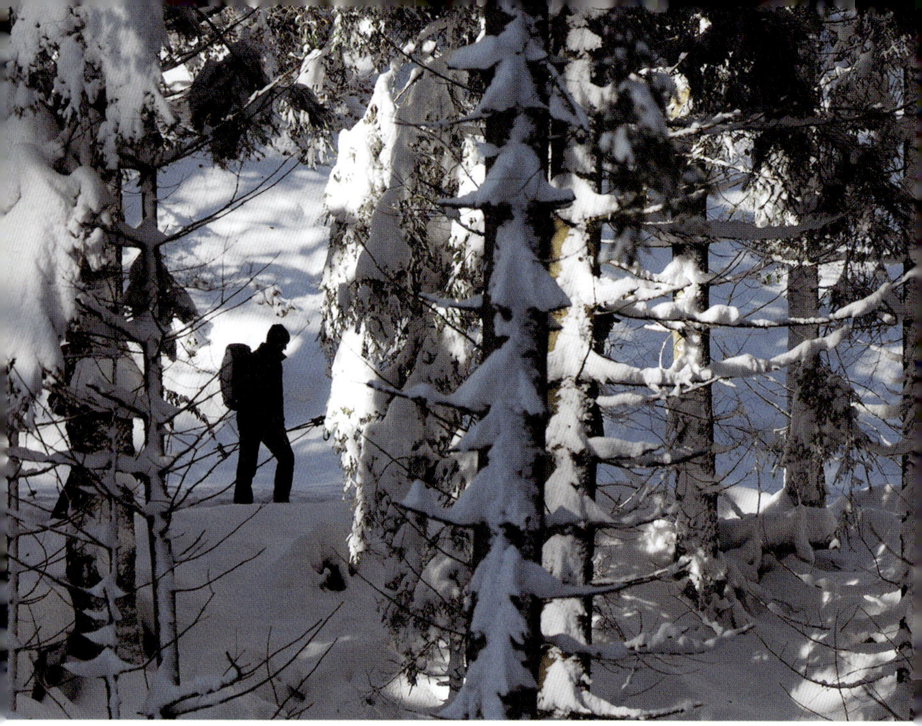

Durch den verschneiten Wald geht es hinauf zum Zinnenberg.

Leicht bergan erreichen wir den Sattel zwischen Klausenberg und Zinnenberg mit der oft sturmumtosten, verfallenden **Klausenhütte (2)**. Nach Südosten führt uns ein Abstecher – die letzten Meter zwischen Latschen – zum **Zinnenberg (3)**, 1565 m. Der Aufstieg zum Klausenberg sollte im Winter aus Naturschutzgründen unterlassen werden! Der Abstieg erfolgt auf dem Aufstiegsweg.

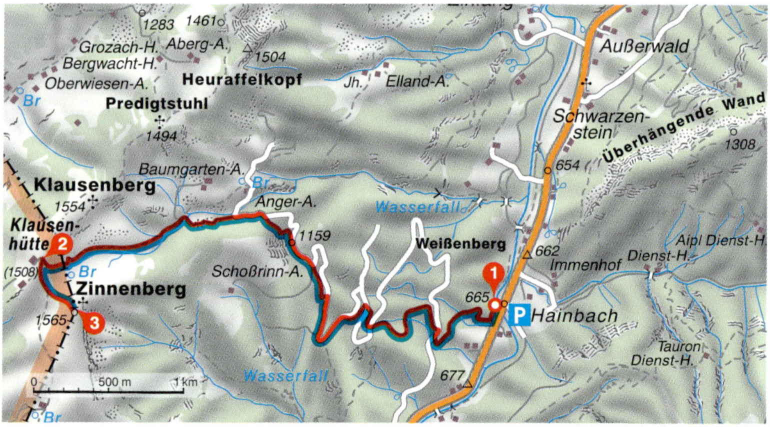

Spitzstein, 1596 m

Von Sachrang

★★★

Zu zwei besonderen Schauplätzen

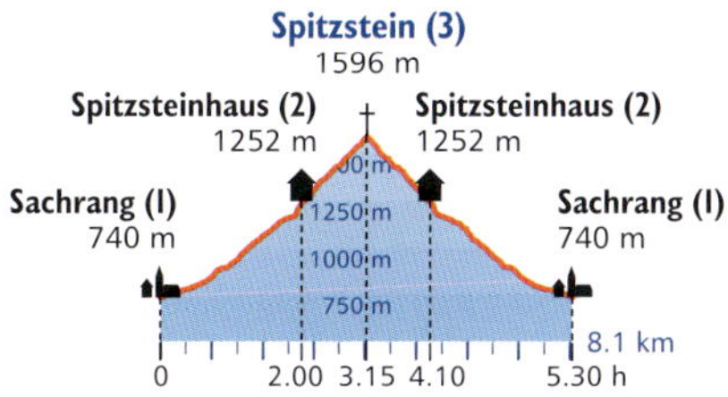

Der erste Schauplatz ist direkt in Sachrang: Gleich links neben dem Portal der Sachranger Michaelskirche ruht der 1843 verstorbene Peter Huber in einem schlichten Grab. Der sogenannte Müllner-Peter von Sachrang wurde durch den gleichnamigen Roman und dessen Verfilmung für viele zu einem Begriff. Per Zufall wurde seine ungewöhnliche Chronik entdeckt. 1766 wurde er als Sohn von Müllerseheleuten geboren. In den damals ländlichen Verhältnissen fiel er durch seine künstlerische und musische Neigung auf. Er arbeitete zwar in Mühle und Sägewerk, schrieb aber nebenbei eine Fülle von Kompositionen, war Organist etc. Mit seinem überdurchschnittlichen Wissen vertrat er u. a. auch den Chirurgen »Russegger« aus dem nahen Tirol als Arzt und Tierarzt. Durch die Verfilmung an den Originalschauplätzen sind heute im Ort wieder einige Spuren des Peter Huber lebendig.
Der zweite Schauplatz ist der Spitzstein, der höchste Gipfel zwischen Priental und Inntal. Auf ihm wurde sogar eine kleine Kapelle errichtet. Zu vergessen ist natürlich nicht das unterhalb liegende Spitzsteinhaus. Wenn genügend Übernachtungsgäste da sind, kann man sich hier mit einem herrlichen Frühstücksbuffet und einer Sonnenterrasse mit Blick über den Zahmen und Wilden Kaiser verwöhnen lassen. Bereits 1905 wurde die Hütte errichtet. Nach einem Brand wurde das alte Haus 1981 neu erbaut.

Der Gipfel des Spitzsteins.

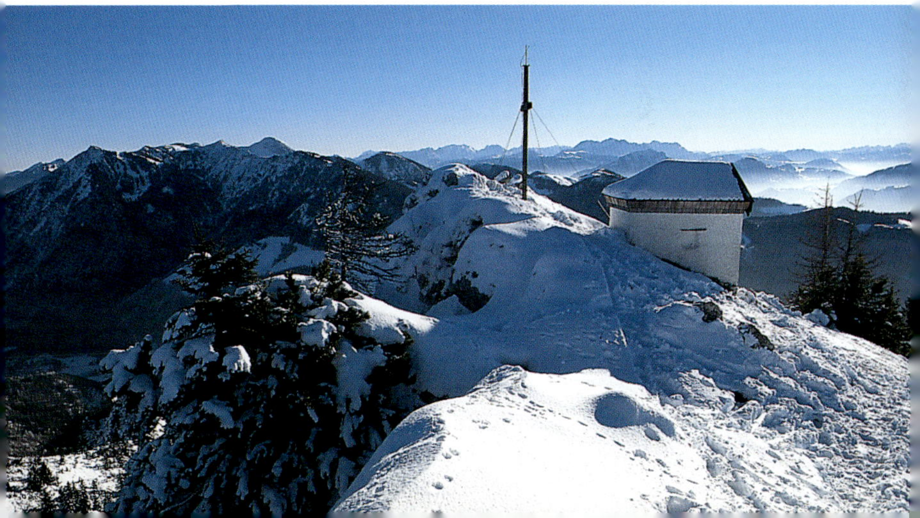

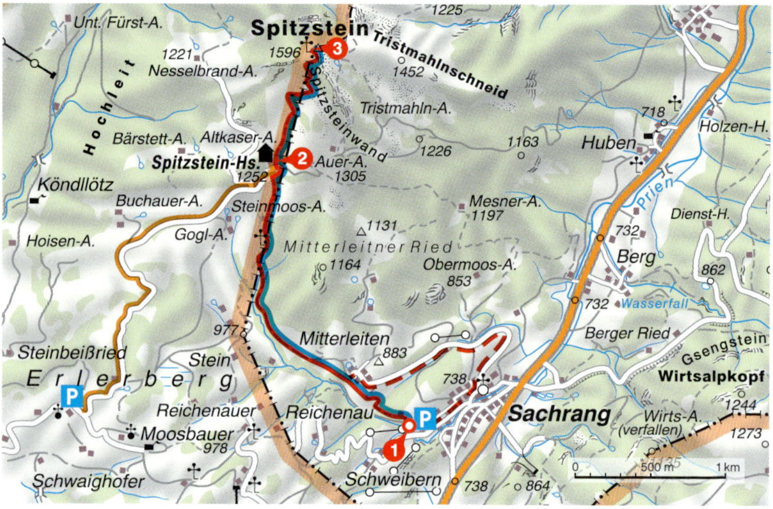

KURZINFO

Talort: Sachrang, 738 m, Verkehrsverein Sachrang, aschau.de.
Ausgangspunkt: Skilift am Dorfende, 740 m. In Sachrang hinter dem Tourismusbüro links und gleich wieder links in die Kirchstraße. Parkmöglichkeit rechter Hand, kurz vor oder hinter der Brücke, gegenüber des Skiliftes. Ab der Bahnstation Aschau mit der Buslinie 9502 zur Haltestelle Sachrang, Ort. Von dort der Dorfstraße folgen, über die Prien und auf der Kirchstraße bis zum Ausgangspunkt (10 Min.). Alternativ mit Rosi-mobil zur Haltestelle Nr. 1017, Dorfstraße.
Gehzeit: Sachrang – Spitzsteinhaus 2 Std., Spitzsteinhaus – Spitzstein 1.15 Std., Abstieg 2.15 Std.; Gesamtzeit 5.30 Std.
Höhenunterschied: Spitzsteinhaus 515 Hm, Spitzstein zusätzlich 345 Hm; gesamt 860 Hm.
Anforderungen: Auf Spuren durch Wald hinauf, später über freieres Gelände. Der Hang ist zwar südseitig, aber nach Neuschneefällen (bei viel Schnee) lohnt es sich, Schneeschuhe dabeizuhaben.
Hangexposition: Süden.
Lawinengefahr: Gering.
Einkehrmöglichkeit: Spitzsteinhaus (DAV, Tel. +43 5373 8330, spitzsteinhaus.info, Übernachtungsmöglichkeit).
Kinder: Über die Rodelbahn.
Rodel: Rodler starten in Tirol. Vom Erlerberg führt eine Fahrstraße auf das Spitzsteinhaus, auf der im Winter gerodelt wird. Parkmöglichkeit beim Gasthaus Moosbauer. Aufstiegszeit ca. 1 Std.
Variante: Von Mitterleiten auf der Straße in großem Bogen nach Sachrang.

Die Straße zu dem kleinen Skilift in Sachrang (1) verlassen wir noch vor der Brücke und folgen rechts der Beschilderung Richtung Spitzstein. Auf einer Forststraße geht es in den Wald. In einer Rechtskurve verlassen wir diese geradeaus auf einem kleinen Weg, dem Bach folgend. An einer freien Almwiese ziehen wir nach rechts den Hang hinauf. Wir folgen dann oberhalb dem Bachverlauf weiter. Rechter Hand liegt der Weiler Mitterleiten. Wenig später treffen wir im spitzen Winkel auf den von Mitterleiten heraufführenden Weg und einige Meter später auf eine Weggabelung. Wir gehen die rechte Variante bergauf und gelangen wieder in den Wald. Ein schmaler Weg führt uns über verschneites Wurzelwerk weiter. Wir erreichen eine Lichtung, behalten aber die Richtung bei. Vorbei an einer Alm. Nach dieser halten wir uns leicht links und treffen auf das **Spitzsteinhaus (2)**, 1252 m.

Hinter der Hütte gehen wir geradewegs die freien Hänge hinauf. Eine Hilfe, die wir ansteuern, ist eine markante Waldschneise, die direkt vom Gipfel herabzieht. Der Gipfelhang wird aber nicht durch diese Schneise, sondern rechter Hand im Zickzack durch den Wald erstiegen. So erreichen wir den Gipfel des **Spitzsteins (3)** mit der kleinen Kapelle.

Der Abstieg verläuft auf der Aufstiegsroute.

Das herrlich gelegene Spitzsteinhaus bietet einen kaiserlichen Ausblick.

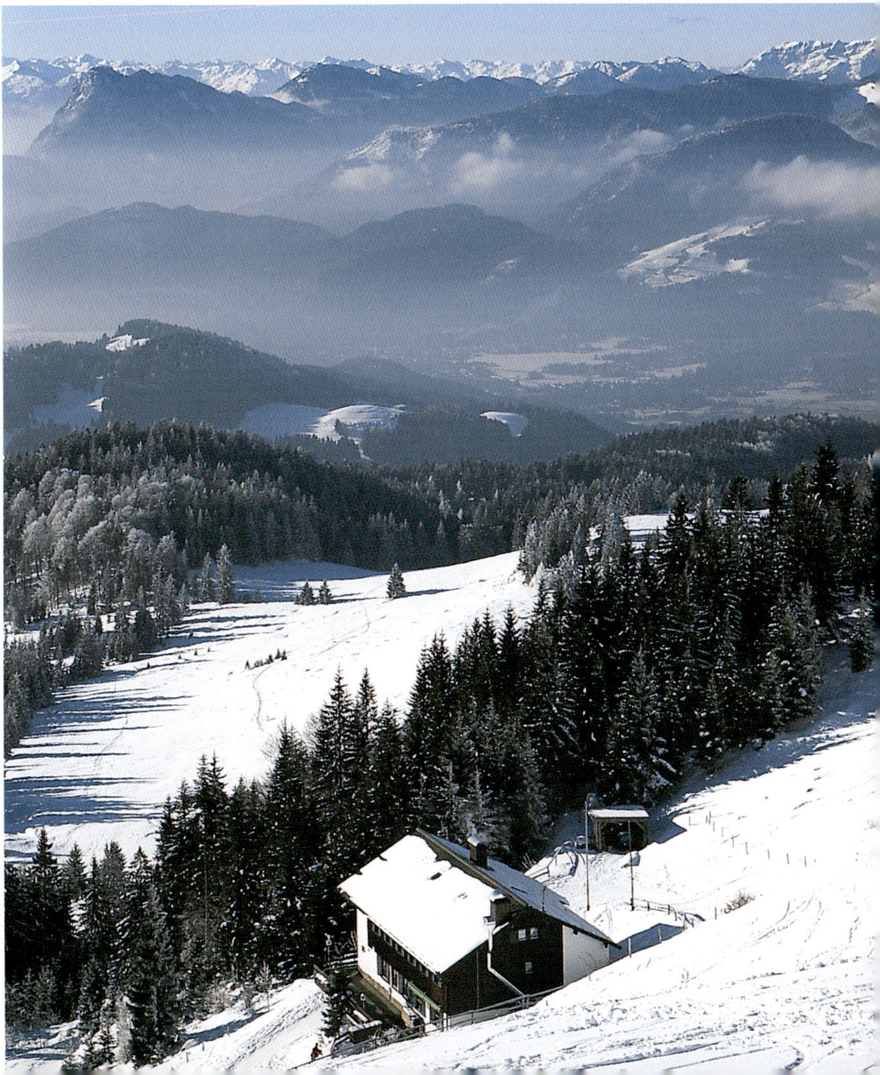

47 Geigelstein, 1813 m

Über die Priener Hütte, 1411 m

★★

Zu Fuß auf die Priener Hütte – mit Schneeschuhen auf den Geigelstein

Der Geigelstein hat es in sich. Und das nicht nur, weil der Berg der zweithöchste eigenständige Gipfel des Chiemgaus ist. Oder weil die Rundsicht von hier oben besonders schön ist. Nein, um diesen Berg wurde Jahre gekämpft. 1974 war geplant, den Geigelstein von zwei Seiten mit Pisten, Liften und Straßen zu bebauen. Seitdem steht sein Name als Zeichen des Widerstands und für den Naturschutz. Der Kampf hatte Erfolg: Der Geigelstein wurde Naturschutzgebiet, von seiner Ausdehnung her das siebtgrößte Bayerns. Der bekannte Blumenberg wurde sogar als »Flora-Fauna-Habitat«-Zone nach Brüssel gemeldet und als anerkanntes Vogelschutzgebiet registriert. 2002 wurde der Geigelstein zum Natura-2000-Gebiet ernannt. Das Ziel des EU-Programmes ist der länderübergreifende Schutz gefährdeter Arten und Lebensräume.

Selbst ohne Lift ist der Ansturm auf die Priener Hütte das ganze Jahr über sehr groß. Deshalb lohnt es sich, antizyklisch zu gehen. Bis zu 600 Leute kommen an schönen Wintertagen zur Hütte herauf. Und dabei sind alle motorfreien Fortbewegungsmittel zu sehen: Schlitten, Ski, Schneeschuhe und Mountainbike.

Auf dem Geigelstein, im Hintergrund die Kampenwand.

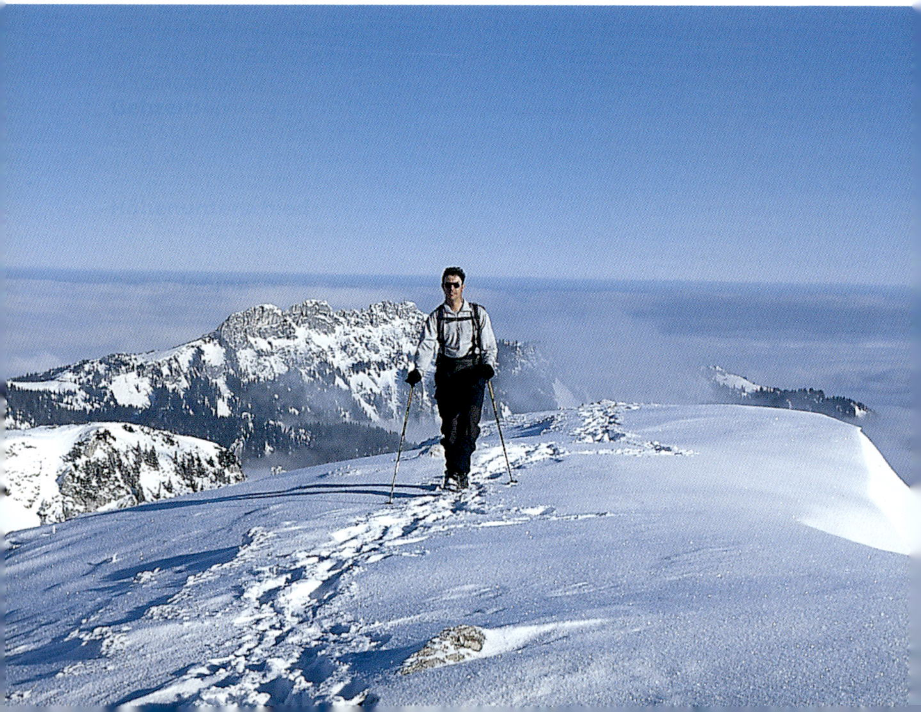

KURZINFO

Talort: Sachrang, 738 m, Verkehrsverein Sachrang, aschau.de.
Ausgangspunkt: Wanderparkplatz an der B 175 bei Sachrang, 732 m. Ab der Bahnstation Aschau mit der Buslinie 9502 zur Haltestelle Sachrang, Ort. Der Dorfstraße folgen, bis zur B175 und zum Wanderparkplatz. Alternativ mit Rosimobil zur Haltestelle Nr. 1024, Geigelsteinparkplatz.
Gehzeit: Sachrang – Priener Hütte 2.45 Std., Priener Hütte – Geigelstein 1.30 Std., Abstieg 3.15 Std.; Gesamtzeit 7.30 Std.
Höhenunterschied: Priener Hütte 715 Hm, Geigelstein zusätzlich 405 Hm; gesamt 1120 Hm.
Anforderungen: Bis zur Hütte leichte Winterwanderung auf geräumter Rodelbahn. Auf den Gipfel ist Spurarbeit angesagt.
Hangexposition: Südwest.
Lawinengefahr: Der Weg von Huben zum Forstweg (Schneeschuhroute) kann bei viel Neuschnee oder starker Erwärmung von Lawinen betroffen sein. Ab der Hütte mäßige Gefahr, dem Gipfelhang kann man nach Westen ausweichen.
Einkehrmöglichkeit: Priener Hütte (DAV, Tel. +49 8057 428, prienerhütte.de, Mo und Di Ruhetag, außer in den Ferien, Übernachtungsmöglichkeit).
Rodel: Von der Priener Hütte nach Sachrang.
Schneeschuhe: Schneeschuhgänger starten ca. 400 m nördlich vom Weiler Huben (Parkmöglichkeit) und gehen im Wald bergauf bis zur von Sachrang heraufführenden Forststraße, wo der im Text unten beschriebene Winterwanderweg erreicht wird. Fußgänger und Schneeschuhgänger folgen nun, am Abzweig zwischenzeitlich die Variante wählend, derselben Route zur Priener Hütte und weiter bis zum Gipfel. Der Abstieg erfolgt auf der Aufstiegsroute. Gesamtgehzeit 7.00 Std., Hangexposition West, Südwest, Süd; Lawinengefahr: bei richtiger Spurenwahl mäßig (siehe auch Tourentext).

Vom Parkplatz bei **Sachrang (1)** folgen wir den Wegweisern »Priener Hütte, Geigelstein« entlang der Forststraße (Weg Nr. 3). Ein kurzes Stück geht es wieder bergab. Dann treffen wir auf eine kleine Diensthütte. Hier stößt der Weg von Huben, den Schneeschuhgänger am Tourenbeginn wählen, auf unsere Forststraße. Wir folgen weiter dem Straßenverlauf und ziehen vor der Diensthütte eine Rechtskurve. Danach macht die Straße eine ausgedehnte Linkskurve. Wenn Spuren vorhanden sind, ist der **Abzweig (2)** auf 1050 m links über die Talalm (vor allem mit Schneeschuhen) eine gute Abkürzung. Dann rechts halten – links geht ein Abzweig zur Schreckalm. Wer die erste Abkürzungsmöglichkeit nicht genommen hat, kann eine weitere nutzen. Dazu in der zweiten Linkskurve rechts ab und nach Nordosten über die Grünbodenalm (verfallen) hinauf. Man umgeht so den Linksschlenker der Forststraße. Je nach Schneelage und Ausstattung halten wir uns an-

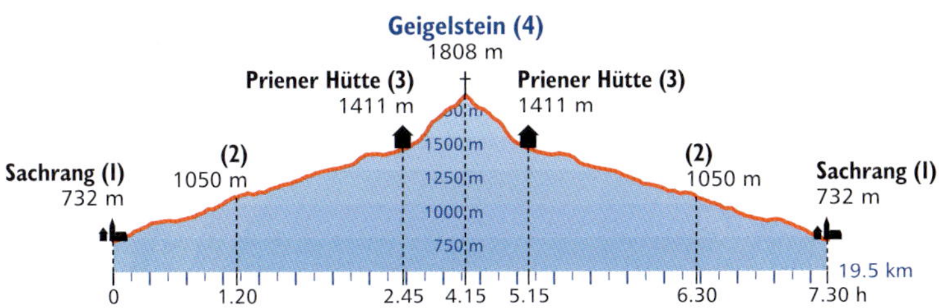

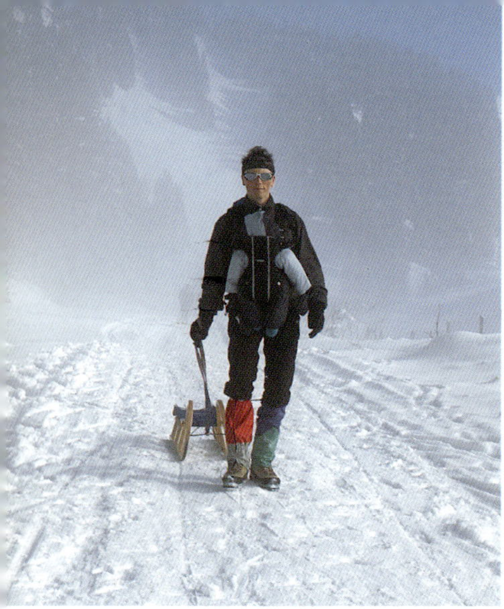

Unterwegs zur Priener Hütte.

sonsten an den Straßenverlauf. Wir erreichen eine Almfläche. Der Weg wird steiler, wir kommen wieder in den Wald. Bald ist es geschafft. Bei dem rechts abzweigenden Weg nach Sachrang treffen wir auf ein Schild: 15 Minuten zur Priener Hütte, unserem Zwischenziel. Wir folgen dem Weg Nr. 3 geradeaus. Doch nicht zu früh freuen: Das erste Haus ist privat, deshalb müssen wir den Bogen, den der Weg beschreibt, bis zur **Priener Hütte (3)** noch auslaufen.

Wer auf den Geigelstein hinauf will, tut sich mit Schneeschuhen am leichtesten. Die letzten Meter zum Gipfel gehen zwar alle zu Fuß, aber bis dahin kann der Schnee ganz schön tief sein. Wir wenden wir uns nach der Hütte Richtung Norden zum Kessel der Mitterkaseralm. Bei Lawinengefahr (Lawinenlagebericht ab Stufe 2) halten wir mehr Abstand zu den steilen Hangbereichen rechter Hand (kurze Stellen sind dort über 40° steil). Kurz vor Erreichen der Alm ziehen wir einen großen Bogen, die flachsten Geländebereiche nutzend, nach rechts hinauf zu dem Sattel zwischen Wandspitz und Geigelstein.

Der Geigelstein ist die höchste Erhebung rechts von uns. Wir folgen dem Hangverlauf. Ein letzter Schlenker rechter Hand führt uns zwischen Latschen hindurch zum Gipfel des **Geigelsteins (4)**. Der tolle Ausblick auf den Kaiser lohnt die Mühe.

Der Abstieg erfolgt auf dem Anstiegsweg.

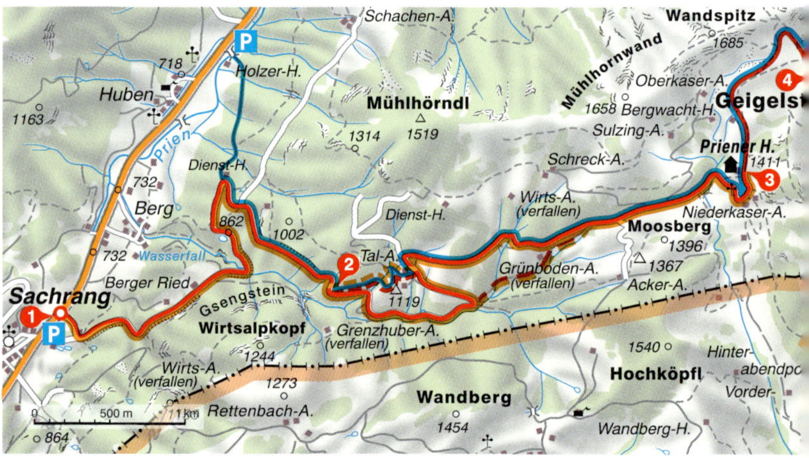

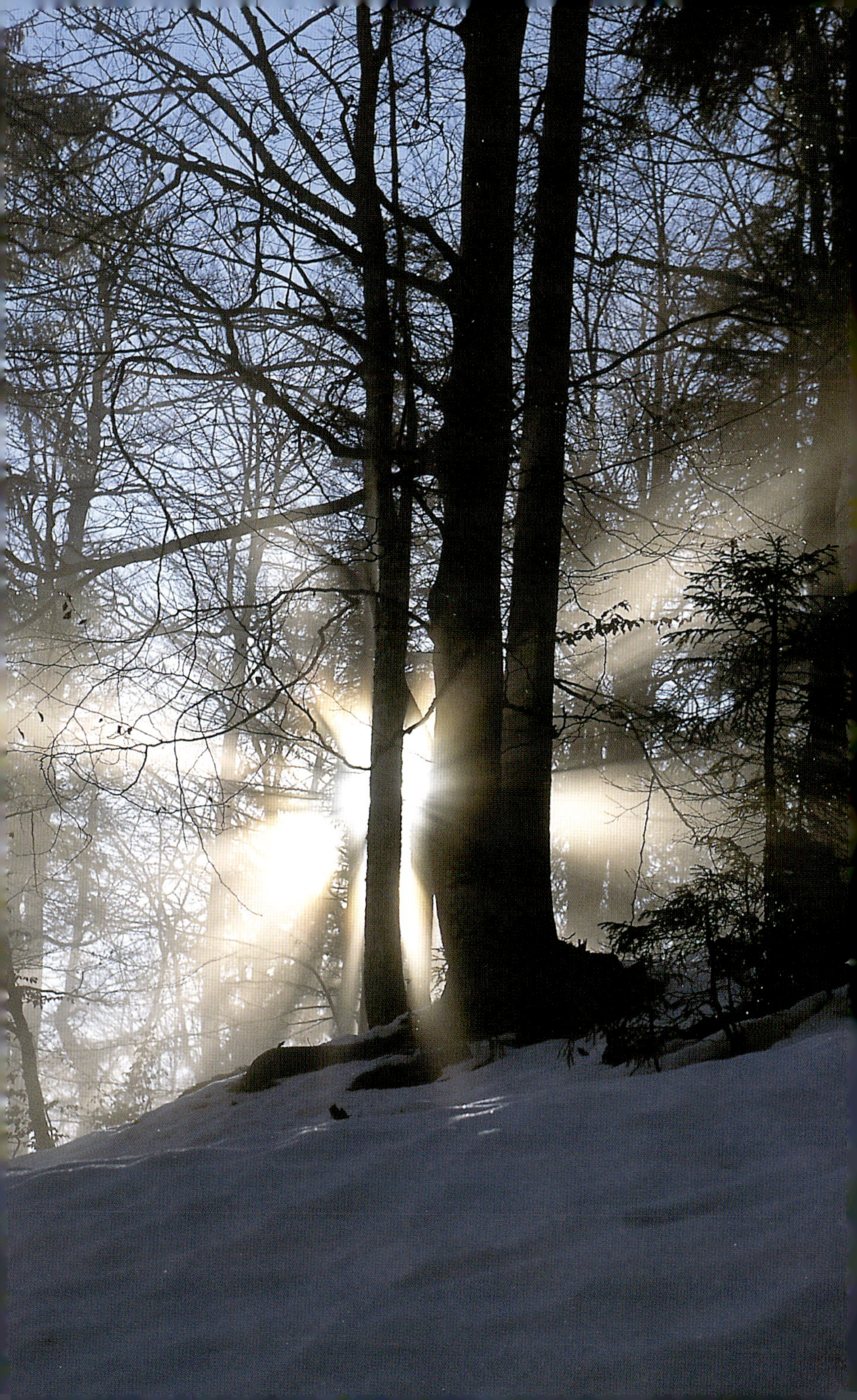

48 Hochplatte, 1587 m

Über die Staffnalm, 1050 m

★★

Auf eine Chiemgauer Aussichtspyramide

Der Chiemsee reichte einst bis Marquartstein. Mittlerweile liegt sein Ufer hinter Übersee. Durch die Verlandung sind dazwischen die Moorlandschaften Kendlmühlfilz und Egerndacherfilz entstanden. Wären wir viele Jahre früher hierher gekommen, hätten wir mit dem Boot zu unserem Ausgangspunkt Marquartstein fahren bzw. rudern müssen. Da ist es mittlerweile über den Landweg doch schneller und einfacher. Das Schöne und Typische an der Hochplatte ist, dass sie direkt aus dem Flachland aufsteigt. Von dem pyramidenförmigen Gipfel blickt man hinab auf den Chiemsee und je nach Sicht noch viel weiter Richtung Norden. Vom Charakter her würde der Gipfel eher zum Hochgern passen. Aber durch den Einschnitt der Tiroler Ache gehört er zur felsigen Kampenwandgruppe. Dem Fluss hat der Gipfel einen Teil seiner einzigartigen Rundsicht zu verdanken. Durch den Taleinschnitt ist die Aussicht nach Osten und Süden frei. Im Osten erblicken wir in voller Größe den Hochgern und im Süden reicht das tolle Panorama vom Kaiser bis zum Großglockner und Großvenediger.

»Hochplatten« gibt es wie Sand am Meer. Sei es in den Ammergauer, Tegernseer oder Chiemgauer Bergen. Alle sind sie einzigartig, diese ist es aber ganz besonders.

Die Staffnalm mit dem Großstaffen.

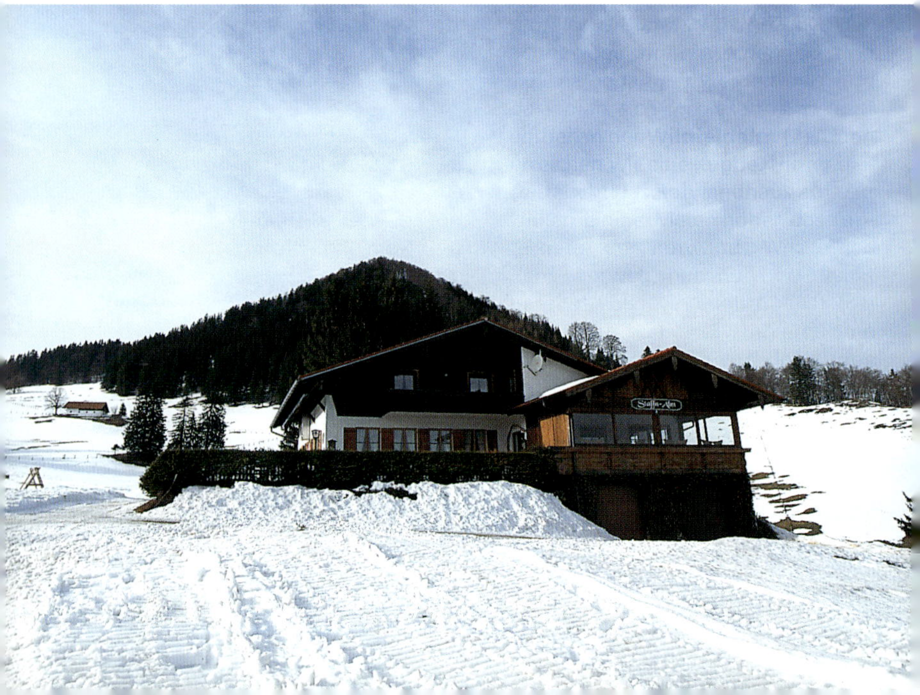

KURZINFO

Talort: Marquartstein, 546 m. Achental Tourist-Information, achental.com.
Ausgangspunkt: Talstation der Hochplattenbahn, 619 m. Vom Zentrum in Marquartstein der Beschilderung folgen. Ab der Bahnstation Prien am Chiemsee mit der Buslinie 9505 zur Haltestelle Marquartstein Rathaus. Der Bahnhofstraße nach Norden folgen, dann links abzweigen in die Loitshauser Straße, später der Dorf- und Schlossstraße folgen bis zur Talstation der Hochplattenbahn (2,5 km, 35 Min.).
Gehzeit: Marquartstein – Staffnalm 1.30 Std., Staffnalm – Hochplatte 2.15 Std., Abstieg 2.45 Std.; Gesamtzeit 6.30 Std.
Höhenunterschied: Staffnalm 435 Hm, Hochplatte zusätzlich 540 Hm; gesamt 975 Hm.
Anforderungen: Über die Naturrodelbahn lässt es sich bis zur Staffnalm gut gehen (Schwierigkeit blau). Der Weiterweg Richtung Hochplatte ist bei geringer Schneelage zu empfehlen und je nach Schneeverhältnissen mehr oder weniger gut eingetreten. Die letzten Meter vom Sattel zum Gipfel sind teilweise steil und nur sicheren Wanderern zu empfehlen! Bei viel Schnee sind für den Weiterweg ab der Staffnalm bzw. der Bergstation der Hochplattenbahn Schneeschuhe sinnvoll.
Hangexposition: Nordost.
Lawinengefahr: Mäßig. Bis zur Staffnalm keine. Die von der Hochplatte herabziehenden freien Hänge muss man einschätzen können (gegebenenfalls an der Alm fragen).
Einkehrmöglichkeit: Staffnalm (Tel. +49 8641 7740, staffn-alm.de, in den Weihnachts-und Faschingsferien durchgehend geöffnet, dazwischen nur an den Wochenenden.
Kinder: Bis zur Staffnalm geeignet.
Seilbahn: Hochplattenbahn (Sessellift), Tel. +49 8641 7216, hochplattenbahn.de, nur in den Ferien und an Wochenenden in Betrieb, am besten vorher anrufen.
Rodel: Naturrodelbahn von der Staffnalm bis zur Talstation der Hochplattenbahn (Rodelverleih).
Variante: An der Bergstation der Hochplattenbahn startet der präparierte Winterwanderweg rund um den Staffn (1.45 Std.). Geringe Lawinengefahr. Der Weg gewährt herrliche Blicke auf das Chiemseebecken und die Kampenwand.

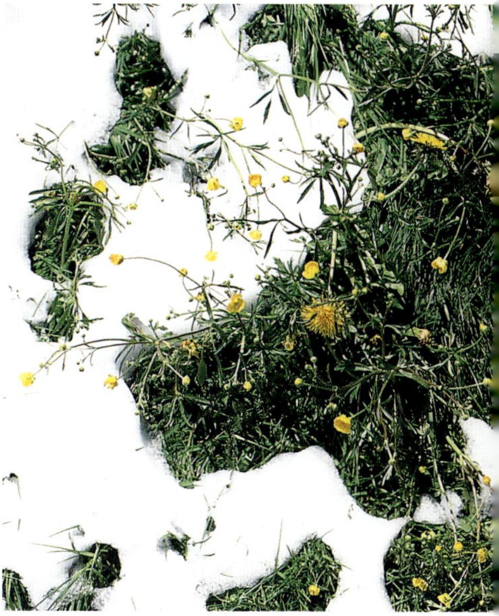

Wintereinbruch im Frühjahr.

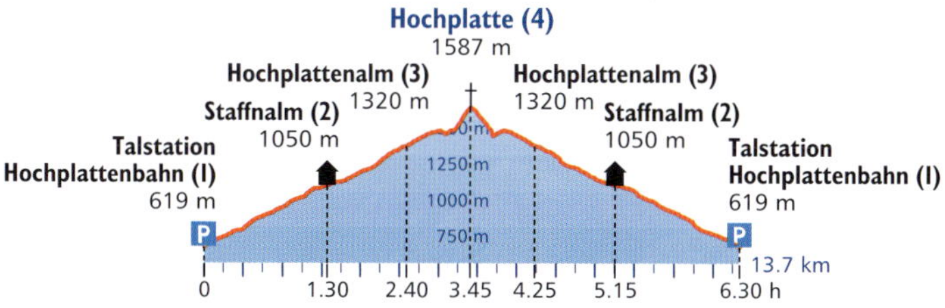

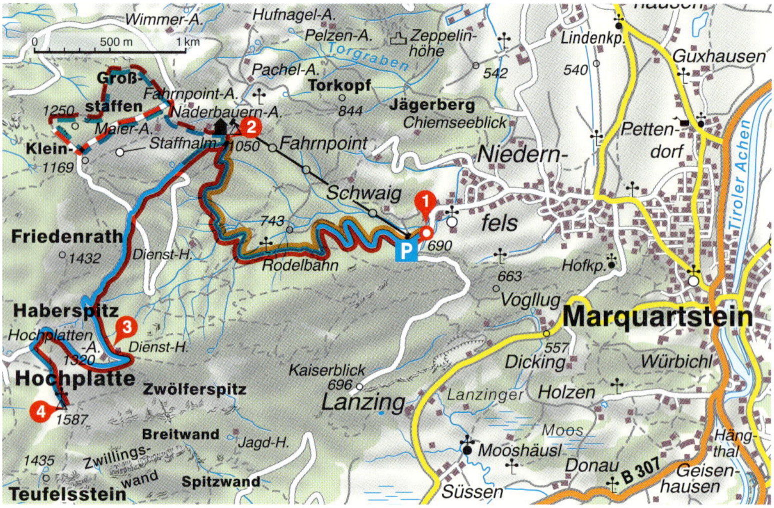

Hinter der **Talstation der Hochplattenbahn (1)** in Marquartstein halten wir uns an die Beschilderung Richtung Staffnalm. Auf der Naturrodelbahn geht es in Serpentinen durch den Wald hinauf. An einer Gabelung folgen wir der Beschilderung nach links. Dann führt uns der Weg etwas steiler hinauf und überquert einige Bäche. Durch die Bäume öffnen sich immer wieder schöne Blicke auf Marquartstein. Wir erreichen das freie Gelände der Bergstation der Hochplattenbahn. Wenige Meter dahinter liegt die gemütliche **Staffnalm (2)**.

Für den Weiterweg zur Hochplatte folgen wir nun, vor der Staffnalm stehend, dem Weg links, am Spielplatz vorbei, in den Wald. Wir stoßen auf die weiterführende Forststraße und halten uns rechts. Die Beschilderung »Nr. 4« leitet uns nun nach Südwesten durch den Wald. Die Richtung beibehaltend folgen wir der Forststraße. Dann lichtet sich der Wald und wir erreichen auf 1320 m die **Hochplattenalm (3)**.

Hinter der Alm folgen wir der Forststraße in einem Rechtsbogen und queren den herabziehenden Hang der Hochplatte bergan. Danach gelangen wir in den Sattel zwischen Haberspitz und Hochplatte. Der von dort abzweigende Sommerweg zum Gipfel führt durch ein Wald- und Wildschongebiet. Wir folgen deshalb der Forststraße noch ein wenig weiter in Richtung Kampenwand, bis wir linker Hand über freie Almflächen hinauf in Richtung Gipfel der Hochplatte steigen können. Der stellenweise steile Anstieg ist nur etwas für sichere Wanderer! Wir treffen auf den heraufziehenden Sommerweg und gehen die letzten Meter bis auf den Gipfel der **Hochplatte (4)** hinauf. Das Gipfelkreuz ist erst wenige Meter vorher zu sehen. Der Ausblick von oben ist mehr als nur lohnend. Das Chiemseebecken im Norden liegt einem wahrlich zu Füßen, und im Süden ragen die Zacken des Wilden Kaisers empor.

Der Abstieg erfolgt auf dem Aufstiegsweg.

Hochgern, 1748 m

Über Agergschwendalm und Hochgernhaus

★★★

Wie hätten Sie es gerne: kurz, mittel oder lang?
Genießer gehen über die Rodelbahn bis zur Agergschwendalm, Ambitionierte folgen dem getrampelten Pfad bis zum Hochgernhaus und Konditionsstarke gehen weiter bis auf den Gipfel. Auf jeden Fall bieten alle drei Varianten eine wunderschöne Aussicht und die ersten beiden Ziele gemütliche Terrassen. Der Chiemsee liegt allerdings nur den Gipfelbesteigern zu Füßen. Denn nur vom Hochgern eröffnet sich die Aussicht nach Norden. Aber auch die Sicht nach Süden ist nicht zu verachten mit dem Geigelstein im Südwesten und der Tiroler Ache, dem Hauptzufluss des Chiemsees, im Tal. Und diesen Ausblick gibt es auch schon von weiter unten.
Marquartstein ist als Gemeinde noch keine 200 Jahre alt, aber die Burg an unserem Ausgangsort hat ihre Geschichte. Bereits im 11. Jahrhundert wurde sie von Graf Marquart II. aus dem Grafengeschlecht der Sieghardinger errichtet. Leider befindet sich die Burg heute in Privatbesitz und ist öffentlich nicht zugänglich. Der Graf war bekannt als Minnesänger und Frauenheld. Überliefert ist, dass er angeblich bei der Jagd auf dem Schnappen durch einen Pfeilschuss tödlich verwundet wurde. An der Stelle, wo man ihn fand, wurde die Schnappenkirche gebaut.

Abstieg über den langen, zum Gipfel des Hochgern verlaufenden Kamm.

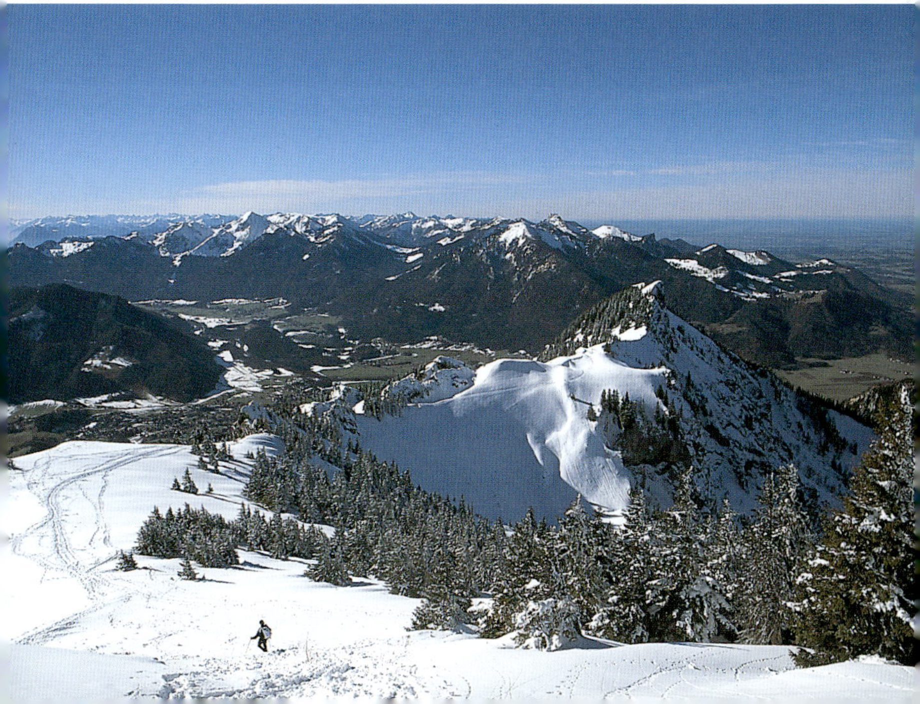

KURZINFO

Talort: Marquartstein, 546 m. Achental Tourist-Information, achental.com.
Ausgangspunkt: Wanderparkplatz bei der Burg, 640 m. Im Ort von der Hauptstraße links abzweigen und über die Brücke nach Alt-Marquartstein. Die Burgstraße ca. 1 km bergan bis zum links liegenden Wanderparkplatz. Ab der Bahnstation Prien am Chiemsee mit der Buslinie 9505 zur Haltestelle Marquartstein Rathaus. Von dort nach Süden links über die Brücke die Tiroler Ache überqueren und via alter Dorfstraße und Burgstraße zum Startpunkt (ca. 1 km, 15 Min.).
Gehzeit: Parkplatz – Agergschwendalm 1.30 Std., Agergschwendalm – Hochgernhaus 1.35 Std., Hochgernhaus – Hochgern 1.05 Std., Abstieg 2.50 Std.; Gesamtzeit 7 Std.
Höhenunterschied: Agergschwendalm 400 Hm, Hochgernhaus zusätzlich 425 Hm, Hochgern zusätzlich 290 Hm; gesamt 1115 Hm.
Anforderungen: Zur Agergschwendalm eine meist geräumte Rodelbahn, dann ein mehr oder weniger eingetretener Weg. Ungespurt am besten mit Schneeschuhen.
Hangexposition: Süd, Südwest.
Lawinengefahr: Bis zur Agergschwendalm keine. Ab da mäßige Gefahr durch die freien Hänge um das Hochgernhaus.
Einkehrmöglichkeit: Agergschwendalm (Tel. +49 8641 8481, im Winter bei Schlechtwetter geschlossen), Hochgernhaus (Tel. +49 8641 6929283 und +49 163 2497558, hochgernhaus.de, Winteröffnung zu Redaktionsschluss unsicher, vorher anrufen, Übernachtungsmöglichkeit).
Kinder: Bis zur Agergschwendalm.
Rodel: Von der Agergschwendalm zum Parkplatz, bei guten Verhältnissen kann der Schlitten auch schon mal bis auf das Hochgernhaus mitgenommen werden.

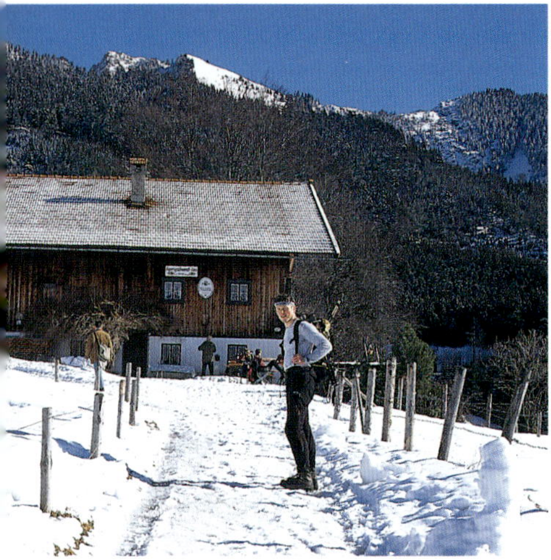

Vor der Agergschwendalm.

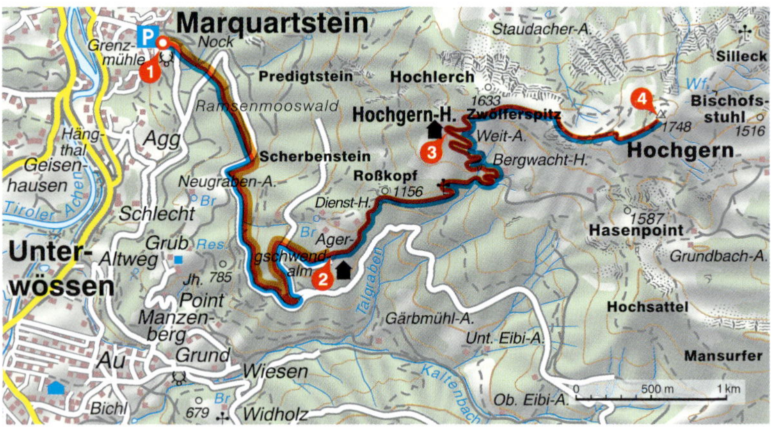

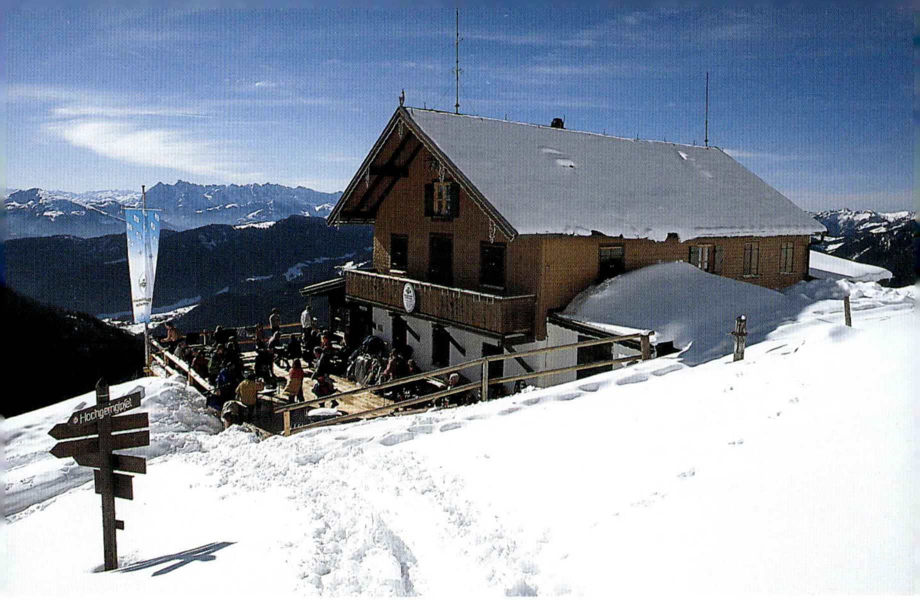

Das Hochgernhaus mit seiner einladenden Sonnenterrasse.

Vom Parkplatz bei der Burg von **Marquartstein (1)** gehen wir geradewegs in den Wald, der Beschilderung zum Hochgern folgend. Wir queren die Forststraße, die von Unterwössen hochführt und treffen dann wieder auf die Forststraße, der wir nach rechts folgen. Wer keinen Schlitten dabeihat, kann bei wenig Schnee die Kurven der Straße abkürzen. Gemütlich steigt die Forststraße bergan, bis uns ein Abzweig linker Hand weiterführt. Beim nächsten Abzweig nach rechts. Dann verlassen wir den Wald und treffen auf unser erstes Ziel, die **Agergschwendalm (2)**, 1040 m. Ambitionierte gehen an der Alm vorbei wieder in den Wald. Der Weg führt weiter bergan. Vor der Bergwachthütte links hinauf. Der Weg schlängelt sich durch immer lichter werdenden Wald nach oben. Vorbei am Enzianstüberl erreichen wir dann das **Hochgernhaus (3)**, 1461 m. Wer es schafft, dessen schöner Terrasse zu widerstehen, geht an der Hütte vorbei nach Osten bergan bis auf den Kamm und folgt seinem Verlauf bis auf den **Hochgern (4)**.
Der Abstieg erfolgt auf dem Aufstiegsweg.

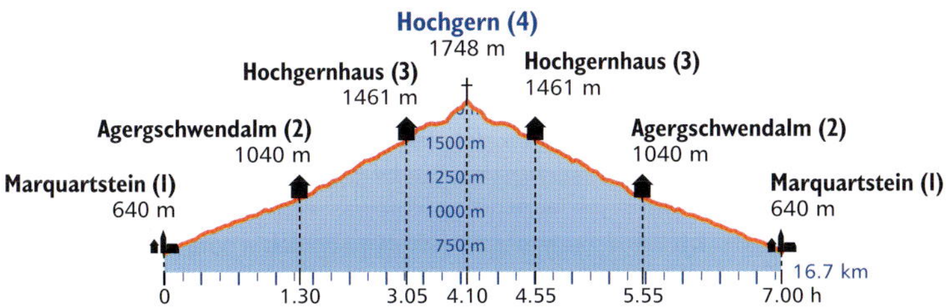

50 Hindenburghütte, 1206 m

Und Fellhorn, 1765 m, von Blindau

★★

Ins Paradies der Langläufer

Unser Ausgangsort Reit im Winkl ist etwas Besonderes, denn er liegt wirklich fast im letzten Winkel. Reit kommt von »reuten« und bedeutet Roden oder Urbarmachen. Er steht für die Siedlung, die in einem Bergwinkel nach erfolgter Rodung entstanden ist. Einer Legende nach wurde Reit im Winkl 1806 bei der Landverteilung durch Napoleon übersehen. Daraufhin haben die Landesherren von Bayern, Salzburg und Tirol um diesen »Winkel« Karten gespielt. Der Bayernkönig Max Joseph I. hat durch einen Stich mit dem »Schellenunter« gewonnen. Das Wahrzeichen des Ortes ist daher bis heute der »Schellenunter«.

Keine Sage ist hingegen, dass hier der meiste Schnee fällt und dieser am längsten liegen bleibt. Dafür gibt es sogar schon eine wissenschaftliche Erklärung. Selbst vielen Nichtskifahrern ist die bekannte Winklmoosalm ein Begriff. Und das beliebte Wintersportgebiet hat für uns Winterwanderer durchaus seine Vorteile. Am Rand der vielen präparierten Langlaufloipen kann bei jeder Schneelage gut gewandert werden. Und wer es gerne etwas alpiner mag, der verlässt die präparierten Wege. Die Eggenalm mit dem Straubinger Haus und das Fellhorn sind dann lohnenswerte Ziele – ganz ohne Liftbetrieb.

Der Auf- bzw. Abstieg vom Fellhorn bietet einen herrlichen Panoramablick auf den Wilden Kaiser.

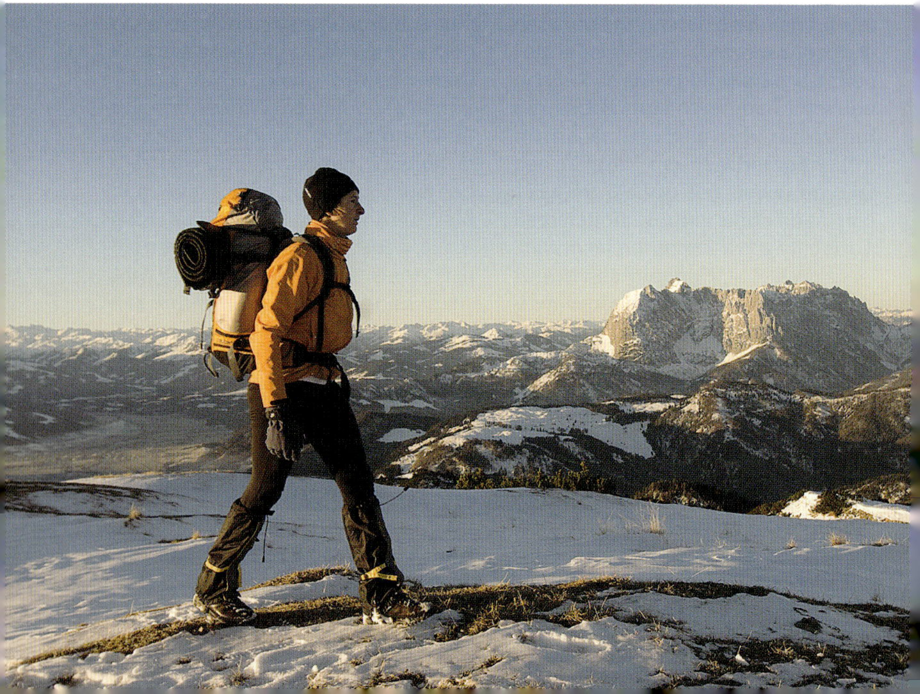

KURZINFO

Talort: Reit im Winkl, 696 m. Verkehrsamt Reit im Winkl, reitimwinkl.de.
Ausgangspunkt: Ortsteil Blindau, Skisprungschanzen, ca. 740 m. In Blindau überqueren wir die Lofer und biegen links ab in den Steinbachweg. Die Straße endet am Steinbacher Hof. Gegenüber ist der Wanderparkplatz. Ab der Bahnstation Prien am Chiemsee mit der Buslinie 9505 zur Haltestelle Reit im Winkl Tourist-Info. Von dort fährt der Shuttle-Bus zum Parkplatz Blindau oder direkt zur Hindenburghütte.
Gehzeit: Blindau – Hindenburghütte 1.45 Std., Rückweg 1.15 Std.; Gesamtzeit 3 Std. (mit Straubinger Haus 6 Std., mit Fellhorn 7.30 Std.).
Höhenunterschied: Hindenburghütte 470 Hm (Straubinger Haus zusätzlich 365 Hm, Straubinger Haus und Fellhorn zusätzlich 560 Hm).
Anforderungen: Bis zur Hindenburghütte auf der geräumten Rodelbahn oder über den gespurten Winterweg problemlos. Für den ungeräumten Weiterweg zum Straubinger Haus und zum Fellhorn sind Schneeschuhe sinnvoll.
Hangexposition: Nord, Nordwest.
Lawinengefahr: Bis zur Hindenburghütte keine, aufs Fellhorn mäßig (Querung der Nordwesthänge unterhalb des Markkogels).
Einkehrmöglichkeit: Hindenburghütte (Tel. +49 171 5437923, hindenburghuette.de), Nattersbergalm (Tel. +49 8640 8430, nattersberg-alm.de, Mi und Do Ruhetag, Übernachtungsmöglichkeit). Das Straubinger Haus ist im Winter geschlossen.
Rodel: Rodler folgen der Blindauer Straße bis zum Wanderparkplatz und Beginn der Rodelbahn. Auf dieser hinauf zur Hindenburghütte (1.30 Std.), Rodelverleih). Eine weitere Rodelmöglichkeit besteht von der Nattersbergalm bis zum Parkplatz Seegatterl (Aufstieg 0.40 Std., Rodelverleih).
Varianten: Von der Hindenburghütte auf dem gewalzten Rundwanderweg (Deutschlands 1. Premium Winterwanderweg) zu den Kasern der Oberen Hemmersuppenalm. Nun nicht zum Straubinger Haus, sondern dem Rundwanderweg folgen und in einer weiten Schleife über die Hochfläche der Alm zurück zur Hütte (ca. 1.45 Std., keine Lawinengefahr).
Ist der beschriebene Aufstiegsweg zur Hindenburghütte nicht gespurt (bei viel Schnee), so besteht noch eine Alternative: Vom Parkplatz Seegatterl folgen wir über die Nattersbergalm dem präparierten Wanderweg neben der Loipe bis zur Hindenburghütte (440 Hm, Aufstiegszeit 1.45 Std., keine Lawinengefahr).
Hinweis: Kleinbusse vom Parkplatz Blindau zur Hindenburghütte, Infos unter Tel. +49 171 5437923 bzw. bei der Hindenburghütte.

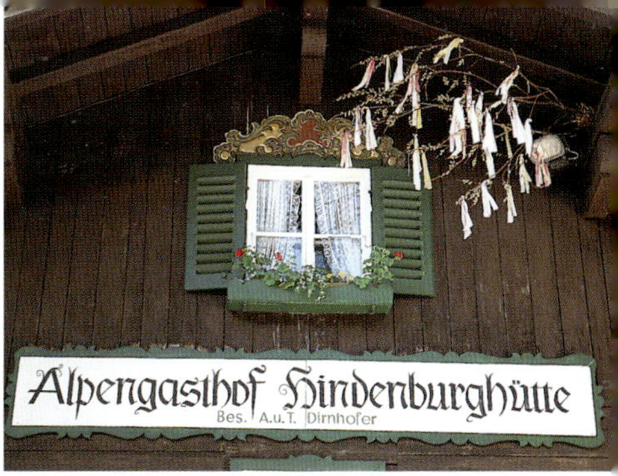

Die Hindenburghütte.

Links von den Skisprungschanzen beim Steinbacher Hof in **Blindau (1)** gehen wir in den Wald. (Falls der Weg nicht gespurt ist, folgen wir der Rodelbahn zur Hindenburghütte.) Der Weg hat eine gute Steigung, und bevor die Rückseite der Sprungschanzen erreicht wird, zweigen wir links ab. Nach Südosten gehen wir durch den Wald bergauf und überqueren einige Male einen Wirtschaftsweg. Nach einiger Zeit treffen wir auf die geräumte Forststraße, die von Seegatterl heraufführt. Dieser folgen wir rechts bis zur **Hindenburghütte (2)**.

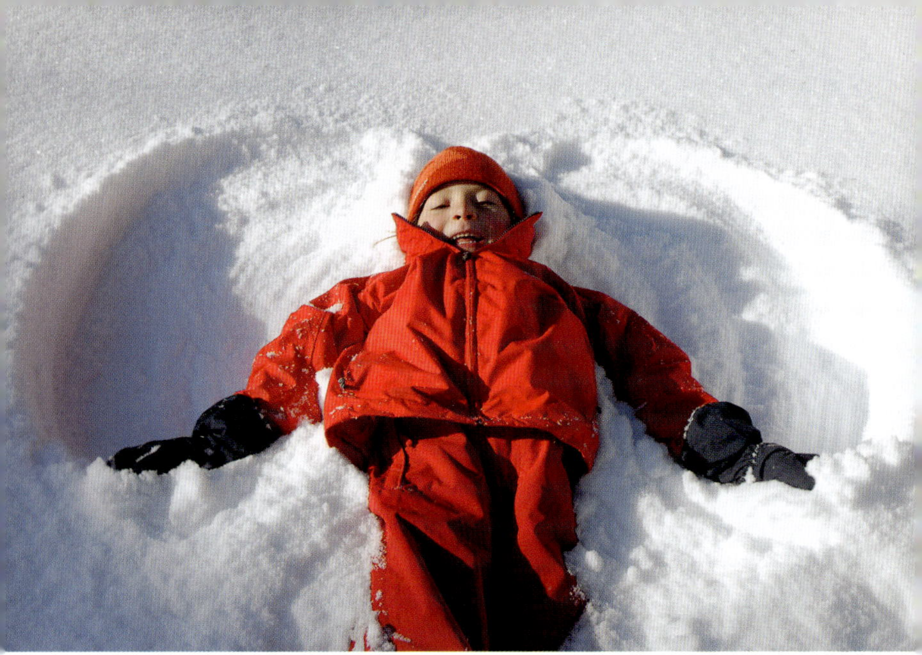

Ein Engel im frisch verschneiten Gelände um die Hemmersuppenalm.

Der Abstieg erfolgt über die Rodelbahn. Wer das Auto bei den Skisprungschanzen geparkt hat, geht am Ende der Rodelbahn vor der Brücke rechts. Ein geräumter Winterwanderweg (mit Loipe) führt an den Sprungschanzen vorbei zu unserem Ausgangspunkt.

Wer von der Hindenburghütte weiter Richtung Straubinger Haus und Fellhorn möchte, folgt dem gewalzten Winterwanderweg Richtung Obere Hemmersuppenalm erst nach Süden, dann Südosten bis zu den Hütten der Alm. Wir verlassen nun den präparierten Weg und folgen, am besten mit Schneeschuhen, dem verschneiten Sommerweg nach Südwesten in Richtung Straubinger Haus. Ganz gemächlich nimmt die Hangneigung zu. Den unbewachsenen Hang voll ausnutzend, erreichen wir dann den Wald und eine Geländekante. Wir queren die Nordwesthänge unterhalb des Eggenalmkogels. Die Richtung beibehaltend wandern wir durch eine Mulde und passieren die Staatsgrenze nach Österreich. Bald darauf werden die Almwiesen der Eggenalm und das **Straubinger Haus**, 1551 m, erreicht. Hinter der Hütte erheben sich die steilen, wilden Wände des Kaisergebirges.

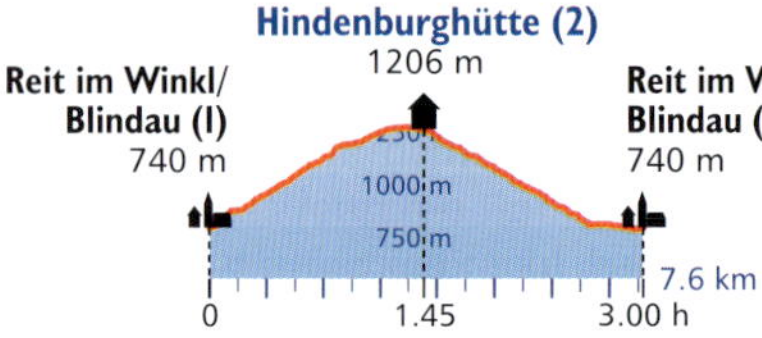

Vom Straubinger Haus nach Osten, dann Südosten erst etwas steiler, dann über eine weite, wenig geneigte Fläche zum Gipfel des **Fellhorn**, dem südlichsten Berg der Chiemgauer Alpen.

Der Abstieg zur Hindenburghütte verläuft auf dem Aufstiegsweg.

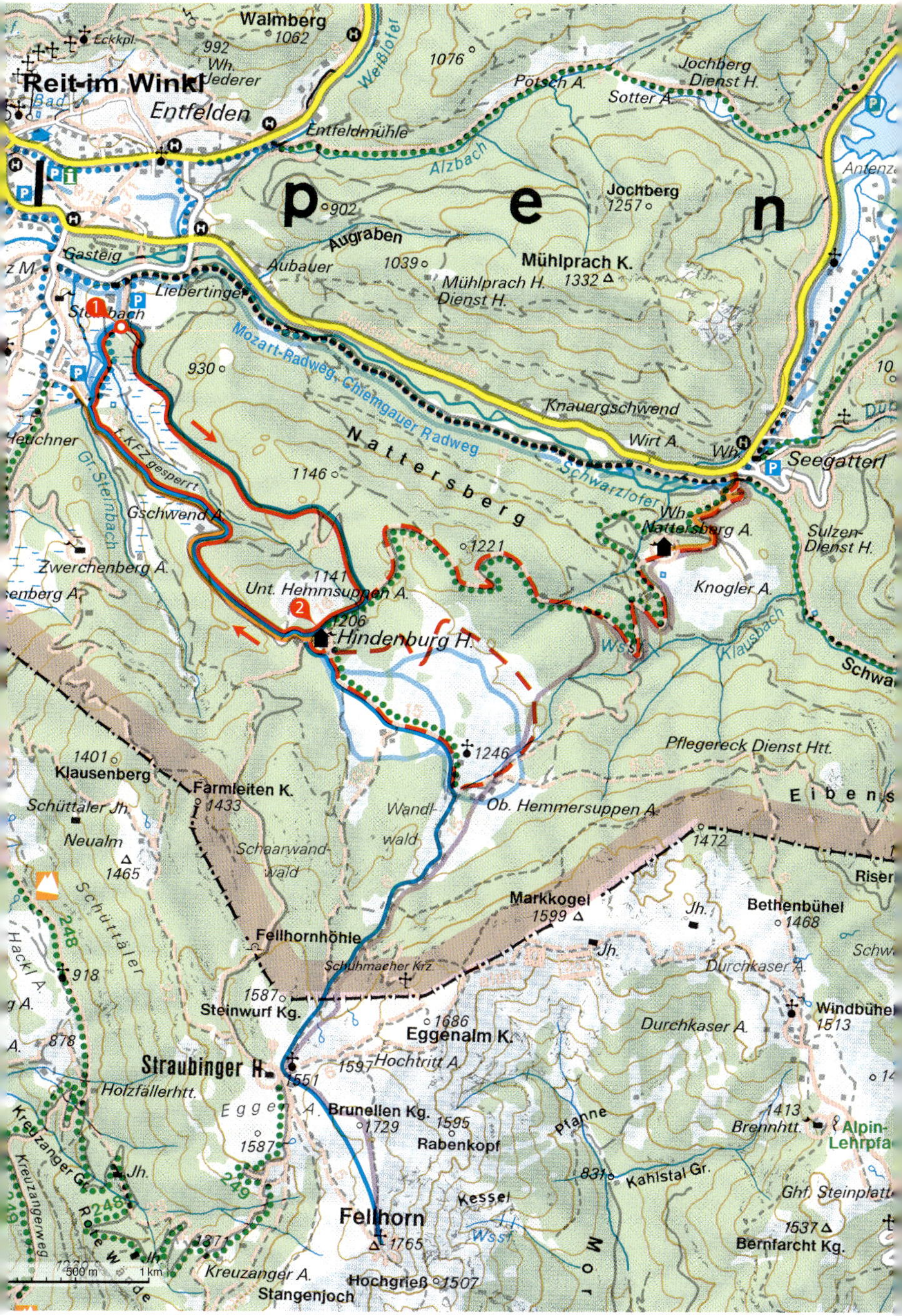
Walmberg
1062
Reit im Winkl
Entfelden
Entfeldmühle
Weißlofer
1076
Pötsch A.
Sotter A.
Jochberg
Dienst H.
Alzbach
Jochberg
1257
Mühlprach K.
1332
Mühlprach H.
Dienst H.
Augraben
Aubauer
1039
Gasteig
Liebertinger
Steinbach
930
Mozart-Radweg, Chiemgauer Radweg
Knauergschwend
Wirt A.
Seegatterl
Nattersberg
Schwarzlofer
1146
Heuchner
Gr. Steinbach
f. KFZ gesperrt
Gschwend A.
Zwerchenberg A.
1221
Nattersberg A.
Sulzen-
Dienst H.
Knogler A.
1141
Unt. Hemmsuppen A.
1206
Hindenburg H.
Klausbach
1246
Pflegereck Dienst Htt.
1401
Klausenberg
Farmleiten K.
1433
Schüttaler Jh.
Neualm
1465
Ob. Hemmersuppen A.
Wandl-
wald
Schaarwand-
wald
1472
Markkogel
1599
Bethenbühel
1468
Fellhornhöhle
Schuhmacher Krz.
Durchkaser A.
1587
Steinwurf Kg.
1686
Eggenalm K.
Windbühel
1513
Straubinger H.
1551
1597
Hochtritt A.
Holzfällerhtt.
Brunellen Kg.
1729
1595
Rabenkopf
Pfanne
1413
Brennhtt.
Alpin-
Lehrpfa
831
Kahlstal Gr.
Ghf. Steinplatte
Kessel
Fellhorn
1765
1537
Bernfarcht Kg.
Kreuzanger A.
Stangenjoch
Hochgrieß
1507
500 m
1 km

Stichwortverzeichnis

Impressum

Titelbild:
Aufstieg Richtung Teufelstättkopf (Tour 4).
Bild Seite 1:
An einem Traumtag auf den Hirschberg (Tour 27).

Alle Fotos von Birgit Gelder, außer die Bilder der Seiten 48 (Toni Angermayer) und 129 (Renate Ring).

Die Autorin:
Birgit Gelder studierte Foto-Design in Dortmund, verbrachte aber schon während des Studiums die meiste Zeit in den Bergen. Als leidenschaftliche Alpinistin ist sie im Fels, Eis, auf Hochtouren und in Sportkletterrouten zu Hause. Was lag bei dieser Kombination näher, als Hobby und Beruf zu verbinden und Bildjournalistin mit Schwerpunkt Bergfotografie zu werden. Birgit Gelder arbeitet für alle namhaften Bergmagazine. Sie ist Fachübungsleiterin für Skihochtouren beim DAV, hat aber – vor allem durch ihre Töchter – ihre Liebe zum Winterwandern und Schneeschuhgehen entdeckt.

Kartografie:
Wanderkarten Touren 1, 2, 3, 4, 16, 17, 18, 19, 20, 21, 43, 44, 45, 46, 47, 48 und 49 im Maßstab 1:50.000 © Bergverlag Rother GmbH, München (gezeichnet von Gerhard Tourneau, Haar),
alle übrigen Wanderkarten im Maßstab 1:50.000 sowie die Übersichtskarten im Maßstab 1:600.000 und 1:1.300.000
© Freytag & Berndt, Wien

Werk-Nr.: 3020

8., aktualisierte Auflage 2024

ISBN 978-3-7633-3395-0

FSC
www.fsc.org
MIX
Papier | Fördert gute Waldnutzung
FSC® C147178

Rother Bergverlag · Keltenring 17 · D-82041 Oberhaching
Tel. +49 89 608669-0 · leserzuschrift@rother.de · rother.de